U0872354

GISEA 广西壮族自治区东南亚经济与政治研究院
Guangxi Institute of Political & Economic Studies on the Southeast Asia

广西壮族自治区东南亚经济与政治研究院
东盟国家政策与法律研究丛书

中国-东盟国家公司法律制度比较研究

黄谟媛　等著

China ASEAN countries Corporation Comparative study on legal system

法律出版社 LAW PRESS·CHINA
北京

图书在版编目(CIP)数据

中国－东盟国家公司法律制度比较研究 / 黄谟媛等著. -- 北京 : 法律出版社, 2022
ISBN 978-7-5197-6415-9

Ⅰ. ①中… Ⅱ. ①黄… Ⅲ. ①公司法－对比研究－中国、东南亚国家联盟 Ⅳ. ①D922.291.914 ②D933.022.9

中国版本图书馆 CIP 数据核字(2022)第 017036 号

中国－东盟国家公司法律制度比较研究
ZHONGGUO-DONGMENG GUOJIA GONGSI FALÜ ZHIDU BIJIAO YANJIU

黄谟媛 等著

责任编辑 孙东育　曲　杰
装帧设计 贾丹丹

出版发行 法律出版社
编辑统筹 学术·对外出版分社
责任校对 王　丰　王语童
责任印制 陶　松
经　　销 新华书店
开本 710 毫米×1000 毫米 1/16
印张 19.75　**字数** 279 千
版本 2022 年 3 月第 1 版
印次 2022 年 3 月第 1 次印刷
印刷 北京虎彩文化传播有限公司

地址:北京市丰台区莲花池西里 7 号(100073)
网址:www.lawpress.com.cn
投稿邮箱:info@lawpress.com.cn
举报盗版邮箱:jbwq@lawpress.com.cn
销售电话:010-83938349
客服电话:010-83938350
咨询电话:010-63939796
版权所有·侵权必究

书号:ISBN 978-7-5197-6415-9
定价:88.00 元
凡购买本社图书,如有印装错误,我社负责退换。电话:010-83938349

黄谟媛

广西壮族自治区东南亚经济与政治研究院副教授，广西壮族自治区党内法规专家库成员，广西社族自治区人民政府法律顾问人才库成员，广西壮族自治区人民政府发展研究中心专家库成员，广西社会科学专家库成员，广西东盟法律研究会副会长，广西公安厅中级业务教官，南宁市“八五”普法讲师团成员。近年来公开发表论文 15 篇，出版著作 6 本，主持和参与国家级、省部级、厅级研究项目近 60 项，研究成果获得省部级奖励 5 项，厅级奖励 16 项，主持起草广西地方性法规 10 部。

前　言

自从2013年10月习近平总书记提出“携手建设中国-东盟命运共同体”的倡议以来，中国-东盟自贸区建设进程加快，双方在经贸合作方面取得了丰硕的成果。根据中国海关统计，2021年，中国对东盟进出口5.67万亿元，首次突破5万亿元，比2020年增长19.7%，占中国进出口总值的14.5%，稳居中国第一大贸易伙伴，彰显了中国与东盟双方经贸合作活力。中国重视“一带一路”投资平台搭建，促进境外经济贸易合作区建设，为产业合作、项目落地等提供载体，为入驻企业提供政务、投资、物流、金融等一站式服务，降低企业走出去的风险与成本。柬埔寨西哈努克港经济特区、泰国泰中罗勇工业园、越南龙江工业园、老挝万象赛色塔综合开发区等蓬勃发展，已经发展成为当地经济增长的新高地。2009年，中国与东盟累计相互投资仅为600亿美元，截至2022年7月底，中国与东盟累计双向投资额超过3400亿美元。中国和东盟已成为相互投资最活跃的合作伙伴。在中国-东盟博览会、泛北合作等平台和机制推动下，中国与东盟在金融、旅游及文化等领域的合作亦稳步推进。2019年11月，中国与东盟国家领导人共同对外发布了《关于“一带一路”倡议同〈东盟互联互通总体规划2025〉对接合作的联合声明》《中国-东盟智慧城市合作倡议领导人声明》与《深化中国-东盟媒体交流合作的联合声明》等重要文件。这为中国与东盟各国经济发展带来更大机遇，有效促进中国更多的企业“走出去”，扩大中国开放发展空间。2022 年是中国东盟全面战略伙伴关系开局之年、《区域全面经济伙伴关系协定（RCEP）》生效实施之年，中国－东盟自由贸易区 3.0 版建设即将启动，站在新的起点上，中国－东盟合作将迎来新机遇，谱写新篇章。

党的十九大报告强调，“要以‘一带一路’建设为重点，坚持引进来和走出去并重，遵循共商共建共享原则，加强创新能力开放合作，形成陆海内外联动、东西双向互济的开放格局。……保护外商投资合法权益。凡是在我国境内注册的企业，都要一视同仁、平等对待”。这为推动形成全面开放的新格局进一步指明了方向和路径。公司法是一个国家法律体系的重要组成部分。在中国与东盟各国的经贸合作发展过程中，为了让相关的经济活动主体更顺畅地进行贸易、投资等活动，使其在“一带一路”的建设中更顺利地“引进来”和“走出去”，研究东盟各国的公司法律制度渊源及制度体系无疑具有重要的现实意义。《中国－东盟国家公司法律制度比较研究》一书即为作者进行相关研究和取得的成果之一。

本书各章撰写分工为：黄谟媛（第一章、第二章、第三章、第四章、第五章、第七章、第九章、第十章、第十一章、第十二章、第十四章、第十五章、第十六章、第十七章），欧顺芳（第五章），杨首妹（第十二章），唐柳媚（第八章），黄玮炼（第十三章），杨晓玲（第六章），梁鹏飞（第六章），李芳（第一章），窦海心（第十五章），殷娜（第十六章）。

目录

上篇　中国－东盟国家公司法律制度介绍

下篇　中国-东盟国家公司法律制度比较研究

上　篇

中国－东盟国家
公司法律制度介绍

第一章　越南公司法律制度概述

在1976～1986年，越南由于受到战争、内外政策失误等因素的影响，国内经济遭受重创，在严重的内外交困中，1986年，越南召开了越共的“六大”，提出了把经济建设作为工作重心并进行经济体制改革，决定实行革新开放。在这一背景下，越南于1987年颁布《外国在越南投资法》，并通过修改不断趋于完善，形成较为完整的外国投资体系，拥有规范统一相关制度。之后，越南于1990年12月21日通过《越南社会主义共和国公司法》（以下简称1990年《越南公司法》）和《越南社会主义共和国私营企业法》（以下简称1990年《越南私营企业法》），并于1991年4月15日实施。1990年《越南公司法》和1990年《越南私营企业法》根据越南宪法制定，这些法律的颁布一定程度上更有效地调动国内各种资金、劳力和资源，创造更多的就业机会，保护投资者的合法权益，加快经济发展速度，增强国家对各种经营活动的管理效力。在1994年6月22日，越南第9届国会第5次会议对1990年《越南私营企业法》进行修改，并于1994年7月1日起施行（以下简称1994年《私营企业法》）。

由于市场经济的快速发展，为了适应新形势，越南于1999年6月12日，制定了《越南共和国企业法》（以下简称1999年《越南企业法》），并于2000年1月1日起正式生效。值得注意的是，1999年《越南企业法》取代了1990年《越南公司法》、1990 年《越南私营企业法》和 1994 年《私营企业法》的部分条文补充、修订案。1999 年《越南企业法》是比较重要的一部法律，在越南领土设立、组织管理和活动的企业，均适用这部法律和与之相关的其他法律。正如该法所称，制定该法，是为了发挥国家的整体力量，实现国家工业化和现代化的目标；为大力推动经济改革事业；为确保各类经济形态的企业在经济活动中享有法律上自由平等的权利；为保护投资者的合法权利和权益；为加强国家对所有经营活动的管理效力。这部法颁布实施后，越南经济保持平稳持续增长，该法对其发展有着重要的意义。

为了尽快加入世界贸易组织，2005 年 11 月 9 日越南第 11 届国会第 8 次会议通过《越南企业法》（以下简称 2005 年《越南企业法》），于 2006 年 7 月 1 日起生效。这部法律在适用范围明确了“该法规范越南境内各种型态经济实体之设立、管理和营运发展；有关有限责任公司、股份公司、两合公司、无限公司等之规定及公司组别归属性”。同时也明确了其取代了 1999 年《越南企业法》和 2003 年《国营企业法》，但该法第 166 条第 2 项规定情况者除外；1996 年《越南外国人投资法》就企业举办活动及管理规定在 2000 年《越南外国人投资法》进行了若干条文的修订。该法颁布后，越南投资环境不断改善，越南的经济实现了快速的发展。由此可见，上述法律的颁布实施构建了越南几个阶段主要的公司企业的法律制度。值得一提的是，2014 年 4 月 21 日，越南国会常务委员会一致同意，为贯彻《宪法》精神，尤其是处理好政府、市场与企业之间的关系，启动 2005 年《越南企业法》修订工作尤为必要。国会常委会当日审议的修正案（草案）包含十章总计 220 条，比现有版本增加了 40 条。修订的内容主要集中在当前进行的企业改革尤其是国企股份化进程方面，同时增加了激励企业采取符合国际惯例、顺应经济一体化的现代企业管理方式等内容，最终落脚点则是处理好政府、市场与企业之间的关系。

第一节　越南公司的特征和分类

一、越南公司的特征

(一)公司可为一团体组织或一个人(以下简称公司业主)

2005年《越南企业法》中规定了有限责任公司、股份公司、两合公司、无限公司,其中,越南的有限责任公司可分为两名成员以上之有限责任公司和单一成员之有限责任公司,都由2005年《越南企业法》进行规范。

(二)公司设定的法定性

公司依照法律设立和运行,是规范化程序较高的企业组织形式。公司的发起设立、对内对外关系、内部治理结构、合并分立等,都是依照法律规范来办理,在越南,公司要取得法人资格必须按照2005年《越南企业法》规定的条件和程序设立。

(三)公司经营的营利性

公司具有营利性,是指公司在生产经营活动中以追求利润最大化为目的。作为经济组织,投资者通过投资企业,利用生产、经营某种商品的手段,通过资本经营,以实现一定利益并使其最大化,同时,从经济整体来说,公司资产的增值是社会发展的需要。2005年《越南企业法》主要规范公司之设立、管理和营运,同时强调营运系指以营利为目的,持续从事一个或多个或所有经营流程,从生产制造至产品上市销售或提供服务等。

(四)公司的独立性

在越南,公司亦是独立法人主体,具有独立权责、资产及利益。它在社会上完全独立,有自己的公司名称及其组织机构,公司总办公处所,依法以自己的名义从事经营,独立享有权利,履行义务,承担相应责任。

二、越南公司的分类

（一）有限责任公司、股份公司、两合公司和无限公司

越南的企业法适用范围，即规范越南境内各种型态经济实体之设立、管理和营运发展；有关有限责任公司、股份公司、两合公司、无限公司等之规定及公司组别归属性。

1. 有限责任公司。2005 年《越南企业法》第三章主要规范了有限责任公司的相关内容，并明确将责任有限公司划分为两名成员以上之有限责任公司和单一成员之有限责任公司。

两名成员以上之有限责任公司。2005 年《越南企业法》第 38 条规定两名成员以上之有限责任公司，有限责任公司应具备下列内容：（1）公司成员可以是团体组织或个人，人数以不超过 50 人为限。（2）公司成员于所切结入股资本额内负担企业各项债务及其他财务责任。（3）公司成员仅能按照该法第 43 条，第 44 条以及第 45 条规定转让股权。同时，有限责任公司于取得营业注册认证文件日起具有法人资格。值得注意的是，2005 年《越南企业法》规定有限责任公司不得发行股票。

单一成员之有限责任公司。2005 年《越南企业法》第 63 条规定：（1）单一成员之有限责任公司乃由公司业主为业主之企业；公司业主于公司章程资本额范畴内承担公司债务及其他财务责任。（2）单一成员之有限责任公司于取得营业注册认证之日起拥有法人资格。（3）单一成员之有限责任公司不得发行公司股票。

2. 股份公司。2005 年《越南企业法》第 77 条规定股份公司为企业，其中：（1）股份为依章程将资金分成若干相同之份数。（2）股东可为组织、个人；股东最少为 3 位，最多未有限制。（3）股东仅在其合股之范围内负担企业之债务及其他资产义务。（4）除该法第 81 条第 3 项及第 84 条第 5 项规定外，股东有权自由转让其股权。同时规定了股份公司自获核发经营登记执照之日起具有法人资格，并且明确了股份公司有权发行各种证券来筹措资金。

3. 两合公司。2005 年《越南企业法》第 130 条规定两合公司应至少有 2

位为公司共同所有的成员,并在同一公司名下共同经营(以下统称合名成员);除合名成员外,可具有出资之成员。合名成员应系属个人体,并应对公司义务负起其个人全部资产之责任。出资之成员仅就其出资投入公司的资金范围内,对公司债务负起责任。合名公司自核发经营登记认证书起具有其法人地位。合名公司不得发行任何种类之证券。

4. 无限公司。2005 年《越南企业法》第 141 条规定:(1)无限责任企业系指由单一个人担任老板,并以其个人全部资产自行负起公司一切活动责任的企业。(2)私人企业不得发行任何种类的证券。(3)每一个人仅准成立一家无限责任企业。

(二)母公司和子公司

1. 母公司和子公司的界定。2005 年《越南企业法》第 4 条规定公司若类属下列情况之一,视为其他公司之母公司:(1)掌握该公司章程资本 50% 以上或该公司普通上市股份 50% 以上者。(2)有权直接或间接委任半数或全部该公司董监事会成员董事、公司经理或总经理。(3)有权决定公司章程条款增修事宜。同时,其相对应的公司则成为子公司。

2. 母公司和子公司的相关权利与责任。2005 年《越南企业法》明确规定:(1)母公司依据子公司之法人型态,依该法及相关法令规定,而于与子公司关系中以成员、所有人或股份资格,对子公司执行其权利及义务。(2)除第(1)项规定情况,母公司与子公司之交易、合约及其他关系,均应予建立并比照独立法人主体地位适用条件,独立且平等执行。(3)母公司以所有人、成员或股东权责以外进行干涉子公司,且强制子公司执行与正常经营惯例相违背的经营活动,或从事非营利活动而在相关财务年度中不予合理补偿,造成子公司损害者,则应负起该损害之责任。(4)负起第(3)项规定干涉并强制子公司执行经营活动责任的母公司管理人,应与母公司负起该等损害之连带责任。(5)对母公司不按第(3)项规定补偿予子公司时,债权人或至少持子公司章程资金 1% 的股东及成员,可以其本身或子公司名义,要求母公司赔偿损害予子公司。(6)对第(3)项规定子公司执行经营活动,而为其母公司之其他子公司带来利益时,则享受该利益的其他子公司,应与母公司共同将该享受利益偿还给遭受损害的子公司。

2005 年《越南企业法》同时特别规定，当母公司之官股约占其章程资本额之 50% 以上时，其子公司经理或总经理除须具备该条款第 1 项规定标准与前提条件外，不得系母公司负责人或掌控公司人事任命权者之配偶、父母、养父母、子女、养子女以及亲兄弟姐妹，对于越南政府持有子公司章程资金 50% 以上之股份额比例时，子公司之董事不得与子公司管理人以及有权责任命母公司管理人者有相关关系。

（三）国营企业和非国营企业

2005 年《越南企业法》规定，国营企业乃官方持股率占 50% 以上之企业。2005 年《越南企业法》规定，国防及安全服务之企业直接从事国防与安全，或经济与国防及安全结合服务的国营企业，可依该法规定或政府个别规定举办活动及管理。相对应的，非国营企业即为国营企业以外的企业的统称。

1991 年 6 月，越南召开了越共的“七大”，提出要逐步扩大在国有企业中实行股份制经营形式。1992 年 6 月 8 日，武文杰签署越南部长会议主席第 202 号决定，具体列出了进行股份制试点的 8 个国有企业。1993 年 3 月 4 日，越南政府总理又签发第 84 号指示，提出了促进国有企业股份制试点和所有制形式多样化的具体办法。1993 年 11 月 26 日，越南财政部颁发第 2675 号公文，拟定了由该国各部、委选出进行股份制试点的 19 个国有企业的名单。至此，越南政府对国有企业进行股份制改革的主张开始得以有组织有系统地展开落实。越南对国营企业股份制、移交、卖、承包、出租、合并、解体、破产、转让并结合多种形式成为新企业（总公司、经济集团），直接影响到压缩国营企业的经营行业和领域。

第二节　越南公司法律制度的体系及结构

因为 2005 年《越南企业法》取代了 1990 年《越南公司法》，所以研究越南公司法律制度主要依据 2005 年《越南企业法》，这部法律分为十章，总计 172

条,在体例上,第一章为一般规定,规定了2005年《越南企业法》的适用范围、适用对象,适用企业法、国际条约及其他相关法案,同时具体规定了词汇意释,政府对企业及企业所有人之保障,企业内之政治组织和政治社会组织产业、行业及经营条件,企业之权利和义务,经营公共产品生产事业及公共服务事业之企业之权利义务,被禁止行为及企业数据建立文件管理制度。

第二章规定了成立企业及营业注册,其中具体包括:企业设立权、资金入股权、股权承购权以及企业管理权,营业注册前所缔结之合约,营业注册程序,私人企业办理营业注册之程序,联营公司办理营业注册之程序,有限责任公司办理营业注册之程序,股份公司办理营业注册之手续,首次于越南投资经营外国厂商之投资或营业注册文件、注册手续、注册前提以及注册营业内容,办理营业注册申请书,公司章程条款内容,有限责任公司及联名公司成员董事名册,股份公司创始股东名册,核发营业注册认证之前提条件,营业注册认证内容,变更营业注册内容,提供营业注册数据,公布营业注册内容,资产所有权转让,合股资产价值鉴定,企业名称,企业名称违规事项,企业之外文名称及其缩写,企业名称与其他企业者名称相同或造成混淆误认者,企业总办公处所,企业戳章,企业代表办事处、分公司以及营业地点。

第三章专章对有限责任公司作出了相关规定。本章规定了两名成员以上之有限责任公司的相关内容,包括有限责任公司之集资入股以及集资入股认证文件之核发,公司成员登记簿,公司成员之权限公司成员之义务,收购入股资金,股权转让,其他情况下入股资金处理办法,公司管理组织结构等内容。

第四章则是对股份公司作了相关规定,股份公司及其种类,普通股股东之权益,普通股东义务,表决之优先股及表决之优先股股东的权益,股息之优先股及股息之优先股股东的权益,可赎回之优先股及赎回之优先股股东权益,创始股东的普通股份,股票,股东登记簿,股份发售及转让,债券发行,购买股份、债券,依股东要求购回股份,依公司的决定购回股份,支付条件及购回股份之处理方式,支付股息,收回购回股份之清算款额或股息,股份公司之管理组织架构,股东大会相关事宜,董事会,监察人的相关规定等内容。

第五章是对两合公司的相关规定。两合公司及其出资及出资证明书之核发，两合公司资产，两合成员权利之设限，两合成员之权限及义务，成员股东会，成员股东会会议之召集，两合公司经营之管理，两合成员资格之终止，纳入新成员，出资成员之权利及义务。

第六章是对无限责任企业的相关规定。包括无限责任企业所有人之投资资本，企业之管理，企业之出租，无限责任企业之售卖。

第七章是对关系企业的相关规定。包括母公司对子公司之权利及责任，母公司及子公司之财务报告，经济集团。

第八章规定了企业之分立、分割、合并、并入，公司转变相关内容，包括一位成员之责任公司之转变，营业之暂停，企业解散之条件及情况，企业解散之手续，自解散决定文件之日起被禁止从事之各项活动项目，企业之破产。

第九章规定了国家对企业之管理，国家对企业之管理内容，国家对企业之管理责任，营业登记机关之组织机构、任务及权限，企业经营活动之检查及清查，违反之处理。

第十章规定了国营企业之转型，企业国家资金所有权之执行，国营企业之成立，施行效力，施行规定的相关内容。

第三节　越南公司法律制度的主要内容

一、越南公司法律的一般规定

（一）词汇意释

因为越南公司法律制度主要是由 2005 年《越南企业法》进行规制，本节主要对这部法律进行分析研究，2005 年《越南企业法》对下列词汇的含义进行了专门解释：

1. 所谓企业系指有名称、资产、固定办公处所以及依法申请注册，并实际从事经营活动之经济组织。

2. 所谓营运系指以营利为目的，持续从事一个或多个或所有经营流程，从生产制造至产品上市销售或提供服务等。

3. 合格卷宗系指备齐该法规定之所有手续文件，依法完整列明全部内容者。

4. 资金入股系指将资产过户至公司名下以成为公司单一所有权人或共同所有权人。入股资金可以是越南钱币、可自由兑换外币、黄金、土地使用权状、智财权状、技术、专利权以及其他列明于公司章程条款之资产，由公司董事成员挹注入股成为公司名下资产。

5. 入股资本金额乃公司单一所有权人或共同所有权人所投入公司章程资本之资金比例。

6. 章程资金乃公司成员董事或股东投入之资金，且确切列入公司章程条款内。

7. 法定资金乃法律规定公司设立最低资本额。

8. 拥有表决权资本乃入股公司资金或公司股份，所有者有权对类属公司董事会或公司股东大会审决权限之问题作出意见表决。

9. 股息乃公司税后盈余以现金或其他资产分摊给每股份之纯利。

10. 公司创始成员董事乃资金入股、参与公司之设立、并签署公司原始章程条款者。

11. 所谓股东系指至少持有股份公司所发行股份 1 股者。公司创始股东系指参与公司之设立、签署股份公司原始章程条款者。

12. 公司联名成员股东以本身全部财产履行公司义务之公司成员股东。

13. 企业负责人系指企业负责人、无限责任企业经理、两合公司之两合成员董事、公司董事会董事长、公司董监事会成员董事及监察人、公司总经理或经理或公司章程条款规定之其他企管职衔。

14. 授权代表乃指获公司成员董事或股东系有限责任公司或股份公司等法人组织按照该法规定，以书面授权履行渠道等在公司的各种权限者。

15. 公司若类属下列情况之一，视为其他公司之母公司：(1) 掌握该公司章程资本 50% 以上或该公司普通上市股份 50% 以上者。(2) 有权直接或间接委任派半数或全部该公司董监事会成员董事、公司经理或总经理。(3) 有权决定公司章程条款增修事宜。

16. 整合企业组织结构乃分开、切割、收编、合并或变更企业结构等行为。

17. 关系人系指于下列情况下直接或间接与企业有关联之团体组织及个人:(1)母公司、母公司负责人以及有权任命子公司负责人者。(2)子公司跟母公司的关系。(3)有能力通过公司企管单位支配公司决策或营运计划之个人或群体。(4)企业负责人。(5)公司负责人或公司成员董事或合股股东或持有支配性股份股东之配偶、亲生父母、养父母、亲生子女、领养子女、血缘兄弟姐妹。(6)个人获授权代表该条款第(1)(2)(3)(4)以及第(5)项规定者。(7)企业内存在该条款第(1)(2)(3)(4)(5)(6)(7)项规定拥有可以支配该企业其他管理单位决策之股权者。(8)协调配合兼并公司其他合股资金或股份或利益或协调配合左右公司决策者。

18. 官方入股资金乃政府采用政府预算及其他政府财源投资入股公司之资金,由一个官方单位或经济组织为股权代表。官方所有股份乃政府采用政府预算及其他政府财源结算之股份,由一个官方单位或经济组织为股权代表。

19. 入股资本市场价值或股份市场价值,乃其证券市场交易价格或由一个专业评估机关审定之价值。

20. 企业之国籍乃企业成立与营业注册所在国家或地区之国籍。

21. 企业常驻地址乃该法人总办公处所注册所在地;系个人向企业登记以为联络地址、户籍注册常驻地址、或办公室地址或其他用途之地址。

22. 国营企业乃官方持股率占50%以上之企业。

（二）政府对企业及企业所有人之保障

在2005年《越南企业法》中,规定了政府对企业及企业所有人之保障。首先,要求政府应承认该法所规范之各型态企业存在之事实,并保障其法律上之权益,及合法经营利益。其次,政府应承认并保障企业及企业主资产所有权、投资资本额、收益以及其他合法权益。最后,法律也特别规定了政府不得以任何行政手段征收国有化企业及企业主合法之资产和资金。政府基于国防安全或国家利益而征收或征用企业资产时应按照公布征收或征用当日市场价格结付或赔偿予企业主。该相关给付或赔偿事宜必须保障企业之权益,不因企业所有权归属性及经济背景所属而有不同之待遇。这些以法律形式确认的政府保障内容,有利于更明确地规定和更好地保障企业及所有人的权益。

(三)企业产业、行业及经营条件

2005年《越南企业法》第7条特别规定了企业产业、行业及其经营条件。首先,明确了各种型态之企业有权开发经营非法律禁止之产业和行业。其次,对于投资法及其他相关法案有特别规定经营条件之产业和行业,须符合该持有规定条件始能经营。特别经营条件系指企业于具体经营运作时必须具备或必须执行之事项,反映在营业执照、具备经营前提条件认证文件、执业证书、职业责任保险认证、法定资本额要求或其他必须文件上。再次,强调了严禁会损害越南国防安全、社会秩序、社会安全、传统历史、文化、道德规范、习俗、民众健康,自然资源、生态环境等方面之经营行为。政府应公布禁止经营开发之产业目录。同时,规定政府定期按照国家管理工作需要,全面或部分检查与评估经营条件,撤销或提议撤销不合时宜者,增修或提议增修不合理者,颁行或提议颁行新经营条件。最后,对于越南中央部会、中央部会平行机关、各级地方省市人民议会、各级地方省市人民委员会不得颁行有经营条件之产业项目及产业经营条件。

(四)企业的权利和义务

2005年《越南企业法》规定了企业的相应权利。包括:(1)经营自决。自行选择经营行业、经营范围、经营模式、投资形式、拓展产业经营规模、获得政府奖励和优惠、创造顺利条件、提供产品及公共服务设施等待遇。(2)选择资金集结、分配以及运用办法。(3)自行开发市场、客户以及缔结合约。(4)经营进出口贸易。(5)按照经营需要遴选及雇用员工。(6)自行应用先进科技以提升经营与竞争效率。(7)自行决定经营业务及内部关系。(8)占有、使用以及决定企业资产。(9)拒绝法律规定以外力量来源供应之一切要求。(10)按照法律规定,进行申诉和控告。(11)依法直接或通过授权代表人参加诉讼。(12)法律规定之其他权利。

越南企业的义务包括:(1)确实按照营业注册认证文件所列明产业项目

经营;经营有前提条件规定之产业时,保证依法具备相关经营条件。(2)根据会计法规定组织会计工作并准时据实提报财务报告。(3)依法登记税码、申报税捐、纳税以及履行其他财务义务。(4)按照劳动法确保员工权益;按照保险法实施员工社会保险制度、医药保险制度以及其他保险事宜。(5)保证已登记或已公布品检标准之产品质量及服务项目质量,承担相关责任。(6)按照统计法落实统计制度,定期按照官方范本向政府主管机关完整申报企业经营状况和财务状况;当发现所申报资料不正确或缺失时,应及时予以补充修正。(7)遵守国防安全、社会秩序维护、自然资源保护、生态环境保护、历史文物保护、文化遗产保护以及名胜古遗迹保护等方面之法律规定。(8)其他法律规定义务。

(五)法律规定的被禁止行为

越南企业法对企业规定了被禁止行为。第一,要求对不具备该法规定经营条件者发放营业注册,或延宕、为难、阻挠或骚扰。第二,以企业形式经营活动而无营业注册,或被撤销于注册认证文件被撤销后仍继续经营之行为。第三,对于不据实或不正确申报营业注册文件内容;不据实或不正确或不及时申报营业注册文件内容之增修事项。第四,虚报注册资金行为、未及时如数标注已注册资金额行为、故意提高入股资产市值行为。第五,非法经营及诈欺行为;经营被禁止作为之产业。第六,不具备法律规定经营前提条件却径行经营之行为。第七,阻挠企业主、企业成员董事会、企业股东或企业成员董事执行该法及公司章程条款所规定之各项权利行为。第八,规定了其他法律禁止行为。

(六)企业数据建文件管理制度

2005年《越南企业法》第12条对企业数据建文件管理制度的相关事项进行规范。企业必须按照数据文件类别存盘保管:(1)公司章程、公司章程条款增修本、公司内部管理规制、公司成员董事或公司股东登记资料簿。(2)营业注册认证文件;工业专利权证书;产品的品检登记认证文件;其他执照及认证文件。(3)公司资产产权状况及相关认证文件。(4)公司成员董事会会议记录,公司股东大会记录、公司董监事会会议记录、公司其他决策记录。(5)公司发行股票告白书。(6)公司监察报告文件、稽查机关报告文件、独立会计查账组织报告文件。(7)会计部册、会计单据以及历年财务报告数据。(8)其他法律规定之其他数据。企业必须于办公处所保管以上所列数据,保管时间按照法律规定办理。

二、越南公司设立的相关规定

(一)设立企业的主体规定

根据2005年《越南企业法》的规定,越南本国人或团体及外国人或团体有权根据该法在越南设立与管理公司企业,但该条款第2项规定者除外。下列个人或团体不得设立或管理公司:(1)政府机关及越南人民武装力量单位,利用国家资产及公家基金,以图利为目的,为所属单位成立企业者。(2)国家干部及公务员法规之适用之对象。(3)越南人民军队所属机关和单位之士官、下士官、职业军人以及国防工人;越南人民公安所属机关和单位之职业士官和下士官。(4)国营企业领导干部及业务管理干部,被委任在其他有官股参与企业做官股管理代表者除外。(5)未成年者及限制行为能力或丧失民事行为能力者。(6)现行法律受刑人或被法律禁止从事经营活动者。(7)越南破产法规定之其他情况。同时,2005年《越南企业法》规定了个人及团体组织有权按照该法规定购买股份公司股份,对有限责任公司入股、对联名公司入股;但该条款第4项规定者除外。其中,特别明确了下列个人及团体组织不能按照该法购买股份公司股份,对有限责任公司入股、对联名公司入股:(1)政府机关及越南人民武装力量单位利用国家资产及公家基金,以图利为目的,为所属单位成立企业者。(2)国家干部及公务员法规适用之对象。

(二)企业营业注册的相关规定

1. 2005年《越南企业法》规定,企业营业注册需要准备的相关合约。其中包括营业注册前所缔结之合约。具体有:(1)企业成员董事、创始股东或授权代表人,得于企业办理营业注册手续前,签订各项服务企业成立与经营发展目的之合约。(2)企业若获注册成立,应承接该条款第1项所订合约所衍生之权利义务。(3)企业未获注册成立,则应由签订者负责因该条款第(1)项所订合约所衍生之权利义务或连带保证责任。

2.越南营业注册程序。首先,企业创立人按照该法规定,向营业注册主管机关完整提报营业注册文件,并要对营业注册文件内容之真实性及正确性负责。其次,办理营业注册主管机关应于收件后10个工作日内,审查营业注册数据并核发营业注册认证文件;主管机关拒绝核发营业注册认证时,应以书面通知企业创立人,并说明事由以及须增修之内容。再次,营业注册主管机关审核营业注册认证文件,并承认该等文件之合法性,不得要求企业创立人提交该法未规定之其他文件。最后,营业注册认证期效与营业者按照投资法作为之投资项目落实期限相契合。

对于私人企业、联营公司、有限责任公司以及股份公司办理营业注册也分别规定了具体的程序,对于私人企业的程序:(1)应使用主管机关规定之申请书办理。(2)申请人之身份证或护照,或身份确认之其他证件复印件。(3)从事法律特别规定须具备法定资金之产业者应提供法定资金确认书。(4)经营法律特别规定必须有执业证书之产业者应提供其企业经理及其他人士之执业证书。

联营公司办理营业注册之程序:(1)应使用主管机关规定之申请书办理。(2)公司章程草案。(3)公司成员董事名册、公司成员董事国民身份证复印件、护照复印件或其他合法身份认证文件复印件。(4)从事法律特别规定须具备法定资金之产业者应提供公司法定资金额作认证。(5)经营法律特别规定必须有执业证书之产业者应提供公司成员及其他人士之执业证书。

有限责任公司办理营业注册之程序:(1)应使用主管机关规定之申请书办理。(2)公司章程草案。(3)公司成员董事名册并检附下列文件:其一,公司创始股东系个人者,检附其国民身份证复印件、护照复印件或其他合法身份认证文件复印件。其二,公司创始股东系法人者,检附公司创立决议文件复印件、营业注册认证文件复印件或其他相等之法人数据复印件。其三,委任授权书以及受任者之国民身份证复印件、护照复印件或其他合法身份认证文件复印件。公司成员股东系外国组织时，营业注册认证文件复印件必须另有该外国组织于办理公司营业注册前三个月办理注册之主管机关之认证。其四，从事法律特别规定必须具备法定资金之产业者应提供企业法定资金确认书。其五，从事法律特别规定须具备执业活动许可的产业者应提供总经理、经理及其他人之执业活动许可证。

股份公司之营业注册手续：(1)应使用主管机关规定之申请书办理。(2)公司章程草案。(3)公司创始股东名册及检附如下文件：其一，公司创始股东系个人者，检附其国民身份证复印件、护照复印件或其他合法身份认证文件复印件。其二，公司创始股东系法人者，检附公司创立决议文件复印件、营业注册认证本件复印件或其他相等之法人数据复印件。其三，委任授权书以及获授权者之国民身份证复印件、护照或其他合法身份认证文件。公司成员股东系外国组织时，营业注册认证文件复印件必须另有该外国组织于办理公司营业注册前三个月办理注册之主管机关之认证。其四，公司主管机关或团体组织对法律规定必须要有法定资金设计之产业之公司法定资金额作认证。其五，经营法律规定必须要有执业证书设计之产业之公司总经理及其他人士之执业证书。

3. 规定了首次于越南投资经营外国厂商之投资或营业注册文件、注册手续、注册前提以及注册营业内容。外国厂商首次前来越南投资经营之投资或营业注册文件，注册手续、注册前提以及注册营业内容按照该法及越南投资法规定办理。投资注册认证文件系营业注册认证文件。办理营业注册申请书包括如下内容：(1)企业名称。(2)企业总办公处所地址、电话号码、传真号码以及电子信件地址(若有)。(3)经营项目。(4)公司章程资本额，私人企业主初始资本额。(5)有限责任公司及联名公司每名成员董事之入股资金额、创始股东持股数额、股票种类、股票面值以及每类有权出售股票之全部数量。(6)私人公司负责人姓名、签名、户籍登记地址、国籍、国民身份证号码或护照号码或其他个人合法文件；1 名成员制有限责任公司负责人或其授权代表人之姓名、签名、户籍登记地址、国籍、国民身份证或护照或其他个人合法文件；2 名成员董事以上有限责任公司之创始成员董事或其授权代表人之姓名、签名、户籍登记地址、国籍、国民身份证号码或护照号码或其他个人合法文件;股份公司创始股东或其授权代表人之姓名、签名、户籍登记地址、国籍、国民身份证号码或护照号码或其他个人合法文件;联名公司成员董事之姓名、签名、户籍登记地址、国籍、国民身份证号码或护照号码或其他个人合法文件。

4. 越南核发营业注册认证之前提条件。企业具备以下条件时,应准核发营业注册认证:(1)注册营业之产业项目非被禁止经营者。(2)企业之名称,系正确按照该法第31条、第32条、第33条以及第34条规定办理。(3)拥有按照该法第35条第1项规定之总办公处所。(4)依法建置合格之营业注册手续卷宗。(5)缴纳营业注册申请规费。营业注册手续规费系按照营业者所经营产业数量规范。其中,营业注册认证内容主要有:①企业总办公处所、分支办公处所以及公司代表办事处(若有)名称和地址。②企业法定代表人姓名、户籍登记地址、国籍、国民身份证号码或护照号码或其他个人合法文件。③有限责任公司或股份公司成员董事或创始股东系个人时,其姓名、户籍登记地址、国籍、国民身份证号码或护照号码或其他个人合法文件;有限责任公司或股份公司成员董事或公司创始股东系团体组织时,该团体组织名下公司创立决议文号或注册文号;联名公司成员董事之姓名、户籍登记地址、国籍、国民身份证号码或护照号码或其他个人合法文件;公司负责人系个人时,其姓名、户籍登记地址、国籍、国民身份证号码或护照号码或其他个人合法文件。④有限责任公司或联名公司之章程资本额;股份公司已投入股份数量和价值以及有权出售之股份数量;私人企业初始资本额;经营须具备法定资金设计之产业之企业法定资本额。⑤经营产业类别。与此同时,企业须于取得营业注册认证30天内,连续三天在营业注册主管机关之企业信息网或各种平版报刊或电子报刊之一,刊登下列数据:(1)企业名称。(2)企业总办公处所、分支办公处所以及公司代表办事处(若有)地址。(3)营业项目。(4)有限责任公司及联名公司章程资本额;股份公司已投入之股份数量和价值,以及有权上市发行之股票数量;私人公司创始资本额;法律规定必须设定资本额产业之企业法定资本额。(5)企业总办公处所、分支办公处所以及公司代表办事处(若有)名称及地址。(6)企业负责人、企业成员董事或企业创始股东之姓名、户籍登记地址、国籍、国民身份证号码或护照号码或其他个人合法文件以及企业创立决议文号或营业注册文号。(7)企业法定代表人姓名、户籍登记地址、国籍、国民身份证号码或护照号码或其他个人合法文件。(8)营业注册地点。此外,企业如若变更营业注册内容,必须按该条款规定时间与方式公布相关变更内容。

(三)公司章程

2005年《越南企业法》第22条规定了公司章程条款内容。其中包括:(1)企业名称、企业总办公处所地址、电话号码、传真号码以及电子信件地址(若有)。(2)经营项目。(3)公司章程资本额以及章程资本额之增减方式。(4)联名公司成员董事之姓名、地址、国籍以及其他基本特征;有限责任公司负责人及其成员董事之姓名、地址、国籍以及其他基本特征;股份公司创始股东之姓名、地址、国籍以及其他基本特征。(5)有限责任公司及联名公司每位公司成员董事入股资本比例及资金价值;公司创始股东所持公司股份数量、股份种类、股票面额以及每类有权出售之全部数量。(6)有限责任公司及联名公司成员董事之责任义务;股份公司股东之责任义务。(7)企业管理组织结构。(8)有限责任公司及股份公司之法定代表人。(9)公司决议案通过形式,公司内部纠争处理原则。(10)公司负责人及公司监察小组成员或监察人员之薪资及酬劳核定办法。(11)有限责任公司或股份公司成员得要求公司收购其所持有股权或股份。(12)公司税后盈余摊分或亏损处理原则。(13)公司解散、解散程序以及资产清理手续。(14)公司章程条款内容增修办法。(15)联名公司成员董事姓名及签字;有限责任公司法定代表人、公司负责人、公司成员董事或其授权代表人之姓名及签字;股份公司法定代表人、公司创始股东及其授权代表人之姓名及签字。(16)经公司成员董事或股东协调而不违法之其他事项。

(四)公司管理组织机构的相关规定

对于有限责任公司而言,2名成员以上有限责任公司设有公司成员董事会、公司成员董事会董事长、经理或总经理;11名成员以上有限责任公司须设查核处；公司成员少于11人者，可按照公司企管需要设查核处。公司章程制定公司查核处及查核处处长之权利义务以及运作前提条件、标准以及制度。公司章程规定公司成员董事会董事长、经理或总经理为公司法定代表人，他们必须长期居留越南，离开越南时间长达30天者，必须按照公司章程之规定，以书面授权他人代为履行法律规定公司法定代表人之权利义务。

对于有限责任公司的另一种形式，单一成员为团体组织之有限责任公司之管理组织结构的规定为：(1)公司业主以授权方式任命一人或多人代理其履行该法及其他相关法案规定之权利义务，任期不超过5年；获授权任命代表者，必须具备该法第48条第2项规定之标准与前提。(2)公司业主有权随时汰换授权代理人。(3)如若至少有两人获授权代表公司时，公司管理组织结构包括公司成员董事会、经理或总经理以及查核员。此种情况下，公司成员董事会包括所有获授权代表人。(4)如若一人获授权代表公司，则由其担任公司执行董事长。此情况下，公司管理组织结构包括公司董事长、经理或总经理以及查核员。(5)公司章程条款规定公司成员董事会董事长、公司执行董事长、经理或总经理为公司法定代表人。公司法定代表人必须长期居留越南，如果离开越南30天以上，必须依照公司章程规定原则，以书面授权他人替代其成为公司法定代表人。(6)公司成员董事会、公司执行董事长、经理或总经理以及查核员之职责以及权利义务规定于该法第68条、第69条、第70条以及第71条内。

对于股份公司之管理组织架构作出如下规定：(1)股份公司设有股东大会、董事会及总经理或经理，对于股份公司设有11个自然人股东以上或法人股东持有公司股份总数额之50%以上，须设有监察人。(2)董事长、总经理或经理依公司章程规定为公司法人代表。公司法人代表须常住在越南；如离开越南30天以上，须依公司章程规定以书面授权予其他人执行公司法人代表之相关权责。对于股份公司，董事会之任期及董事人数，首先，对于公司章程如未有其他规定，董事会之董事最少人数为3人，最多人数为11人。常住在越南之董事人数由公司章程规定。董事会任期为5年。董事之任期不可超过5年；董事可以无期限续任。其次，任期结束之董事会得继续营运至新董事会获选任并接任工作。再次,递补或替代已罢免、免任之董事之新董事,其任期为董事会剩下之任期。最后,规定董事会董事未必为公司之股东。

关于两合公司之管理组织架构规定:(1)两合全部成员股东会。除公司章程另有规定外,成员股东会推选一位两合成员担任成员股东会主席,并兼任总经理或经理。(2)两合成员可要求召集成员股东会会议,以协商及决定公司经营业务。要求召集会议的成员,应妥备会议议程、内容及数据。(3)成员股东会可决定公司全部经营业务。若公司章程并无规定时,则下列问题之决定,应至少取得两合成员总人数 3/4 同意:①公司发展方向。②公司章程之补充及修订。③新合名成员之纳入。④合名成员退出公司或开除公司成员之决定。⑤计划投资之决定。⑥贷款及以其他形式募集资金之决定,相当或高出公司章程资金价值 50% 之放款之决定,若公司章程另有规定高出该比例者,则除外。⑦相等或高出公司章程资金额之资产买卖之决定,但公司章程另有规定高出该比例除外。⑧年度财务报告通过,公司利润总额分配及公司利润成员分享额度之决定。⑨公司解散之决定。(4)该条款第 3 项规定以外其他问题之决定,应至少取得两合成员总人数 2/3 同意通过为之;具体比例由公司章程制定。(5)出资成员之参加表决权,依该法及公司章程规定为之。

三、越南公司并入的规定

2005 年《越南企业法》第 153 条对于企业的并入作了相关规定。第一,对于单一或若干型态类同的公司(以下简称被裁并公司)可将其全部财产、权利、义务及合法利益并转入其他公司(以下简称获并入公司),同时终止被裁并公司之存在。第二,越南公司并入手续规定如下:首先,各相关公司妥备并入合约及获并入公司章程草案,并入合约应具备各项主要内容,包括获并入公司之名称及办公处所地址;被裁并公司之名称及办公处所地址;并入手续及条件;劳工使用方案;被并入公司资产、出资资本、股份、债券转换成获并入公司之出资资本、股份、债券之手续、条件及期限;并入之执行期限。其次,相关公司成员股东、公司业主或股东依该法规定通过并入合约、获并入公司章程及办理获并入公司之营业登记,在此情况下,营业登记文件中须检具合并合约。合并合约应自获通过起15天内寄送至公司之所有债权人及通告公司劳工。最后，于获并入公司办理营业登记后，被裁并公司将终止存在；获并入公司享有被裁并公司之各项权利及合法利益，并负责其尚未结算各项债务、劳动合约及其他资产义务。除此之外，除竞争法另有规定，当并入后而公司拥有相关市场占有率自30%至50%者，则公司之法定代表人在进行并入前，应通知竞争管理机关。除竞争法另有规定，禁止对获并入后公司拥有相关市场50%以上占有率进行并入。

四、越南公司转变的相关规定

2005年《越南企业法》第154条对公司转变作了相关规定。在越南，有限责任公司可转变为股份公司，反之亦然。有限责任公司及股份公司（以下简称被转变公司）转变成股份公司及有限责任公司（以下简称转变后公司）之手续规定如下：其一，公司成员股东、公司所有人或股东大会通过转变决议及转变后公司章程。转变决议应具备各项主要内容，包括被转变公司及转变后公司之名称及主要办公处所地址；被转变公司资产、出资资本、股份、债券转入转变后公司之财产、股份、债券及出资资本之期限及条件；劳工使用方案；转变之执行期限。其二，转变决议自获通过起的15天内，应寄送至公司所有债权人及通告公司劳工。其三，转变后公司营业登记依该法规定办理，在该种情况下，营业登记文件中应检附公司转变决议文件。值得一提的是，自转变公司办理营业登记后，被转变公司将终止其存在，转变后公司可享有被转变公司之各项权益及合法利益，并负起被转变公司尚未结算各项债务、劳动合约及其他资产义务。

2005年《越南企业法》第155条对一位成员之责任公司之转变作了规定：(1)当公司所有人将其公司章程部分资本转让给其他组织及个人时，则自转让之日起的15天内，公司所有人及受让人应向营业登记机关登记公司成员变更之人数，并依该项规定自公司成员人数变更登记之日起，可依具有两位成员以上的责任公司从事活动及管理。(2)当公司所有人将其全部公司章程资本转让给他人时，则自转让手续完成之日起的15日内，受让人应向营业登记机关登记变更公司所有人，并依一位成员的个人有限责任公司规定从事活动及管理。

五、越南公司解散与破产的相关规定

（一）越南公司解散的相关规定

2005年《越南企业法》第157条企业解散之条件及情况主要有：（1）企业章程活动期限届满不具备加签决定者。（2）依据所有人决定之无限公司；所有两合公司成员决定之两合公司；股东成员及公司所有人决定之有限责任公司；股东大会决定之股份公司。（3）依该法规定连续在6个月内，公司不具备其最低成员人数者。（4）被撤销营业登记认证书者。另外，仅准企业于结算全部债务及执行其他资产义务后进行解散。

2005年《越南企业法》第158条规定了企业解散之手续。企业解散可依下列之规定办理：第一，通过企业解散决议，该决议书应具备下列各项主要内容：（1）企业名称及其主要办公处所地址。（2）解散理由。（3）企业清理合约及结算各项债务之手续及期限；自解散决议获通过之日起的6个月内，进行债务结算及合约之清理。（4）劳动合约发生各项义务之处理方案。（5）企业法律代表人之姓名及签字。第二，除公司章程规定成立清理组织外，无限责任公司所有人、公司成员股东或所有人及董事会可直接办理企业资产之清理。第三，企业解散决议自获通过之日起的7个工作日内，应寄送予营业登记机关、所有债权人、权益及义务之相关人士及企业劳工，并应公开揭示于公司主要办公处所及其分支机构。对法律有要求须予在报纸刊登者，企业解散决议应至少连续3期刊登于印刷报纸或电子报。企业解散决议连同检附债务解决方案之通知书应寄送企业债权人，通知书上应详列债权人姓名、地址；负债数额及该债款清算之方式、地点及期限；处理债权人申诉之方式及期限。第四，企业债务以下次序进行清算：（1）依法律规定之各项积欠薪资、退职补助及社会保险，以及依法律规定已签订集体劳工协议书及劳动合约的劳工之其他权益。（2）积久税款及其他债务。企业结算完毕各项债款及企业解散费用后所剩余之部分，系属于私人企业业主、公司业主、各成员及股东之所有。第五，自结算完毕企业各项债款之日起的 7 个工作日内,企业法律代表人应将营业解散文件寄送至营业登记机关。自收到齐全且合格文件之日起的 7 个工作日内,营业登记机关将营业登记册簿上删除企业名称。第六,当企业被撤销其营业登记认证书时,应于营业登记认证书被撤销之日起的 6 个月内解散企业,企业解散程序及手续依该条款规定办理。该项规定 6 个月内而营业登记机关并未收到企业之解散文件时,该企业将获视为已解散,营业登记机关将在营业登记簿上删除其名字,于该情况下,公司法定代表人、有限责任公司之各成员、具有一位成员股东责任有限公司之所有人、股份公司之董事会成员股东及两合公司之成员,负起尚未结算之各项债务及其他资产义务之连带责任。

2005 年《越南企业法》第 159 条规定,自解散决定文件之日起被禁止从事之各项活动项目自企业有解散决定文件之日起,严禁企业及企业管理人从事下列活动项目:匿藏及分散财产;放弃或缩减讨债权;将各项非保证的债务转变为以企业财产作保证的债务;签订非属企业解散执行之新合约;典押、抵押、赠与及出租财产;终止履行已生效的合约;以一切其他形式进行资金募款。

（二）越南公司破产的相关规定

2005 年《越南企业法》第 160 条规定了企业破产的事项,依《企业破产法》之规定办理。

关于企业破产申请的提出和受理规定:自债务表寄至而企业不能清偿到期债务之日起 30 日之后,无担保债权人、有部分担保债权人有权向企业主要住所所在地的法院提交申请要求予以处理宣告破产企业。在处理企业相关事务中,如发现企业陷入破产,法院通知其债权人、企业知晓,以便提交企业破产申请表。申请企业破产者应当对申请表、附带材料和证明内容负责。

企业破产受理手续。自受理之日起 10 日内或根据《企业破产法》第 13 条第 2 款的规定自法院作出裁决之日起 7 日之内,如证据充分,省级法院裁决受理企业破产。财产管理组的构成、权限和义务、审判长的权限和义务依据破产法确定。在处理企业破产过程中,董事长、董事会成员仍然对企业的经营活动负责。企业的经营活动正常进行,但受到审判长和财产管理组的监督和检查。当裁定受理企业破产之日起,审判长应当要求企业主或企业合法代表制定和解协议和企业整顿措施。企业整顿措施的期限由债权人会议决定，但是，自债权人会议通过和解协议之日起不能超过2年。债权人会议的职责和权利是审查、通过和解协议重新组织企业经营活动，在未达成和解协议或未通过和解协议的情况下，协商并向法院建议企业剩余资产分割。在企业经营活动整顿期间，企业经营情况好转，实现债权人会议提出的计划，并且无债权人向法院提出申诉，则企业主有权向法院提出申请停止受理企业破产宣告申请。由法院裁决停止受理企业破产宣告，并应当在当地报纸和中央日报连续登报3期公布此决定。

关于企业破产情形，《企业破产法》规定有以下情形之一的，由法院裁决宣告企业破产：(1)企业主或企业合法代表无法提供该法第20条所规定的和解方案和企业整顿措施的。(2)企业主或企业合法代表未执行该法第28条之规定的。(3)债权人会议未通过和解协议和企业整顿措施的。(4)整顿期满后，企业经营仍无起色，债权人要求宣告企业破产的。(5)在整顿期间企业严重违反债权人会议协议，债权人要求宣告企业破产的。(6)在处理企业破产宣告事务期间，企业主逃匿，或死亡而继承人放弃继承权或无继承人的。

关于分割企业剩余资产的顺序，依据以下顺序分割企业剩余资产：(1)按规定依法处理企业破产宣告申请所须支付的费用。(2)根据已签署的集体劳动协议和劳动合同规定应支付的工资、失业补助和社会保险。(3)应缴纳的税款。(4)应偿还给债权人名册中债权人的债务：企业剩余资产足够偿还债务的，每个债权人都可以得到全额赔偿；企业剩余资产不足以偿还债务的，每个债权人可以按债务比例得到相应赔偿。(5)企业剩余资产在偿还所有债务之后仍有剩余的，剩余部分资产属于：私营企业的，属于企业主；公司的，属于公司成员；国营企业的，属于国家财政。从企业宣告破产之日起30日内，债权人和破产企业有权提出上诉，同级人民检察院也有权对破产决定提出抗议。超出上诉和抗议期后，企业破产决定开始生效执行。当有上诉和抗议时，法院在接到上诉和抗议之后5日内，企业破产宣判法院应向最高人民法院复审法庭提交破产企业的执照。在收到破产企业执照后60日内，由最高人民法院复审法庭法官指定一个包括3名法官在内的工作组处理上诉和抗议。最高人民法院复审法庭的判决为最终判决。

关于执行企业破产宣告判决,《企业破产法》规定,企业破产宣告判决由企业所在地司法局下属案件执行处执行。案件执行处处长指定执行员负责执行企业破产宣告判决,下令成立资产清查工作组,并检查监督资产清查工作组工作。企业有以下违法行为的,执行员建议法院裁决回收企业资产和自受理企业破产宣告申请之日起前6个月内的企业资产差价:以各种形式分散转移企业财产;偿还未到期债务;自行放弃债权;将无财产担保债权转为有财产担保债权;低价出售企业资产。在回收破产企业资产和企业资产差价前,资产清查工作组有责任向当事人出示法院判决,并说明回收理由。回收过程中的纠纷由法院处理。清查工作结束后,由案件执行处处长下令停止执行企业破产宣告判决。此命令须提交经营登记部门,注销经营登记册中的企业名称。

第二章　文莱公司法律制度概述

第一节　文莱公司的特征和分类

文莱,全称文莱达鲁萨兰国(Brunei Darussulam),于1984年1月7日成为东盟第六个成员国,与东盟各国关系密切,对区域性经济合作持积极态度,主张各国实行贸易投资自由化和开展经济技术合作。文莱是东南亚第三大产油国和世界第四大液化天然气生产国,石油和天然气的生产和出口是文莱的经济支柱,占其国内生产总值的36%和出口总收入的95%,是世界上最富有的国家之一。文莱政府大力推行经济多元化和私营化政策,重视经贸发展,因此,私法方面的规定较为完善。早在1956年便通过《文莱公司法》,有效地引导规范文莱公司法律活动。

《文莱公司法》引言里提到"公司"是指根据该法组成和登记的公司,综合该法相关规定可以看出,文莱的公司是指经依法设立,一般而言由2个或2个以上具有合法目的的主体结合在一起,将其名称签署进简章,并遵守《文莱公司法》对公司有关登记的规定的组织。

一、文莱公司的特征

公司应依法设立。《文莱公司法》严格规定了各种类型公司的要求,如要有合法的公司章程、组织简章、名称、经法定登记等,若违反,公司就不能设立或存在,并承担罚金等处罚的责任。

一般而言,公司由2个或2个以上具有合法目的的主体结合而设立。《文莱公司法》没有一人公司形式,设立公司须有2个或2个以上的主体。此外,这些主体设立一个公司,应有合法的目的。当然,不同的公司有不同的“合法目的”,只要不违反有关公司设立的禁止性规定,就可以认为公司有合法目的。

公司是一种组织,与自然人不同的是,公司是一种组织体,法律赋予了“虚拟”的人格,经过依法成立的公司和自然人一样,具有独立的法律人格,可以依法取得、占有财产,依法享有权利与承担义务。

二、文莱公司的分类

1. 根据公司能否公开招募股份,分为私人公司和非私人公司。私人公司是指不能公开招募股份的公司。任何2人或2人以上,可以组成一私人公司。法律也对其作了许多限制性规定:私人公司的股东人数不应超过50人;禁止私人公司向公众发出认购股份或债券的邀请,限制股东转让股份权利。非私人公司是指可以公开招募股份的公司,由7个或7个以上的人组成,可以是有限责任或无限责任的公司。

2. 根据股东承担责任的不同,分为担保有限责任公司、股份有限公司和无限公司。担保有限责任公司是指公司股份的责任由备忘录限制。根据清算时每个股东分别投入公司的财产决定股东责任的公司,股份有限公司中,股东以其所持有的股份对公司承担责任,若股东所持股份的应付资本还未付清,公司每个成员的责任则按备忘录中确定的数额来确定责任。无限公司中,公司对股东的责任没有任何限制。

3. 根据持有其他公司股份的情况,分为持股公司和附属公司。所谓持股公司,是直接持有或通过被任命的1人或多人在附属公司中持有股份的公司,即当公司资产包含另一公司的所有或部分股份,无论是直接还是通过被任命人持有,并且,当以这样的方式持有的股份数额在持股公司做出账目时,已超过另一公司发行股份资本的50%，或拥有另一公司50%以上的表决权，或有权直接或间接任命另一公司大部分的董事。[①] 这里所提到的“另一公司”便是附属公司。

4. 根据《文莱公司法》设立的本国公司和根据其他国家公司法设立而在文莱有确定经营场所的在文莱境外设立的公司。

第二节　文莱公司法律制度的体系及结构

《文莱公司法》于1956年通过，1957年1月1日起生效，期间经过多次修订，是一部规范公司与股东、公司与其贷款者、公司与公众之间的关系，规范在文莱当地注册的公司和在文莱以外成立但在文莱开展业务的公司的条件和运作的法律，它构成了文莱公司法律制度体系的主体。此外，文莱有关经济贸易的法律规范如《文莱破产法》《文莱金融法》《文莱投资激励法》中有关公司的规定，共同构成文莱公司法的体系。下面笔者将以《文莱公司法》为切入点，从其篇章结构方面进一步分析文莱公司法律制度。

《文莱公司法》共324个条文，在正式条文前还有引言，是对公司法中涉及常用名词的解释说明。第一部分为法人公司及其有关附带业务；第二部分为招股说明书和债券说明书；第三部分为担保的登记、公司登记官对担保的登记；第四部分为经营和管理，登记的办公室和名称；第五部分为清算；第六部分为接收官和经理；第七部分为有关登记的一般规定；第八部分为未登记公司的清算；第九部分为文莱境外组成的公司在文莱境内开展业务，内容涉及公司法人资格的取得、公司的股份、公司的管理（包括对在文莱境外设立的公司的管理）与公司的清算等。

① 此处不是仅因债券信托合同的条款或向它发行的股份被授予的权利。

第三节　文莱公司法律制度的主要内容

一、公司的设立

（一）公司法人资格的取得

1. 公司法人资格取得的含义。公司法人资格的取得是指公司的发起人（认股人）依据公司法、公司备忘录、公司章程的规定，为组建公司并取得法人资格而采取和完成的一系列法律行为的总称。当公司获得法人资格时，才能以公司法人名义进行相应活动，行使公司的各项职能，享有相应的权利并履行相应的义务。

2. 公司获得法人资格的条件。根据《文莱公司法》的规定，设立公司应当具备以下基本条件：（1）认股人符合法定人数：①私人公司的认股人有上限、下限要求，设立私人公司，认股人应当在 2 人以上 50 人以下。②其他非私人公司，如股份有限公司、担保有限责任公司，只有下限没有上限，即认股人应在 7 人以上。（2）认股人符合认购股本要求。《文莱公司法》并没有明确规定发起人设立公司时认购股本的最低资本限额，但是对不同类型公司的认股人认购公司股份有要求：针对股份资本公司，公司应明确计划登记注册的资本数额并将其划分为等额股份的股份数，与此同时，每一位认股者认购的股份不能少于一股。针对没有股份资本的无限公司和担保有限公司，对公司发起人认购的股份数并不作具体要求，但是须明确公司计划登记的股东数目。（3）依法制定公司备忘录和章程。（4）有符合《文莱公司法》规定的公司名称。（5）依法进行登记，即根据《文莱公司法》的规定，向登记官②登记公司的相关事项。

---

② 登记官是指由部长在政府公报上公告任命的负责依据《文莱公司法》对公司进行登记的官员和其他官员。

(二)公司的备忘录和章程

1. 公司的备忘录。公司的备忘录,是指公司的组织简章,规定公司最初的形成和依据任何成文法的目的所做的变更的书面文件,其内容应符合《文莱公司法》和文莱一般法律的规定,否则,备忘录无效。关于公司的备忘录,有内容和形式上的要求。

在内容上,根据《文莱公司法》的规定,法人公司的备忘录应记载:(1)公司的经营项目与名称。(2)股东的责任。担保有限公司和股份有限公司的备忘录必须声明其股东责任的有限性。(3)股东的出资责任。每个股东在公司清算时,若他还是公司股东,应承担对公司财产的出资责任;若他已不是股东,在不是股东的一年里,应对他作为股东时公司的债务负清偿责任,还应承担清算的费用、支出、成本。为了调整公司清算时上述连带债务人的权利,备忘录可以规定他们在法定数额范围内承担责任。(4)股东认购的股份。备忘录应声明公司计划登记注册的资本数额和划分成等额股份的股份数。备忘录中的认购者认购的股份不能少于一股。

在形式上,备忘录应像合同一样盖有印章。每位认购人应在至少一个证人前签字,由证人来证明此签字。

关于备忘录的变更,一般而言,公司不能改变备忘录中的条款,除非满足法定条件,主要有两种情况,第一种是法律对有关公司的模式、条件和程度有明确的规定;第二种是公司通过特别决议变更备忘录中有关公司经营项目的条款。就第二种情形而言,《文莱公司法》规定了严格的条件。首先是实体条件,即变更公司的备忘录能使公司更有效、经济地开展它的生意;能改变或扩大本国范围内的经营,通过新的或提升了的方式达到它的主要目的;开展一些与公司生意相关的,在现有条件下方便和有益的业务;处置或出售公司的部分或全部财产;禁止或限制备忘录中指定的项目;与其他团体或公司合并。其次是程序条件,即这种备忘录的变更应向法院[③]申请并经其确认才能生效,为此,公司须满足以下条件:①公司应对相关利害关系人履行充分的通知义

---

③　在《文莱公司法》上,是指对公司的清算有管辖权的法院。

务，即对公司债券的持有人、法院认为其利益受公司变更影响的所有主体进行充分通知。②利害关系人已作出回应，即债权人对公司的变更表示同意，或其债务已终止或已被清偿，或已获得法院满意的担保，或有权反对的债权人以合适的方式表明了反对。若有特殊事由，法院可免除有关主体这里所要求的条件。

备忘录变更后，在此之后发布的每份备忘录应与已变更的备忘录一致，否则，将承担罚金的法律责任。

2. 公司章程。公司章程是适用于公司内部，规定公司的结构或通过特别决议产生变更的法律文件。章程从属于公司的备忘录并受其制约。关于公司章程的内容，担保有限公司、股份有限公司、无限公司登记公司备忘录时，公司的认股人要签署社团章程，制定有关规章。若无限公司有股份资本，其章程应声明公司计划登记的股份资本数额；若担保有限公司或无限公司没有股份资本，公司计划登记的股东数目应在章程中声明。如果是私人公司，意味着章程：(1)限制股份转让的权利；(2)股东人数不能超过50人；④(3)禁止向公众发出认购公司债券或股份的邀请。

章程应依照法律规定订立，应将章程分段并标上连续的数码，盖上印章。备忘录中的出资人应在证人面前签字，由证人见证，证人应至少一人。另外，章程必须打印。

相对于备忘录而言，章程的变更较为简单，根据《文莱公司法》和备忘录中规定的条件，公司可通过特别决议变更或增加章程。依据《文莱公司法》的规定对章程做的变更和增加，与原章程具有同等的法律效力；⑤通过特别决议对章程进行变更，具有从属性。

3. 公司备忘录和章程的登记。(1)一般登记。公司的备忘录与章程都必须提交给登记官，登记官应保留且登记。登记后，产生以下法律效力：a. 证明

④ 这里不包括公司的雇员和曾经的公司雇员，当不再是雇员后想成为公司股东的人。

⑤ 若备忘录和章程所做的变更有下列情形，股东不受其成为股东后备忘录和章程变更的约束：变更时要求他承担或认购更多的股份，或增加他在承担公司股份资本方面的责任，或需要向公司支付款项，除非股东已在变更前或变更后以书面方式同意受其约束。

公司的资格,即证明公司是法人,若公司是有限公司,证明公司承担有限责任。b. 证明公司的成立。公司的能力始于公司执照登记之日起,登记后,该法人团体即时行使公司的各项职能。公司具有永久的继承性。在公司清算时,各股东以投入公司的财产承担责任。c. 证明公司的合法性。登记官对公司进行登记后,对其出具执照,证明其已遵守《文莱公司法》及文莱先例中有关登记的相关要求并进行了适当的登记。d. 对公司和股东具有约束力。被股东签署、盖章的备忘录和章程经登记后对公司、股东具有约束力;就股东而言,就像遵守一个合同,内容为备忘录和章程的所有条款。

(2)变更登记。根据《文莱公司法》的规章,备忘录和章程的变更,也应进行登记,相关规定有:a. 在法院发出命令之日起 15 天内,确认变更命令的手抄本及变更后备忘录的打印文本已由公司提交登记官。登记官应保证由他亲自对公司提交的文本进行登记。变更后的备忘录是公司备忘录的决定性证据,证明《文莱公司法》对备忘录变更的所有条件及相关确认都已被遵守。法院可在任何时候命令公司延期提交文件给登记官,直至法院认为合适之时再提交。b. 若没有股份资本的公司在登记股东之外增加了股东数额,它应在增加发生或决定的 15 天内通知登记官,登记官应当记录。若迟延登记,公司及其负责人要承担罚金的责任。c. 若私人公司变更章程后,其章程已不再具备《文莱公司法》对私人公司章程的条件,这家公司则从它变更之日起不再是私人公司。

(三)公司的股东

1. 股东的种类。公司的股东有两类,一种是原始股东,即在公司成立之初认购公司股份的人;另一种是非原始股东,即在公司成立之后才成为公司股东的人。根据《文莱公司法》第 28 条的规定,这两类股东都应经过依法有效的登记。

2. 股东的责任。股东的责任应在公司备忘录中进行规定。为有效保护债权人的合法权益,《文莱公司法》规定了股东连带责任。若股东人数减少后⑥,

---

⑥　对于私人公司而言,股东少于 2 人;对于其他公司而言,股东少于 7 人。

公司继续营业超过6个月时，已认识到股东少于2人或7人的公司股东，对公司在此期间的债务负连带责任。

（四）公司的名称

公司名称是设立公司的必要条件，是区别其他公司的法律标志，同时能表明公司性质，因此，公司名称应符合法律规定。

关于公司名称的要求，根据《文莱公司法》的规定，公司如果是股份有限公司或担保有限公司，名称应以“Berhad”或其缩写“Bhd”结尾，如果是私人有限公司，公司名称中应包含“Sendirian”或其缩写“Sdn”，插在“Berhad”或其缩写“Bhd”之前，若为无限公司，则放名称的末尾。

关于公司名称的禁止性规定，公司登记的名称不应有以下情形：(1)与依据《文莱公司法》已登记存在的公司名相同或非常相似，以致被认为是欺诈。[7] (2)与在文莱境外成立但在文莱境内开展业务的公司名称相同或非常相似，可能被认为是欺诈。[8] (3)与依据有关成文法的规定进行登记的企业名称相同或非常相似，而被认为会产生欺诈。[9] (4)登记官认为公司名称容易让公众对公司的经营项目与性质产生误解。(5)名称中含有“商会”[10]或“建筑业协会”的字样。

关于公司名称的限制性规定，公司名称的登记不应具有下列情形，除非获得苏丹陛下的同意：(1)名称含有“Di-Raja”“皇家”“文莱”“储蓄”“由现任委员投票而获选的”“信托”“信托人”字样。(2)登记官认为名称暗含或被暗含是受苏丹陛下保护或与文莱政府及其部门有关联，或与市政或地产当局有关。

另外，苏丹陛下对公司名称特许规定有：(1)苏丹陛下对将要设立的有限

---

⑦ 例外情形：除非存在的公司正处于解散的过程中，并以登记官要求的方式表示同意。

⑧ 例外情形：除非此类公司将停止在文莱开展业务，并按登记官要求的方式表示同意。

⑨ 若登记官对一个以已登记的企业名称作为正在进行登记的公司的业务表示满意，且该公司被授权对抗先使用该名称的企业，则登记官可以用这个名称为公司登记。

⑩ 除非公司经苏丹陛下许可并被颁发执照，同时名称没有附加“Berhad”字样。

公司被证明是为了公共利益,[11]可许可该公司登记为有限公司,但名称中不加“Berhad”。(2)苏丹陛下关于名称所做的许可可附条件和规则并对公司具有约束力;若苏丹陛下指示,这些条件和规则应被写入公司的章程、备忘录或其他文件中。(3)此类公司一方面可享有有限公司的各项权利;另一方面也应履行相应义务。(4)苏丹陛下可在任何时候撤销之前关于公司名称的许可,撤销后,名称应恢复登记“Berhad”,公司不再享有因苏丹陛下的名称许可而使股东拥有的豁免和待遇,不过,在撤销前,苏丹陛下应书面通知公司其意图,并应再给公司一次听证的机会。

关于公司名称的变更,公司可通过苏丹陛下书面的优先批准和特别决议变更其名称。若某公司因疏忽或其他原因,登记的名称与正在解散过程中公司的名称相同或相似且没有获得登记官同意而登记了名称并因此被认为是欺诈,公司可通过登记官的批准变更名称。若公司在被许可使用“商会”字样后被撤销,应在法定时间内将公司名称变更为不含“商会”字样,否则,将受罚金处罚。

二、公司的股份

(一)股份的招募

公司在符合法律规定的条件时可向社会公开招募股份,需要公布招股说明书。招股说明书说明了股份发行的有关事宜,是向社会公众要约购买或认购公司股份或债券的通知、要约或其他邀请。招股说明书应符合法律规定的形式要件:(1)招股说明书应标明日期[12],否则登记官不得登记。[13] (2)招股说明书的复本应由每一位公司董事或被提议为董事的人或上述两类人书面授权的代理人签署,复本也应交由登记官登记,登记后应在招股说明书的封面上声明,否则不能被公布。

---

[11] 即为了提升商业、艺术、科学、宗教、慈善或其他有用的项目,并且意图将产生的利润或其他收入用于促进这些项目而不是将股息分配给股东。

[12] 该日期是公布招股说明书的日期,除非有相反的证据证明。

[13] 复本也应满足此要求。

关于招股说明书的内容，有以下要求：（1）公布的每一份招股说明书应对《文莱公司法》所附表格三中第一部分及第二部分规定的事项分别进行陈述和报告，此外，上述两部分唯有满足表格三中第三部分的条件才能生效。（2）该要求属法律的强制性规定，招股说明书不能有任何约束或要求股份认购人或债券申请人放弃《文莱公司法》中有关招股说明书要求的规定，否则规定无效。（3）债券和股份的申请表应与符合法律要求的招股说明书一起公布，否则，公布的申请表是非法的。⑭

关于招股说明书的相关责任人，当以债券募集方式或招股说明书认购公司的债券或股份时，公司的发起人、⑮授权公布招股说明书的人、公布招股说明书时公司的每一个董事、授权他人将自己作为董事登记在招股说明书中、或是同意立即或一段时间后成为董事的人，应对任何人因善意的相信招股说明书而认购债券或股份导致的损失进行赔偿，⑯除非他们不知情或并未授权同意。若招股说明书中包含的董事或一直同意成为董事的人不再同意成为董事或在公布招股说明书前收回同意，也没同意或授权招股说明书的公布，除了不知道或不同意招股说明书公布的董事之外的公司董事，其他授权公布招股说明书的人应对前述退出招股说明书的人进行赔偿，范围包括因他的姓名被记入招股说明书而产生的费用、支出和损失，或他参加由此产生的对他提起的诉讼而引起的费用、支出和损失。有关董事基于上述规定承担赔偿责任后，可根据合同或单独起诉，向其他有相同赔偿责任的人进行追偿，除非这些需要赔偿的人有欺诈性的误传，而其他人没有。

关于招股说明书的效力，若不经法定会议的同意，有股份的担保有限公司或股份有限公司不应在法定会议之前更改涉及招股说明书或代替其声明的合同条款，否则应当承担相应的法律责任。

---

⑭ 例外情形：如果申请表的公布表明与善意地邀请某人订立股票或债券包销合同相联系或不向公众发行的股票和债券有关，则不受该条规定的约束。

⑮ 这里指作为准备招股说明书一方或准备了含有不真实陈述的一部分的人。

⑯ 导致这种损失的直接原因是他人从招股说明书中不真实的陈述，或其中包含的任何报告和备忘录，或因招股说明书的产生和公布得到参考。

（二）出售股份的要约

所谓出售股份的要约，即公司为了把所有或部分股票或债券予以分配或同意分配向公众发出出售的意思表示。要约人为公司的招股说明书中作为公司董事的人，承诺人为股票和债券的认购人，要约的内容不仅包含招股说明书，还应涵盖以下内容：（1）与要约相关的公司收到的债券或股票对价的净资产额。（2）根据合同内容，已经或将要被分配的上述债券或股票可以被监督的地点和时间。这些文书适用于所有文莱成文法和法律规则中有关因招股说明书的疏忽和陈述而引发的责任。对招股说明书内容的规定，就像股票和债券已向公众发出认购的要约，接受此要约即为股票和债券的认购人一样，具有相应的效力。但是，若要约人在文件或其他方面有错误的陈述，不影响其责任。

为了实现《文莱公司法》的目的，公司股份或债券的分配或分配协议应能反应下列情况：（1）向公众出售的股票或债券的要约是在分配或分配协议后的6个月内作出的。（2）公司对将要收回的有关股票和债券的对价在要约发出时尚未收回，除非有相反证据，否则就证明了该分配协议是为向公众发出出售要约而制作。

（三）股份的分配

认购人接受公司出售股份的要约后，应向公司支付其认购股份的款项。公司收到认购人的款项后，应对股份进行分配，认购人得到公司分配的股份后成为公司的股东。

1. 股份分配的条件。根据《文莱公司法》的规定，公司对向公众发出认购要约的股份资本进行首次分配应满足以下硬性条件，任何要求或约束认购人放弃遵守此规定的条件都无效：（1）在董事看来，招股说明书中声明的认购人付款的最小数额[17]是为满足附属于《文莱公司法》表格三第一部分第5条的规定，且这一部分的数额已经被认购人实际支付并由公司收到。（2）根据申请，对每股股票支付的金额不应少于其票面金额的5%。（3）有股份资本的公司

---

[17] 此最小认购额，在计算时应减去不包括现金支出的数额。

应在公司组建时公布招股说明书或公布涉及公司建立的招股说明书，至少应在公众要约认购的股票分配前公布。

在招股说明书首次公开之日起40日内，若上述条件没有被遵守，应返还所有从申请认购股票人那里收到的股款。若这些股款是在招股说明书公布之日起48日内返还，则无须支付利息；若超过48日，公司董事将个别并连带地承担还款付息的责任。⑱

2. 股份分配的撤销。公司对股票认购申请人的分配若违反上述股份分配的条件，对申请人的分配在召开公司法定会议的最迟1个月内将被撤销，若对申请人的分配是在法定会议之后进行，或公司并不要求召开法定会议，尽管公司处于清算程序中，分配后的最迟1个月内将被撤销，若公司董事对违反上述有关分配条款的规定负有责任，董事将分别赔偿由此对公司和分配的人产生的损失、损害或支出。此情况下的诉讼时效为2年，从分配之日起算。

3. 股份分配的登记。无论在任何时候，股份有限公司或具有股份资本的担保有限公司应在股份分配后的8周内向登记官进行登记。登记提交的材料有：(1)一份有关分配的报告。报告应包含被分配股票的数额与票面数额、被分配人的姓名（名称）、数额、声明和地址。若有对每股已支付或应当支付的数额，还应包括此项数额。(2)若股票的分配是以现金以外的方式付清，无论是全部还是部分，应提交被正确盖有印章的合同，内容应包括分配人对分配享有的权利，与分配相关的销售、服务对价。此外，还应提供包含陈述分配股票数额与票面数额、股票清偿程序与被分配的对价的报告。

若没有草拟应提交的合同，公司应在股票分配后的8周内提交贴上印花税的符合规定的合同摘要给登记官登记，以达到具有印花税法意义的文据的法律效力。

若违反了有关分配登记的规定，具有主观故意的公司董事、经理、秘书或公司的其他人将被处以每天250元的罚金，但是，如果违反分配登记的时间要求，公司或任何对此承担责任的人可向法院申请免责；若法院对申请人提出

⑱ 董事不承担责任的例外是其能证明在付款方面的违约责任并非由他的错误或过失造成。

的免责事由是基于意外或疏忽或免责事由是基于公正和公平,法院可以发出命令适当延长提交登记文件的时间。

(四)认购公司股份的佣金

根据《文莱公司法》的规定,公司可以付给任何人一定的佣金作为其认购或同意认购,达成或同意达成认购公司股份的对价,无论佣金的支付是绝对的还是附条件的。公司支付佣金需满足以下条件:(1)公司章程对佣金的支付进行授权。(2)佣金不能超过股票发行价格的10%或章程授权的数额和比例,以低者为准。(3)若属于向公众要约认购股份的情形,佣金的数额或比例应在招股说明书中公布;若不属于向公众要约认购股份的情形,或在具有规定形式的情况下应在代替招股说明书的声明中公布,并在佣金支付前提交给登记官登记。(4)公布为了佣金而同意无条件认购股票的人认购的股票数。

除以上方式外,公司不得直接或间接地以任何股份或资本的股款支付佣金、补贴或折扣给任何人,无论是采取将这些股份和金钱加进执行公司工作的合同价中,还是公司获得的财产购买价中,还是金钱从票面上的购买价或合同价或其他支出中。当然,这些规定不影响公司以合法方式支付回扣的权利。同时,公司也不得为了使他人购买公司任何股份或与此有关的目的,而给他人提供金融帮助,无论是直接还是间接,无论是以贷款方式还是担保或其他形式。⑲

当公司支付了有关债券或股票的佣金或留出作为债券折扣的钱,应在公司的资产负债表中声明,直到这笔数字被冲销。

(五)优先股

根据《文莱公司法》的规定,股份有限公司在有章程授权或根据将承担责任的公司的选择,可以发行优先股。优先股可以被偿还,但不能被赎回,除非优先股已经被缴清股款,用公司支付股息的利润或用为赎回而发行的新股的收益赎

---

⑲ 《文莱公司法》不禁止当公司的日常业务的一部分是借出金钱时,公司通过正常的业务过程由公司借款,也不禁止公司贷款给除董事外在公司诚恳工作的雇员,或不禁止用于公司信托人购买公司已全部付清股款的股票给公司雇员持有。若违反此规定,将对违法者处以5000元的罚金,包括公司和违反规定的公司的人。

回;若公司发行可赎回优先股,应在其资产负债表中包含一份规定公司发行资本的哪一部分包含这种股份的声明,同时写清这些股票可被赎回的时间期限及将承担的责任。此外,公司优先股的赎回还受到公司章程规定的条件和方式的影响,若违反此规定,公司及应承担责任的每一个人将被处以5000元的罚金。

(六)折扣股

在文莱,允许在一定种类的公司中发行折扣股。发行折扣股应满足以下条件:(1)公司全体大会决议通过折扣股的发行,同时还应得到法院的批准。(2)公司决议应规定折扣股的最大折扣比例。(3)从公司有权开业之日起,折扣股的发行应不少于1年,在法院批准发行之日起1个月内或允许延长的期限内发行。

公司若能发行折扣股,应在其招股说明书和资产负债表中包含股票发行允许的折扣的摘要,或在被讨论的文件被公布之日还未被冲销的折扣的摘要。若违反,公司及每一个违反规定的人将承担罚款的责任。

(七)股份资本的变更

1.股份变更的情形。公司股份资本在符合法律规定的条件和程序的情况下,可以发生变更。根据《文莱公司法》的规定,股份有限公司或具有股份资本的担保有限公司,若有公司章程的授权,可以改变其备忘录的条款,变更股份情形如下:(1)公司发行其认为有益的新股数额以增加股份资本。(2)股份由小到大,合并资本,将所有的股份资本整合为比现存股份更大数额的股份。(3)细分股份,将股份分为比备忘录规定的付清数额更小的股份数额。在细分股份过程中,已付清股款的比例与减少股份中还未付清部分的比例应相同。(4)将所有或任何付清股款的股份转化为股票并将其转化为任何面值的缴清股款的股份。(5)注销股份。为了执行《文莱公司法》中有关变更公司股份的规定,注销股份不是文莱公司法意义上的股份资本的减少,是注销在通过决议之日还未被他人获得或同意获得的股份,并根据被注销的股份减少股份资本。

2.股份资本变更的程序。变更公司的股份资本应当在公司的全体大会中通过,否则,不能随意变更股份资本。此外,还应履行登记手续。若具有股份资本的公司有巩固[20]、转化[21]、细分[22]、赎回[23]、注销[24]或重新转化的股份变更情形,公司应在实施上述行为的1个月内向公司登记官发出通知,详细说明以上股份变更的情况。

具有股份资本的公司无论其股份是否已经被转化为股票,当公司在注册资本之外增加其股份资本,公司应在授权增加资本的决议通过的15天内,通知登记官资本的增加,登记官应进行记录,若违反,将受到罚款的处罚。

(八)股份所属权利的变更

若公司的股份资本被分为不同种类,持股人要变更备忘录和章程中规定的一定种类的股份的所属权利,应由这类股份规定比例的持股人同意或召开独立会议通过决议。为了执行上述规定,不少于这类股份15%的股份持有人若对这类股份所属权利的随时变更不同意或没有投赞成票,可以向法院申请撤销变更。该申请应在获得变更同意或决议通过的7个工作日内作出。若撤销变更的申请被提出,股份所属权利的变更不能生效,除非变更得到法院的确认。法院受理申请后进行审理,根据申请人与利害关系人的意见,可作出确认这种变更或不接受这种变更的终局性决定。

公司应在法院对这种申请作出决定的15日内向登记官提交法院的决定,否则将承担罚款的责任。

(九)股份资本的减少

在符合法律规定的条件和程序的情况下,公司可以减少股份资本。因股份资本的减少可能影响债权人或其他相关人的合法权益,《文莱公司法》就公司股份资本的减少规定了较为严格的条件和程序。

1.股份资本减少的条件与情形。股份有限公司或具有股份资本的担保有限公司可以根据章程的规定作出减少公司股份资本的特别决议,在法院确认

---

⑳ 巩固并且将他的股份资本分为比现存资本数额更大的股份。

㉑ 将任何股份转化为股票或重新将股票转化为股份。

㉒ 细分股份或股份的任何部分。

㉓ 赎回任何优先赎回股。

㉔ 注销任何股份,除了与根据《文莱公司法》第58条规定的减少股份资本有关。

的前提下，以任何形式减少股份资本，特别是在不损害前述一般性权利的基础上可以：(1)减少或消灭对还未付清股款的股份的责任。(2)减少或消灭，或不消灭对任何股份的责任的前提下，注销已清偿的股份资本，而此类资本不再属于公司资本或可利用资本。(3)在减少或消灭、或不消灭对任何股份责任的前提下，还清任何已付清股款的超出公司需要的股份资本。

如有需要，公司可以因股份资本和相应股份数额的减少而变更公司的备忘录。

2. 股份资本减少的程序。股份资本减少需要以下程序：(1)公司向法院申请。当公司通过了减少股份资本的决议后，可向法院发出请求确认这种减少的申请。(2)法院进行审查和确认。法院收到公司的申请后，需审查有关有权反对减少资本的债权人是否同意减少公司资本，或他们的债权或权利主张是否已被清偿或终止，或者他们对于债权被提供担保的情况是否表示满意的情况。若有权反对减少资本的债权人已同意减少，或其债权或权利主张已被清偿或终止，或对其债权的担保表示满意，法院可以发出确认的命令，确认根据其认为合适的条件减少资本。(3)法院发出命令。当法院认为公司符合资本减少的条件并发出命令时，可指示公司在命令规定的时间开始或在此之后的任何时间在公司的名称后加上“并且减少”，当法院发出此命令时，这些字样将被认为是公司名称的一部分直至命令规定的时间届满。法院也可以发出命令要求公司刊登法院指示的资本减少的理由，或其认为合适刊登的导致资本减少的原因及其他对公众有益的信息。

3. 登记。登记官应当登记法院确认公司资本减少的命令和法院同意的用于表明公司的股份资本已经按命令变更，变更后的股份资本额与数量、每股的金额，登记之日还存在应支付的每股的数额的记录。登记的通知应按法院指示的方式刊登，登记官应亲自出具命令和记录登记的证明，此乃证明公司股份资本的减少已符合《文莱公司法》的所有要求的决定性证据。记录被登记后将替代备忘录中相应的部分，与原先备忘录中的记载具有相同的效力，并且还可以变更。股份资本减少决议的生效时间为登记官对命令和记录进行登记时。

4. 法律责任。在公司股份资本减少的期间，若公司的董事、经理、秘书或其他人有下列行为之一的：故意隐瞒任何反对减少资本的债权人的姓名、故意误传任何债权人债务或权利主张的性质和数额，帮助、教唆、秘密参与上述的隐瞒或误传，将被认为是犯罪，可以被处以1年的监禁或罚金。

（十）股份的转让

公司的股份与其他利益属于动产，可根据公司章程的规定依法进行转让。《文莱公司法》对于股份转让的条件没有太多的限制性规定，但是要求转让股份不能存在欺诈、虚假和伪装等行为。此外，还有转让程序要求。

1. 转让人向公司提交转让文件。转让人需要向公司提交适当的转让文件，否则，对股份和债券的转让登记将被公司认为是违法的。但此规定不应损害公司对被依据法律受让公司股份、债券权利的股份、债券持有人的登记。

已去世的股东的股份或其他利益的转让，若由该人的个人代表执行，该转让有效。

2. 将受让人的姓名记入股东名册。根据转让人的申请，公司应将受让人的姓名记入股东名册，登记的方式和依据的条件应与申请登记是由受让人作出的一样。

3. 交付股份证书。公司应在股份、债券或借款股份分配的2个月内，或上述权益转让的2个月内制作且准备递交所有的股份、债券证书或所有的借款股份分配或转让证书，除非对上述权益的发行条件另有规定。㉕

4. 进行转让的登记。股份转让应依法进行登记。若公司拒绝进行转让登记，应在对公司提出转让之日起的2个月内将拒绝通知送达被受让人。若违反，将受到违法行为持续期间每天25元罚金的处罚。

三、公司的管理

（一）公司的经营地点

公司应该有自己的办公地点，才可以开展业务活动，同时也便于与公司有

㉕ 这里的转让，是指盖上适当的印章并符合其他生效条件，而不包括公司由于任何原因被授权拒绝登记并且没有登记的情况。

关的通知与信息向这个办公地点进行邮寄。《文莱公司法》对此作了相应规定。

1. 设立公司的登记办公室。公司应在文莱境内设立经过登记的办公室，时间为从它开展业务的那天或从其组成的第28天之内，[26]有关公司登记办公室的坐落地点或其他变更应及时[27]提交给登记官登记，否则将被罚款。

2. 表明公司的名称。公司应以醒目的文字或明显的字符在每个办公室外面的明显位置、印章、公司的所有通知、广告、公开出版物、提货单、发票、收据、信用证，在公司签署或代表公司签署的汇票、本票、背书或主张金钱或货物的命令中表明或提及公司的名称，若违反，公司将受到罚金的处罚。

（二）公司开始从事业务的限制

一般而言，公司只有具备了认股人数、认股人认购公司一定的股份、依法登记这三个法定条件，获得法人资格后才能开始从事业务活动。在此之前，只有法律有特别规定才能开展相关活动，否则就是非法的。对此，《文莱公司法》作了如下专门限制：

1. 在公众认购股份过程中的业务限制如下：(1)当具有股份资本的公司公布其招股说明书，邀请公众认购它的股份时，公司不得开展任何业务或享有借入的权利，除非以现金支付方式持有的所有股份已被不少于最小认购数额的总额进行分配，同时每位董事已付清其应以现金支付方式而获得的股份的金额，其中，现金支付的比例应与申请中可支付的比例和向公众要约认购的股份分配数额比例相同。(2)当具有股份资本的公司没有公布其招股说明书邀请公众认购它的股份时，公司亦不得开展任何业务或享有借入的权利，除非公司已将代替招股说明书的报告提交给登记官进行登记，或是每位董事已付清其应以现金支付方式而获得的股份的金额，同时现金支付的比例应与申请可支付比例和股份中用现金支付的分配数额比例相同。

上述两种情形还要求公司的秘书或董事按规定的形式将各自第2点的条件已被遵守的书面声明或代替招股说明书的报告给登记官。此时，登记官要

---

[26] 从这两个时间的较早的那个日期起算。

[27] 时间为公司组成或变更的28天内。

出具证明公司有权开展业务的证明书，该证明书将是公司有此权利的决定性证据。换言之，公司自此时才拥有开展业务的资格。在此之前，公司订立的所有合同都是临时性的，对公司无约束力，除非法律的特殊规定。[28]

2. 公司未取得登记的后果有：（1）登记官提示公司进行登记。在公司组成之日起一年内若其没有获得开始业务的证书，登记官应通过挂号信的方式提示公司申请上述证书，挂号信应邮寄到公司登记的办公室，若无，应按备忘录上的地址邮寄给每一个签署公司备忘录的人。若公司在上述挂号信邮寄出后的1个月内未获得上述证书，登记官应在政府公报上发出提示公司2个月内获取上述证书的通知，公司若在此提示通知刊登后的2个月内未获得要求的证书，公司的登记将被取消，并被刊登在政府公报上，登记官告知公司取消登记，这也意味着公司已被注销。（2）公司向法院申请恢复登记。若公司基于以上原因被取消了登记或注销，可向法院申请恢复登记。法院若认为恢复的原因或条件合适，可命令公司永久性或暂时性地恢复登记。基于此命令，公司应当被恢复登记，如同未被取消登记一样继续存在。

（三）公司成员的登记入册

根据《文莱公司法》的规定，每个公司都应当保存一份或一份以上股东登记名册。针对股东名册有以下规定：

1. 股东登记名册的登记内容。股东登记名册应登记股东的姓名（名称）、地址、职业、股东持有股份的报告（通过号码区别每一股）以及每一股东已经支付或同意考虑支付的数额；股东被登记进登记册的日期；任何人停止成为股东的日期。[29] 若在股东登记中出现漏记、误记、没有及时登记修改的情况，被侵害的人或者公司及其任何股东可向法院申请改正登记，法院可依法拒绝申请或命令改正登记，并由公司支付被侵害方的损失。

此外，公司应将股东的名单送达给登记官，若法院作出变更登记的命令，

---

[28] 此外关于公众认购股份过程中的业务限制，不限制公司同时开展要约认购或对任何股份和债券的分配，或收到支付给申请债券的款项。

[29] 若公司已将股东的股份转化成股票并通知了登记官，则股东登记名册上显示的是每一成员持有的股票额而非股份数额。

公司可以通知的形式将命令发给登记官。

2. 制作股东登记的索引。若股东人数超过 50 人，应保存股东的姓名（名称）索引，除非股东登记本身就形成索引。若股东登记有所变更，应在变更之日起 14 天内对索引进行相应变更。这种索引可以采取卡片索引的形式，包括能容易找到股东、账户的充分指示。若违反股东登记索引的相关规定，将受到违规罚款的处罚。

3. 股东登记名册的查阅。从公司登记之日起开始的股东登记名册及其股东姓名（名称）的索引应被保存于公司的登记办公室，并应在营业时间[30]对任何股东负责开放查阅，其他人付费查阅。[31] 此外，在支付一定费用的情况下，[32]任何股东或其他人可要求复制登记的文件或其中的任何部分，并在 10 天内由公司将复本送达给该人。

若查阅要求被拒绝或复本未在适当的时间内送达，公司和违反规定的相关人员将受到罚金的处罚，法院还可以通过命令强制申请人立即查阅登记和索引，或被要求的复本被适当地送达。

（四）公司年报

公司应至少每年做一份年报，具有股份资本的公司的年报应包含股东的基本情况、股东持股情况、公司的股份资本、股份、债券的发行、认购等基本情况、公司的债务分支登记等情况、没有股份资本的公司应载明公司登记办公室的地址、公司董事、与公司所有抵押和担保有关的债务情况。

公司的年报应被包含在股东登记中的独立部分，应在这年的第一次或唯一的全体会议后的 28 天内完成，同时还须向登记官提交一份由公司董事、经理或秘书签署的复本。除私人公司以外，年报还需附上经证实是真实的资本负债表。

（五）公司会议及其程序

根据《文莱公司法》的规定，公司会议主要有三种：年度会议、法定会议、

---

[30] 根据公司全体会议做出的合理限制，每天应不少于 2 小时被允许查阅。

[31] 付费的标准为一次收费 5 元或根据公司的规定收取更少的数额。

[32] 付费标准为每复制 100 字或少于 100 字须支付 50 分，或按公司的规定支付更少的费用。

股东特别大会。

1. 年度会议。关于年度会议,有以下规定:(1)年度会议的召集。公司应至少每年举行一次年度会议,并且不超过上一次此类会议召开最后程序的15个月。若公司不按规定举行年度会议,法院可以根据公司任何股东的申请,指示或命令公司召集,此外,公司和公司知情的董事将受到罚金的处罚。(2)年度会议的召集程序。年度会议应在会议召开前7天以书面通知的形式送达给公司的每个股东。2个或2个以上持有不少于公司发行股份资本1/10股份的股东,或没有股份资本,不少于公司股东5%的股东,可以召集会议。(3)年度会议的法定人数与表决。年度会议的法定人数要求为私人公司的2个股东、任何其他公司为3个股东亲自出席。年度会议的主席由出席会议的股东选举的股东担任。对于具有股份资本的公司,股东每持一股或每持有100元的股票就代表一个表决权。其他类型的公司,每个股东有一个表决权。

2. 法定会议。所谓法定会议,是指除私人公司外,公司应从其有权开展业务之日起的不少于1个月,不超过3个月的时间内举行的股东全体会议。法定会议的召集程序、法定人数与表决与年度会议相同,有以下规定:(1)法定会议的会议报告。公司董事最迟应在会议召开的7天前提交一份由不少于2名董事或少于2名董事,由所有董事和经理证明的法定报告给公司的所有股东。法定报告应载明以下事项:a. 被分配股份的总数、股份被分配的对价。b. 公司收到的有关所有被分配股份的总额。c. 公司收益情况和从收益中进行支付的摘要。d. 董事、审计师的姓名、地址和说明。[33] e. 任何合同及其被提交给会议批准的变更或建议变更的详情。法定报告还应涉及被公司分配的股份及从此类股份收到的现金,公司资本账目的收益和支出。此外,公司的审计应证明其正确性。(2)董事的义务。董事应将经审计证明过的法定报告的复本在发送给股东后立即交由登记官登记。在法定会议开始时,董事应准备好一份表明公司股东姓名(名称)、说明、地址,及其持有的股份数的材料,并使其在会议持续期间对任何股东开放并容易被取得。(3)法定会议的决议内

---

[33] 如果有,公司的经理、秘书的姓名、地址和说明。

容。出席会议的股东可以讨论与公司设立或从法定报告中产生的任何问题。但是,股东如果没有收到与章程一致的通知,决议将不能被通过。

3. 股东特别大会。关于股东特别大会,有以下规定:(1)股东特别大会的启动程序。不管章程有何规定,董事应根据申请日时持有不少于公司付清资本 1/10 的股份,且经股东大会有表决权的股东的申请,或如果公司没有股份资本,经代表不少于股东大会表决权的 1/10 的股东的申请,召集股东特别大会。其中,申请应阐明会议的目的,且须由申请人签署并保存在公司登记的办公室。(2)股东特别会议的召集时间。董事应在申请交付的 21 天内召集会议,若没有,申请人或超过具有表决权一半的申请人的代表可以自己召集一个会议,但是应在上述日期的 3 个月前举行,此外,由申请人召集的会议应采用相同或接近于董事召集会议的方式。(3)董事的责任。如果因为董事没有适当地召集会议,申请人产生的合理支出应由公司偿还。此费用应由公司从违反规定的董事的有关服务费或其他报酬中扣除。

关于公司会议,如果因某种原因无法召集公司会议,或按上述规定的方式或章程召开会议是不可能的,法院可根据自己的动机或对会议有表决权的董事或任何股东的申请,命令公司召开会议。

(六)会议的决议

1. 非常决议。非常决议的表决方式要求决议需由不少于 3/4 有表决权的人亲自或经他们授权的代理人通过,同时,公司会议的通知也载明建议此决议作为非常决议的目的。

2. 特别决议。作为特别决议,需满足两个条件:首先,须由非常决议要求的多数股东及其代理人通过;其次,应在股东大会前不少于 21 天发出通知,通知应载明建议这个决议作为特别决议的目的。[34]

3. 非常决议或特别决议表决的事项。由章程暂时授权的一定数量的股东在章程规定的会议上提出的需要表决的事项[35]或者章程对于需要表决的权利

---

[34] 如果有权在任何会议上出席并表决的全体成员都同意,会议通知的时间可以少于 21 天。

[35] 这里并不一定须由 5 名股东提出。

没有规定,由3名被授权的股东或1名或2名被授权的股东[36]提出需要表决的事项。

在非常决议或特别决议的表决过程中,除非需要表决,会议主席宣布决议被通过将是表决通过的决定性证据,而不需要同意或反对决议的票数达到一定的比例。

4. 决议的通过。决议的通过日为决议被实际通过的日期。通过后,应在15天内提交给登记官登记。

(七)公司的资产负债表

根据《文莱公司法》的规定,公司应当制作资产负债表,资产负债表在内容和形式上有以下要求:

1. 公司资产负债表应载明的事项:(1)公司授权与发行的股份资本一览表。(2)公司的负债与资产情况,应披露负债和资产一般性质所必须的项目,还应说明资产的价值是如何获得以及区分固定资产和流动资产。(3)若以下项目没有被冲销,应以独立的项目进行说明:公司的初步开支与发行股份或与债券有关的支出。(4)若公司的负债是有担保的,说明被担保的负债。(5)持股公司应载明其附属公司的股份及债务情况。(6)持股公司应附上一份载明其附属公司利润和亏损情况的报告。[37]

2. 资产负债表的签署。银行公司的资产负债表须由经理或秘书签署,若公司的董事超过3名,由至少3名董事签署,若董事人数少于3名,由所有董事签署,其他公司的资产负债表应由代表董事会的2名董事签署,若只有1名董事,由这名董事签署。

如果资产负债表没有按上述规定的要求签署就公布或公开流通,违反规定的公司及其相关人员将受到罚金处罚。

3. 资产负债表的提交与获取。每份资产负债表应附上审计师的报告,适当情况下,还应贴上董事关于说明公司事务的报告,报告应显示董事建议支

---

[36] 此1名或2名股东总共持有股份应不少于已付股份资本的15%。

[37] 《文莱公司法》第125条。

付的准备金,一般准备金或特别显示的准备金。资产负债表及审计师报告的复本应提交给公司的股东大会,并且应在会前不少于7天的时间送达给所有有权收到股东大会通知的人。

公司的任何股东和债券的持有人都有权要求免费获得公司上一次的资产负债表,包括法律要求附在上面的每份文件和审计师的报告。

(八)公司的账目

1.公司账目的内容。公司的账目应在股东大会上提交给公司,并详细记载以下情况:(1)公司或任何公司董事、官员担保下的与账目有关的时期内的贷款的数目,包括被清偿的贷款及在此之前期满未清偿的借给董事或官员的贷款的数额。(2)支付给董事的服务报酬,支付给他们由公司或附属公司支付或来自他们的报酬。[38] 但是,上述规定不适用于:(1)日常业务包括借款的公司,在它正常的业务过程中进行的贷款。(2)由公司提供给任何公司雇员不超过20,000元的贷款,且这种贷款已得到董事的证明,与公司采纳的有关贷款给它的雇员的惯例一致。(3)公司经营董事的报酬。(4)其他担任公司有薪金的工作或职务的董事被支付的数额。

2.公司账目的提交。公司审计师应检查账目并将其详细情况纳入公司资产负债表的报告中。董事应在不晚于公司建立之后的18个月并在随后的每个日历年度向股东大会提交利润和损失的账目。[39] 如果是公司的第一次账目,从公司建立时起提交,其他情况下,应在不早于大会召开之前的9个月提交。[40]

(九)公司的审计师

1.审计师的任命。公司应在股东大会上任命一名或几名审计师,直到下一年的股东大会。若在年度股东大会上没能做出对审计师的任命,公司股东

---

[38] 报酬包括直接或间接给董事的薪水、利息或其他支付或补偿给予,任何属于他的职务的津贴或额外津贴的货币值。

[39] 若公司不是以营利为目的,则提交这段时间的收入和支出账目。

[40] 如果在国外开展业务或在国外有一定利益的公司,应不早于12个月被提交;若法院认为特殊的原因合适,上述的提交时间期限还可以延长。

可以申请法院任命公司的一名审计师作为当年的审计师。此外,议会的书记官应在每年的政府公告上公布一个包括被苏丹陛下授权履行审计师职责的所有人的名单。董事可以补满临时性审计师的职位空缺,但是,当这种空缺持续时,剩下的继续留任的审计师,若有,可以继续担任。

审计师的报酬应在股东大会上得到确认。关于第一次年度股东大会前被任命的审计师或被任命填补临时空缺的审计师的报酬可由董事确定,法院任命的审计师由法院确定报酬。

下列人员没有资格被任命为审计师:公司的董事或官员;公司的合伙人或被公司雇佣担任职务的人,私人公司除外;法人团体。

2. 审计师的职责。审计师应就其任期内被他们检查过的账目和资产负债表作出报告,报告应陈述:(1)审计师是否已获得他们要求的所有信息和解释。(2)公司的资产负债表是否被适当的起草并真实、准确的表明公司的情况。

3. 审计师的权利。为了更好地履行职责,审计师有权使用公司的账簿、账目和凭证,并有权要求公司的董事、官员履行审计职责所必须的信息和解释。若是在文莱境外有分支机构的银行公司,且账目已被移交给文莱境内的主要机构,审计师应经允许才能使用这些文本、账簿的摘要与账目。审计师还有权参加公司的股东大会。

(十)监察官

1. 法院任命监察官。法院任命监察官,有任命条件、职责等规定:(1)任命的条件:经申请而任命。如果是股份资本的银行公司,根据持有股份不少于发行股份 1/3 的股东申请,如果是其他具有股份资本的公司,根据持有股份不少于发行股份 1/10 股东的申请,若是没有股份资本的公司,根据不少于公司登记股东 1/5 人数的人的申请,法院如果认为申请人具有良好的理由,并且不是为了恶意的动机而要求调查,可以在要求申请人提供不超过 10,000 元担保费[41]的前提下,任命 1 名或 1 名以上胜任的监察官调查公司的事务,并按法

---

[41] 此担保用于支付调查的费用。

院指示的方式作报告。(2)监察官的职责:①监察官可以通过宣誓检查、管理与公司业务有关的官员和代理人。②公司的官员和代理人有义务向监察官提供其保管或权限范围内的账簿和文件。若不遵守此义务或拒绝回答监察官提出的与公司事务有关的问题,监察官可向法院证明此拒绝,法院可以根据此要求调查案件,若情况属实,将处罚违法者,如同他犯了藐视法庭罪一样。③监察官应将调查的结论与意见报告法院。法院应指示将报告的复本提交给登记官,进一步的复本将应申请调查的人的要求送达给他们,报告将按法院的指示被书写或打印。(3)监察的法律效果。如果监察官在监察后作出报告向法院显示有人已经实施了与公司有关的犯罪并应承担相应的刑事责任,如果这是可以被提起公诉的案件,并且提起公诉程序也是符合公共利益的,法院可以将此事提交给公诉人。公司所有官员和代理人有义务给予公诉人所有的与诉讼有关且他们能够合理提供的帮助。(4)监察的费用。因监察而进行调查而产生的费用和杂费,如果监察的事项涉及刑事案件,费用将由文莱的税收支付,其他情况下,费用由公司支付,除非法院认为应当指示费用由申请人支付或部分由公司、部分由申请人支付,且法院因此被授权这么做,但是,如果公司未支付根据前述规定应当由其承担的支付费用的全部或部分,由申请人用其监察担保的担保费支付,如果还不足,由文莱的财政收入支出。

2. 公司任命监察官。公司可以通过特别决议任命监察官调查其事务,这与法院任命的监察官具有相同的权利和义务,但他们应按公司股东大会指示的方式报告,而不向法院报告。若公司的官员或代理人拒绝向监察官提供其有义务提供的账簿和文件,或拒绝回答监察官提出的与公司事务有关的问题,他将被起诉,如同监察官是被法官任命的一样。

3. 监察报告的证据效力。监察官作出的报告由其事务被调查的公司盖章认证,在诉讼过程中具有证据效力。

(十一)公司的董事和经理

1. 董事的人数。《文莱公司法》为了吸引外国投资,对董事的人数要求进行修改,至少两位中的一位(如仅两位董事),或者至少两位(如超过两位董事)必须为文莱公民。

2. 董事的任命。任命公司的董事,应在招股说明书或公司章程登记前,或在提交代替招股说明书的报告之前,本人亲自或书面授权其代理人进行下列事项:(1)签署同意担任董事的书面同意并交给登记官登记。(2)履行以下手续中的一项:①签署一定的股份备忘录。[42] ②取得相应的股份并付清或同意付清股款。[43] ③签署且提交给登记官登记的从公司取得股份并付清其资格要求的股份的书面承诺。④做出并提交给登记官登记的一份书面宣言。[44] 若没有履行上述手续,则没有资格被章程任命为董事,并将不能在公司的招股说明书[45]或提交给登记官的代替招股说明书中被提名或推荐为董事。

上述要求不适用于私人公司、没有股份资本的公司、在成为公共公司前是私人公司的公司,以及在有权开展业务之后的 1 年期限届满后由公司或代表公司发行招股说明书的公司。

3. 董事的资格或条件。成为董事的条件为董事应具备持有符合公司章程规定的股份。若此条件不满足,应在董事被任命的 2 个月或章程规定的更短时间内具备董事应具备的条件,否则,该董事的职位就应当被空缺(董事离职),在他取得资格前将不再被任命为董事。

作为未清偿债务的破产人不得担任公司董事,也不能直接或间接参加或涉及公司的经营,除非法院同意。但是,破产的时间早于《文莱公司法》的实施时间,同时,他已持续担任或涉及公司经营,此类破产人便能担任公司的董事。

4. 董事和经理的登记。任命董事和经理应依法登记、任职才合法有效。关于登记有以下规定:(1)登记的内容。登记的董事是个人时,登记其现用姓名和任何曾用姓名、地址、国籍[46]、职业经历[47];如果是法人,则登记法人的名

---

[42] 需不少于他的资格要求的数额。

[43] 股份应为他的资格要求的数额。

[44] 即关于不少于股东资格要求的一定数目的股份已登记在其名下的宣言。

[45] 招股说明书可以是公司公布或代表公司公布的,或是在计划中的公司公布的招股说明书。

[46] 如果不是原始国籍,还应登记原始国籍。

[47] 没有职业经历但是担任任何其他一个或数个公司的董事的有关情况。

称、登记或主要的办公室。(2)登记的保存和提交。公司应在其登记的办公室保存一份董事或经理的登记。从公司的第一个董事被任命之日起的14天内,以规定的形式向登记官提交一份详细情况汇报。若董事或经理发生变更,从变更通知之日起1个月内,以规定的形式向登记官提交变更通知。(3)登记的查阅。在营业时间里[48]公司应将董事登记对任何股东免费开放查阅,对其他人收费查阅。若公司拒绝他人查阅,法院可以命令强制查阅登记。

5. 董事和经理的责任。公司的备忘录可以规定董事和经理的责任,在有限公司中,若有备忘录的规定,董事、经理、经营董事的责任可以是无限的。在这种情况下,董事、经理和建议被选举或任命为董事、经理的人应在建议书上附一份上述职务的人将承担无限责任的说明。若是公司的发起人、董事、经理或秘书中的任何一人承担无限责任,应在其接受职务或任职前,通知其承担无限责任。

有限公司在章程授权的情况下,可以通过特别决议变更董事、经理或任何经营董事的责任为无限责任。在公司的章程或订立的合同中,有关免除董事、经理、官员或由公司雇用作为审计师的人[49]应承担的与其过失、违法、违反义务或对公司担保的有关法律责任的规定无效,但是若此规定是在《文莱公司法》生效之日起实施,在《文莱公司法》生效之日起的6个月内,此规定有效。此外,也不能剥夺其他人豁免上述人员的权利或要求对其疏忽行为进行赔偿的权利。公司在执行此要求时,可以对上述人员在任何诉讼中因为其进行答辩而承担的责任进行补偿。

6. 禁止董事、经理职务的转让。董事、经理不能随意将职务让与其他人,即使章程或公司的协议有职务转让的有关规定,规定无效,除非有公司特别决议的批准。

---

[48] 根据公司章程作出的合理限制或股东大会的安排,每天不得少于2小时允许被查阅。

[49] 无论他是不是公司的官员。

四、公司的清算

（一）清算的方式

文莱公司的清算可以通过自愿、法院、根据法院的督促完成。这些方式适用于任何类型的公司清算，除非有相反规定。

（二）清算责任的承担

1. 股东的责任。当公司清算时，公司的股东，无论是过去的还是现在的，应承担将公司资产充实到能支付其债务和义务的数额的责任，包括清算的支出、花费和费用，并根据董事、经理有关清算责任的规定与下列条件调整连带责任人之间的权利：(1)股东如果在清算前已停止作为股东不少于1年，将不承担连带责任。(2)以前的股东对其停止作为股东之后订立合同的债务或责任不承担连带责任，除非向法院显示，现任股东不能清偿根据法律作出的清偿。(3)当公司是股份有限公司时，不能要求股东承担其作为现任或曾经的股东超出未付清股款部分的责任。(4)当公司是担保的有限公司时，股东不仅要分担其持有股份未清偿的数额，还要承担在清算时分配给他分担的对公司资产的责任数额，但不能承担超过此分配的数额。(5)保单或合同中有关个别股东受限制或公司基金用来单独承担与其有关责任的规定继续有效。(6)应当支付给股东的利息、利润或其他的钱，不应被作为公司的债务，但可用这笔钱调节其与公司债权人的连带债务。

2. 董事、经理的责任。董事或经理的责任，无论是过去的还是现在的，是无限的。除了他作为普通股东应承诺的责任，还应进一步分担责任，就像无限公司的股东在清算时承担的责任一样，但在下列情况下，董事或经理将不进一步分担责任：(1)清算开始前已停止作为股东不少于1年。(2)停止任职后由公司合同产生的债务或责任。(3)根据章程的规定无须进一步分担责任，除非法院认为有必要要求这种分担以偿还公司的债务和义务，以及公司清算的支出、开支和费用。

五、在文莱境外设立的公司

(一)文莱境外设立的公司的含义

文莱境外设立的公司,在这里是指在《文莱公司法》实施前后在文莱境外组成的并在文莱有确定经营场所,在该法实施后在文莱继续具有确定经营场所的公司。

(二)在文莱境外设立的公司的登记

1. 建立登记。此类公司应在《文莱公司法》实施或确定经营场所建立之日起的3个月内,[50]向登记官提交以下材料进行登记:(1)一份经认证的公司章程、备忘录、规章、条例或其他对公司组成进行规定和界定的文件。[51] (2)公司董事的名单,名单包括《文莱公司法》所要求的董事登记时有关董事的情况。(3)居住在文莱境内被授权接收与公司有关的送达的一个或几个人的姓名和地址。经登记后,这些公司将获得与在文莱组成的公司同样的权利,并有权在文莱处置不动产。

2. 变更登记。在文莱境外设立的公司若变更章程、备忘录、规章、条例、董事或包含在董事名单中的情况,被公司授权接收送达的人的姓名和地址,公司应在规定时间将有关变更情况汇报提交给登记官登记。

3. 停业登记。在文莱境外设立的公司如果撤销在文莱具有确定的营业场所,应立即通知登记官,通知后公司向登记官提交文件的义务将停止。

(三)在文莱境外设立的公司的义务

1. 制作资产负债表。公司应在每个日历年按规定形式制作资产负债表并提交给股东大会,同时提交给登记官登记。[52]

2. 按规定陈述或展示公司的有关情况。公司应在与文莱相关的股份、债券说明书、营业地点、空白单据、信纸、广告等其他公开出版物中,用陈述、展

---

[50] 以更晚的时间为准。

[51] 若文件不是用英文表达,应提供一份被认证过的翻译件。

[52] 如果资产负债表不是用英文表达,还应附上一份被认证过的副本。

示、写明或粘贴等较为明显的方式表明公司所在的国家。[53]

(四)在文莱境外设立的公司的法律文件的送达

所有要求送达给文莱境外设立的公司的传票和通知,若已写上被授权接收送达的人的姓名并已送达被授权接收送达的地址,这样的送达将是充分的送达,但是,若公司没有向登记官提交被授权接收送达的人的姓名或地址,或虽已提交,但这些人都死亡了,或没有居住在文莱,或拒绝代表公司接收送达,或因任何原因不能被送达,送达可以采取将文件留在或邮寄到公司在文莱的任何确定的经营场所的方式。

---

[53] 《文莱公司法》第 303 条。

第三章　泰国公司法律制度概述

泰国自19世纪下半叶开始了现代化的进程，由于当时西方国家对大米、橡胶、锡等原料的需求，作为原料产地的泰国在经济上取得了很大的发展，但这种完全外向型的经济发展模式不足以真正巩固和促进泰国的经济实力。实际上，泰国的经济长期依靠提供原材料来维持，直到“二战”前，泰国也几乎没有什么像样的工业。“二战”后，在美国的经济支持下，泰国政府开始大力发展工业，到20世纪80年代，泰国的电子工业等制造业发展迅速，与此同时，服务业也得到长足发展，泰国一跃成为亚洲“四小虎”之一。市场主体的活跃，使市场主体法律制度逐步建立和完善起来。

就公司法而言，泰国并没有一部统一的公司法典。但是，早在20世纪30年代制定的《泰国民商法典》中，就有关于合伙与公司的规定，其中的公司指“私人有限公司”。1978年，泰国又制定了《泰国上市有限公司法》，该法又在1992年和2001年经过了两次修订。泰国的公司法主要由上述两部法律构成。

第一节 泰国公司的特征和分类

一、公司的特征

(一)公司的概念

同其他国家大致相同,在泰国,公司是与合伙相对应的企业组织形式。两者的区别,首先在于出资人承担的责任不同。对于合伙企业来讲,出资人即合伙人一般对合伙债务承担无限连带责任,其个人财产与合伙财产并无明确区分。对于公司来讲,出资人即股东仅以其认购股份对公司债务承担有限责任,股东的个人财产绝然不同于公司的股份。不过,泰国法律中承认有限合伙的存在,有限合伙人对合伙债务承担的也是有限责任;但法律也同时规定,一个合伙企业不能只有有限合伙人而无一般合伙人,且有限合伙人不能参与合伙的组织经营活动。

合伙与公司的另一区别,在于公司有着严密的组织结构,股东、董事、经理、监事等不同群体享有不同的权利,行使不同的职责,他们之间的分工合作,形成了公司特有的组织管理模式,有效整合了资本和人力资源,使公司这种企业形式可以大规模、高效率地发展。特别是上市有限公司,通过向社会公开发行股票,进一步促进了大公司的规模化发展。

与很多国家不同的是,泰国公司法中并不认可一人公司。最初,《泰国民商法典》要求设立有限公司必须有 10 名以上的股东,这一规定在 2008 年作了修改,设立有限公司的人数改为 3 人以上。这也就意味着,2 个人或者 1 个人是不能够设立有限公司的。

(二)泰国公司法的渊源

1. 泰国公司法的主要渊源。泰国并无专门统一的公司法典,有关公司法的主要渊源体现在《泰国民商法典》第三编第二十二章第四节“有限公司”和

《泰国上市有限公司法》中。其中,《泰国民商法典》第三编第二十二章第四节主要针对私人有限公司作出了规定,所谓私人有限公司,指股份不向公众发行而是内部认购的公司。《泰国上市有限公司法》针对的是上市有限公司,即向社会公开发行股票和其他有价证券的公司。

2. 泰国公司法的其他渊源。除了《泰国民商法典》和《泰国上市有限公司法》,泰国还有其他法律也规定了有关公司法的内容,构成公司法的渊源。在法律层面,规定了与公司相关内容的法律有《泰国注册公司相关违法行为确定法》《泰国外商经营企业法》《泰国工业区法》《泰国中小型企业促进法》等。

在法律之外,还有一系列由其他有权机关制定和颁布的、具有法律约束力的规范性文件。其中规定公司相关内容的,也构成泰国公司法的渊源。

二、公司的分类

(一)私人有限公司和上市有限公司

泰国的市场主体主要包括合伙和公司。其中合伙分为一般合伙和有限合伙。公司分为私人有限公司和上市有限公司。

1. 私人有限公司。私人有限公司是《泰国民商法典》规定的一种公司形式。根据《泰国民商法典》第 1096 条的规定,私人有限公司是公司资本分为若干股份,股东仅以其出资份额为限承担责任的企业组织形式。

私人有限公司不能公开发行股票。根据《泰国民商法典》第 1102 条的规定,私人有限公司不能向公众提出认购股份的邀请。

2. 上市有限公司。上市有限公司是《泰国上市有限公司法》规定的一种公司形式,指可以向公众发行股票的有限公司形式。

(二)其他分类

1. 中小型企业与大型企业。2000 年,《泰国中小型企业促进法》颁布实施,这也表明,中小型企业作为一类需要鼓励发展的企业类型,得到了法律的特殊对待。与中小型企业相对应的,当然是大型企业。

《泰国中小型企业促进法》的出台,与 1997 年亚洲金融危机的爆发有着一定的关系。金融危机之后,泰国的经济陷于停滞,泰国政府认识到,中小型企业作为“最活跃的经济细胞”,其良性发展可以增加就业和提高国民收入水平,对泰国经济的复苏至关重要,因此,致力于鼓励中小型企业的发展。在《泰国中小型企业促进法》出台后,泰国政府成立了中小型企业促进办公室,制定了《泰国中小型企业促进五年计划》,通过“新型企业家创造工程”“小企业顾问发展工程”“企业评价系统工程”等一系列工程计划,通过加强基础设施建设和减少行政干预事项等具体措施,鼓励和促进中小型企业的健康、良性发展。

2. 外商经营企业与本国企业。泰国于1999年制定了《泰国外商经营企业法》,就外国自然人和法人在泰国投资经营作出了规定,特别是就外商经营项目分别列出了鼓励、限制和禁止三种类型,由此引导外商投资的方向和领域。从这一点上,实际上就区分了外商投资企业和本国企业。当然,根据现行国际社会的通行范例,外商经营企业一般都享受国民待遇,除了投资项目上的限制外,外商经营企业与本国企业在经营环境上应该并无太大差别。

第二节　泰国公司法律制度的体系及结构

前文已经提到,泰国并没有一部统一的公司法,有关公司法的内容主要见于《泰国民商法典》第三编第二十二章第四节和《泰国上市有限公司法》的有关规定中。另外,其他法律中有关公司法的内容,也当然属于泰国公司法体系的有机组成部分。

从渊源体系上来讲,泰国公司法是由一系列有关公司内容的法律所组成的。最主要的是《泰国民商法典》和《泰国上市有限公司法》,除此之外,还包括《泰国外商经营企业法》《泰国中小型企业促进法》《泰国注册公司相关违法行为确定法》《泰国工业区法》等。

从内容体系上来讲,泰国公司法主要分为两大部分,私人有限公司和上市有限公司。

《泰国民商法典》第三编第二十二章第四节规定了“有限公司”，这种公司被《泰国上市有限公司法》界定为“私人有限公司”，即不面向社会公众发行股票的公司。《泰国民商法典》第三编第二十二章第四节下设11个部分，分别规定了有限公司的性质和设立、股份和股东、有限公司的经营管理、审计、核查、资本增减、债券、有限公司的解散、有限公司的合并、通知书、公司注销等内容。

《泰国上市有限公司法》规定了上市有限公司，该法共十八章，分别是总则、公司的设立、向公众出售股份的报告、公司的成立大会及登记、股份和股东、董事会、股东会议、账目及汇报、核查工作、资本的增减、债券、公司的合并、公司的解散、清算、私人有限公司的转换、注册官员和职员、处罚条例和暂行条例。

第三节　泰国公司法律制度的主要内容

本节将结合《泰国民商法典》《泰国上市有限公司法》等几部有关公司内容的法律，简要介绍一下泰国公司法律制度的主要内容。

一、私人有限公司

私人有限公司是《泰国民商法典》第三编第二十二章第四节所规定的一种公司形式。

（一）私人有限公司的性质和设立

1. 私人有限公司的性质。私人有限公司是公司资本分为若干股份，股东仅以其出资份额为限承担责任的企业组织形式。

2. 私人有限公司的设立。以下为设立的相关规定：(1)设立的人数要求。根据《泰国民商法典》第1097条的规定，设立私人有限公司，必须有3名或3名以上的发起人。根据该法第1100条第1款的规定，发起人至少应认购公司一只股份。(2)设立私人有限公司的意向书。私人有限公司的设立意向书应包含如下内容:①公司的名称,该名称应以“有限公司”作为结尾。②公司注册地。③公司的目标。④股东承担有限责任的声明。⑤公司准备注册的资本份额,以及所划分出来的等额股份。⑥发起人的名称、地址、职业和签名,以及发起人所认购的股份数额。意向书至少一式两份,且由发起人签名,该签名应由2名见证人证明。其中一份意向书应交付公司注册地的注册办公室注册并保存。(3)董事的无限责任。根据《泰国民商法典》第1100条第2~4款的规定,有限公司董事的责任可以是无限的,但这必须在公司设立意向书上注明,并且该无限责任在董事离任2年后失效。

(二)私人有限公司的股份和股东

1.股份。股票价格每股不少于5泰铢,并且股份不能分割;如果两人或多人共同持有一只股份,他们必须指定其中的一人来行使股东的权利;股份的共同所有人就所认购的股份对公司承担相互连带责任。

2.股东。私人有限公司须置有股东注册名册,该名册应记载下列事项:股东姓名、住所、职业、股东所持有股票的清单;每个人注册成为股东的日期;每个股东的退出日期;发给持票人证书的数量和日期,以及每个证书所记载的股份数量;取消记名证书或者证书持有人的日期。股东注册名册自公司注册之日起由公司注册办事处保管,供股东在公司营业时间内免费查阅。股东有权索取该注册名册,但应支付每百字50萨当的费用。另外,如果发行了优先股,则附着其上的优先权不能改变。并且,私人有限公司不能持有本公司的股份或者将其抵押。

(三)私人有限公司的经营管理

1.一般规定。私人有限公司由一位或多位董事根据公司章程处理公司事务,并由股东大会支配。

2.董事。董事的数量、报酬均由公司股东大会决定。董事只能在股东大会中选举或辞退。若某董事破产或为无行为能力人员,则该董事须离职。董事应特别遵守以下事项:(1)合理正确使用股份资金。(2)法律规定的账簿及相关资料应完整保存。(3)按法律规定正确分配红利和利息。(4)遵守股东大会的决议。

此外,禁止董事经营任何与公司同一类型项目或与公司竞争。若董事的行为导致公司的损失,公司可对其提起索赔之诉讼,如果公司不提起的,任何股东都可提起索赔之诉讼。

3. 股东大会。在公司注册登记后的6个月内,全体股东应召开股东大会。此后,应每年至少召开一次公司股东大会。该会议称为年会,此外的所有会议称为特别会议。

董事有权在任何时候根据情况要求召开特别会议。若公司亏损额低于初始资本额的一半,则董事须及时召集股东召开特别会议,向股东说明情况。

股东大会人数不少于公司股东人数1/5时,方可签名提交申请召开会议,在申请中须指明会议主题。当股东按前述规定递交申请要求召开特别会议时,董事应立即支持召开。如果董事在接到申请的30日内,不主持召开会议,各提交申请的股东,或其他股东可按规章自行主持召开。

各股东有权参加公司任何形式的股东大会。在股东大会上,有公司1/4以上的股东缺席,则公司不能在会议上商议业务经营事项。

每次股东大会上的股东,由董事会主席主持会议。若无董事会主席或者在15分钟后仍未到席,由到会股东选举一名股东作为会议主席。在投票表决时,每位股东一人持一票。股东可委托其他人代替自己投票,但须有委托书。委托书须附有委托人的签名和委托时间,以及下列事项:(1)委托人所有持有股份数额。(2)被委托人姓名。(3)被委托人所委托参加的会议或受委托的期限。

4. 资产负债表。私人有限公司的资产负债表应该每年审计一次。资产负债表审计须由一位或几位财务审核人员审核后在6个月内提交股东大会。此外,在股东大会召开3日前将其副本发放给每位已登记的公司股东。

5. 分红和储备金。私人有限公司分发红利,除优先股外应按照股东所入股份额的比例计算。除在股东大会上决议外,不得批准分红。每次分发红利,公司应该将盈利部分20%的资金作为公司储备金,直到公司储备金达到或多于公司资本的1%,或由公司根据情况自行规定。

6. 公司会计账簿。董事应按照以下事项严格记录账目:(1)公司收入和支出的数额,及其相关收据。(2)公司资产和负债。

(四)私人有限公司的审计与核查

1. 审计。私人有限公司的查账员可以是公司股东,但除了公司股东外,在其他地方工作但又在公司兼职的人员不能选举为查账员。查账员的酬金由股东大会规定。查账员须制作其工作报告并在例会上提交。

2. 核查。当不少于公司全体股东人数 1/5 的股东提出要求,则由部长任命有能力的核查员,派出一人或多人核查私人有限公司的工作或工作报告。

(五)私人有限公司的资本增减

1. 资本增加。私人有限公司可以通过特殊决议发行新股以增加其资本,所有新股都应按照股东持有的股份按比率提供给股东。公司应以通知的方式告知股东其有权持有的股份数量,并确定股东接收该股份的最后期限。如果超过了最后期限,股东未作表示,或者股东明确拒绝接收新股份的,董事可以把股份提供给其他股东认购,或者自己认购该股份。

2. 资本减少。私人有限公司可以通过特殊决议降低其每股股份的数额或者减少股份以减少其资本。但其减少后的资本不得低于其总额的 1/4。

如果私人有限公司打算减少其资本,其应在当地报纸上至少刊登一次公告,并通知其所知道的债权人,债权人应在收到通知 30 日内提出反对意见。如果在 30 日内没有收到反对意见,则视为没有反对意见。如果债权人在 30 日内提出了反对意见,则公司须在满足债权人的主张或为其提供保证的情况下才能减资。

无论是增资还是减资,公司都应当将其特殊决议在 14 日内进行登记。

(六)私人有限公司的债券

根据《泰国民商法典》第 1229 条的规定,私人有限公司不得发行债券。

(七)私人有限公司的解散

(1)自行解散。私人有限公司在下列情况下解散:公司章程规定的解散事由出现;公司章程规定的营业期限届满;公司章程规定的公司业务完成;由特殊决议解散;公司破产。

(2)法院宣布解散。出现下列情况的,法庭可以宣布解散私人有限公司:公司成立大会或提交的公司成立会议工作报告出现错误;在公司注册后一年内,无营业或停业;公司自成立起就一直处于亏损状态,并无望回复;股东人数减少到3人以下。

针对上述第(1)项,法庭也可以不解散私人有限公司,而是要求公司以法庭认为合适的方式重新提交公司成立会议工作报告或召开公司成立大会。

(八)私人有限公司的合并

除非通过特殊决议,一个私人有限公司不能与另一个私人有限公司合并。决定合并的特殊决议应在14日内由公司进行登记。公司须在当地报纸上至少刊登一次公告,并应通知相关人员。

(九)合伙或有限合伙转换为私人有限公司

一个已注册的合伙或有限合伙,若其合伙人为3人以上,经全体合伙人同意,可以转换为私人有限公司,但应履行如下手续:(1)自全体合伙人同意之后14日内,将全体合伙人同意合伙转为私人有限公司的情况以书面方式通知登记注册机构。(2)就该事项在当地报纸上至少刊登一次,并向该合伙所知道的债权人寄送关于该转换事项的通知,债权人应当自收到通知之日起30日内提出反对意见。

如果有债权人提出了反对意见,则该合伙必须在满足债权人主张或为其提供保证之后才能转换为私人有限公司。

二、上市有限公司

《泰国上市有限公司法》规定了上市有限公司的设立、组织机构、运行等内容。

(一)一般规定

上市有限公司在名称中必须有“公司”或“有限”字样。如果使用的是外语,可以使用有“上市有限公司”意思的词来替代。如果注册官员认为申请登记的公司名称——无论是泰语名称还是外语名称——与已经登记或者已经申请登记的公司的名称相同或相似的,注册官员不得给予注册登记,并通知申请登记的人。泰国商业部负责有关上市有限公司有关部规条例的制定。

(二)上市有限公司的设立

1. 上市有限公司的界定。《泰国上市有限公司法》第 15 条规定,上市有限公司是指以向公众出售股份为宗旨,持股人有限责任不超过必须支付的股价数额而设立的公司和在股份有限公司的组织法中规定有以上宗旨的公司。一般 15 人以上可以依照《泰国上市有限公司法》设立公司。

2. 公司的发起人。根据《泰国上市有限公司法》第 17 条的规定,公司的发起人必须符合下述条件:(1)达到法定年龄。(2)至少有一半以上的公司发起人在泰国国内有住所。(3)认购股份及全部认购的股份必须是现金支付的,总共不得低于全部注册资本的5%。(4)不能是无行为能力人或者相当于无行为能力的人,不能是破产者或曾经破产的人。(5)无犯罪记录,未犯有财产侵占罪。

如果在公司成立大会结束之前,有公司发起人死亡或退出,而其他公司发起人仍有意继续设立公司的情况下,必须按照如下条款实施:①公司发起人死亡或退出之日起 1 个月内找到人来替补,但剩余的公司发起人的人数符合上市有限公司成立条件即不低于 15 人且其商定不必找人替补的除外。②自找到替补人或剩余的公司发起人决定不用找人替补之日起 14 日内以书面形式通知股份认购者。③自公司发起人死亡或退出之日起 3 个月内,申请登记已修订的上市有限公司组织法中有关公司发起人和人数的条例。从公司发起人的身份中退出,必须得到公司全体发起人的同意。在某一个公司发起人死亡或者退出的情况下,股份认购者可以撤销预订股份的申请。并自收到前述第②项通知后 7 天内以书面形式通知公司发起人。

3. 上市有限公司组织法。根据《泰国上市有限公司法》第 18 条的规定,上市有限公司的组织法中必须载明如下事项:遵照《泰国上市有限公司法》第 11 条规定的公司的名称;向大众提议出售股份的公司的宗旨;必须清楚地明文规定公司业务种类的公司的宗旨;注册资本中必须标明股份的种类、数额及价值;必须规定公司总办事处所在地位于泰国国内的哪个区域。

公司发起人的姓名、出生年月日、国籍和住址及每个人认购的股份数量。上市有限公司的组织法必须有全体公司发起人的亲笔签名并向注册官员申请登记。

(三)向公众出售股份的报告

根据《泰国上市有限公司法》第24条、第25条的规定,上市有限公司向公众出售股份的报告要按产业法和产业市场法的有关规定进行。公司发起人或者公司要向产业和产业市场的有关法律规定的部门报送向公众出售股份的报告文件。同时,自向以上规定的部门报送报告文件之日起15日内,按照注册官员规定的条件、办法和准则,也向注册官员报送一份上述文件。

(四)公司的成立大会及登记

1. 公司成立大会。关于公司成立大会,有如下规定:(1)公司成立大会的时间要求。公司发起人在按照章程中规定的股份数额或者按照有关向公众出售股份的报告文件中规定的不少于组织法中规定的股份数额的50%的数额认购满后,应召开公司成立大会。会议必须在认购满股份后的2个月内召开,但是必须不超过资质执法登记之日起的6个月时间。有合理原因不能在以上规定的时间内结束公司成立大会的,如果公司发起人拟继续创办公司,必须至少在以上规定时间到期前7日,向登记机关递交说明原因的申请书,申请延长时间期限。但必须自规定时间到期1个月不超过3个月的时间内完成。(2)公司成立大会的会前筹备。《泰国上市有限公司法》第28条规定,在公司成立大会召开的过程中,公司发起人必须距开会时间14日之内向股份认购者发会议邀请函并连同如下文件:会议议程;将要在公司成立会议上通过或者批准的有两个公司发起人担保的文件;公司章程草案;制作股份认购者的名册,载明姓名、国籍、住址和公司发起人预收的股份份额,以便开会时股份认购者在会场上查阅。在向股份认购者发出预约开会邀请函连同文件后,公司发起人必须在开会前至少7天向注册官员发送以上邀请函和文件的副本。(3)公司章程。《泰国上市有限公司法》第30条规定,公司章程必须与公司组织法和相关法律规定相违背，并且必须规定以下事项：股份的分配和转让；股东大会；选举方式、人数、任期、任期届满前的离任、董事会和董事权利；公私财物、会计及审查；优先股（如果有）的分配；优先股（如果有）转换成普通股的转换工作。（4）公司成立大会的召开地点。《泰国上市有限公司法》第32条规定，公司成立大会应当在即将成为公司总办事处或其邻近县召开，并且必须有持有全部已认购股份数一半的股份的认购者到会，才符合法定的到会人数。（5）公司成立大会的主要议程。《泰国上市有限公司法》第35条规定，公司成立大会的主要工作是：检查公司的章程；批准公司发起人联系的业务和有关公司成立的开支费用；规定发给公司发起人的金额数，规定优先股（如果有）的性质；限定提供给支付了除现金以外的其他财产的认购人或者提供著作权、艺术权、科学权、专利权、商标权、塑像权、图样权、配方权或者各种秘密工序或者提供有关产业、商业或者科学方面的情报的人的普通股和优先股的数量；选举董事；选举查账员和规定公司的查账费用金额。

2. 登记。公司发起人必须在公司成立大会结束之日起7日内把公司的全部业务和文件交给董事会。董事会应自公司成立大会结束之日起3个月内申请登记公司，并载明以下事项：（1）缴纳的股本，必须注明占全部股本的多少。（2）可以分配的股份共分为：以现金形式支付股款的普通股和优先股（如果有）；以其他财产估价支付股款的普通股和优先股（如果有）；按照《泰国上市有限公司法》第35条第4项的方式支付股价的普通股和优先股（如果有）并做简要说明事项。（3）董事的姓名、出生年月日、国籍和住所。（4）有权代表公司签名的董事的姓名及人数和公司章程中规定的限制权利的条款（如果有）。（5）公司总办事处和分办事处（如果有）的所在地。以上所述登记公司的过程中，董事会应该报送标明持股人的姓名、国籍、住所、持有的股份数及股票的编号的花名册连同成立大会的报告。

依法登记的公司自登记之日起即享有法人资格。

（五）股份和股东

1. 股份。关于股份，有股价、股票和股份转让的规定：

（1）股价。《泰国上市有限公司法》第50条规定，公司的每一份股份必须是等价的，每一股的金额相等。该法同时规定，在满足一定条件的情况下，公司可以超过股票票面金额或者低于股票票面金额发行股票。

(2)股票。公司必须自登记之日起2个月内，或者在公司分配剩余的股份或者出售在公司登记后新发行的股份情况下，自收足股款之日起制作股票并交付给认购人。登记公司之前，或者登记增加资本或股份购买人全额支付股款之前，禁止向任何人出售股票。如果违反上述规定，发行的股票即作废。

《泰国上市有限公司法》第56条规定，股票必须载明如下事项：公司名称；公司登记成立的日期和登记的编号；股票种类、票面金额、股票票号和代表的股份数；股东姓名；至少有一名董事的签名或者签名印章，但董事依照产业法或产业市场法的规定，委托注册官员代理签名的亦可；发行股票的年月日。

(3)股份转让。在转让股份过程中，公司不得指定任何章程来禁止股份的转让，为维护公司利益或者维护泰国人和外国人的持股比例的规章除外。公司发起人，在自公司登记成立之日起2年之内，不得转让按照《泰国上市有限公司法》第17条规定购买的股票，得到股东大会同意的除外。

记名股票的转让，必须在股票票面上记载受让人的姓名和转让人的姓名，并将股票交付给受让人。公司收到股份转让登记申请后，可以由公司直接收购股份；公司登记转让股份后，可以由外籍人士来收购。在这个过程中，如果公司认为合法，应该自收到申请之日起14天内进行股份转让登记；如果认为股份的转让不完全合适，应该在7日内通知申请人。

每次股东大会会议日前21天，公司可以停止接收办理股份的转让登记，但必须自停止办理之日起的14日内，在公司各个总办事处和分办事处提前通告持股人。

2. 股东。关于股东，有以下规定：

(1)股东名册。《泰国上市有限公司法》第61条规定，公司必须制作股东名册并载明如下事项：股东的姓名、国籍和住所；股票种类、票面金额、股票编号和代表的股份数；登记成为股东和中断股东身份的日期。

公司必须在公司总办事处内保存有股东名册和公司登记成立的证据。在股东名册丢失、字迹模糊或者主要内容破损残缺的情况下，公司应该自发现股东名册丢失、字迹模糊或者破损后14日内向登记机关报告并在报告之日起1个月内填补完整。

在股东名册保管工作时间内，股东有权要求核查股东名册及公司登记成立的证据。在这项工作中股东名册保管员可以限定工作时间，但必须每天不少于2小时。

（2）公司的股东身份。《泰国上市有限公司法》第66条规定，公司不得成为本公司的股权人和接收本公司的抵押股权。在下列情况下，不受上述限定：第一，公司拟在股东会议上否决修订公司章程中有关投票表决权和利润分配权的决议，认为不公正的股东购回股份。第二，当公司有盈余和总体形势良好，公司因财务管理拟购回股份并且股份的购回必须不得影响公司的财务。

公司持有的股份在股东大会上不算作到会的法定人数，并且没有投票表决权和利润分配权。并且，按照上述规定赎回的股份，公司必须在部规条例规定的时间分配出去，如果在限期内部分配或者不能全部分配出去，公司要降低注册资本减少股份来补足该部分股份。

（六）董事会

《泰国上市有限公司法》第67条规定，为经营公司的业务，公司必须设立一个至少有5人组成的董事会，并且至少有一半以上的董事在国内有住所。

1. 董事的任职条件和任免程序。《泰国上市有限公司法》第68条规定，董事必须是自然人且：（1）达到法定年龄。（2）不是破产者、无行为能力人或者如同无行为能力的人。（3）不曾犯有经济贪污罪而终审判决坐牢。（4）不曾因职务犯罪而被从国家公务员或者单位中撤职或者开除。

董事应当由股东大会选举，具体准则和办法如下：（1）1名股东拥有的选票等于股东自己持有的股份数乘以即将选举的董事人数。（2）每一名股东要用所有的选票按照第（1）项来选举1名或者多名董事，在选举多名董事的情况下，可以给各个董事分配选票的多少。（3）按得票最多一次选出规定的董事人数。在得票相等超出规定的董事人数的情况下,应该以抽签的方式选出符合规定的股东人数。

董事有如下情形的应该免去其职务:(1)死亡。(2)辞职。(3)缺乏信誉品德或者不符合成为董事应具备的条件。(4)法院有免职指令的。

董事辞职的,应该向公司呈报辞职申请书,自辞职申请送到公司之日起辞职生效。按上述规定辞职的董事,可以向注册官员报告自己的辞职。

2. 董事会。《泰国上市有限公司法》第 71 条规定,在每次的股东年例会中,应该同时选举整届董事会。(1)董事会的职责和构成。董事会有权按公司的宗旨、公司的章程和股东大会的决议来经营公司。董事会可以委托一名或几名董事或其他代理人执行某项工作,公司有章程明确规定董事没有以上权利的除外。《泰国上市有限公司法》第 78 条规定,董事会应该选举一名董事长。在董事会核查认为符合的情况下,可以选一名或几名董事为副董事长。副董事长的职责为董事长委托的业务规章中所规定的职责。(2)董事会的召开。董事会必须在公司总办事处所在地或者邻近县至少 3 个月召开一次会议。公司有规定在其他地方召开会议的除外。董事会会议必须有不少于全部董事人数一半的董事出席方符合法定到会人数。在董事长不出席会议或者不能履行职责的情况下,如有副董事长的,选举副董事长为会议主席,如果没有副董事长或者副董事长不能履行职责的,到会的董事应该选一名董事为会议主席。会议的裁决应该以多数票为准。一名董事有一票表决权,在某方面有亏损的董事无权投票表决。如果选票相等,由会议主席增投一票作为决定权。

董事长是召集董事会会议的人。如果有 2 人以上的董事申请召集董事会会议,董事会应该自收到申请书之日起 14 日内指定会议日。董事会会议的召集,董事长或者发送会议邀请函的委托人要在会议日前 7 日向董事发出邀请函。在为维护公司权利和利益的必要情况下,要以其他方式通知董事,并且可以通知提前召开会议。

3. 董事会的经营。《泰国上市有限公司法》第 84 条规定,董事会或董事或受董事委托的人,以公司的名义进行的全部业务,必须对公司有益,即使在以后表明有关选举、委任或者董事的品德有缺陷。

该法第85条规定，在公司的业务经营中，董事必须遵照法律、公司的宗旨及公司的章程来履行职责，以及在股东大会上的决议中规定忠诚并谨慎地维护公司的利益。

4. 董事的竞业禁止。《泰国上市有限公司法》第86条规定，禁止董事经营与公司的经营项目一致或与公司构成竞争的业务，或成为经营项目与公司一致或与公司构成竞争的私立或者其他公司的董事。在董事违反上述规定的情况下，公司可以向违反规定的董事索赔因其而导致的公司的损失。但必须在自公司获悉违规情况1年内或者不超过2年时间内起诉。

在公司不按以上行使权利要求索赔的情况下，总共持有的股份数不少于已分配的股份数的5%的一名或者几名股东，可以书面形式通知公司进行索赔，如公司自收到通知起1个月内不实施的或上述规定的剩余有效期不到1个月的，以上的股东可以代替公司行使权利进行索赔。

5. 董事的职责。《泰国上市有限公司法》第87条规定，任何一名董事，无论是以自己的名义还是以他人的名义购买公司的财产，或向公司出售财产，或与公司合作经营某种业务，如果不经过董事会同意，买卖或者业务经营与公司无关。

该法第88条规定，如果有下述情形，董事应该及时通告公司：(1)公司在年度结算期间，签订的标明合同性质、合同双方姓名及合同中董事的盈亏(如果有)的合同中，有直接或间接的盈亏。(2)持有在年度结算中标明增长或减少总数的公司各种集团公司的股份或债券(如果有)。

(七)股东会议

《泰国上市有限公司法》第98条规定，董事会必须在自公司年度结算结束之日起的4个月内召开股东年度会议。除股东年度会议外，其余的股东大会称为特别会议。该法第99条规定，若有必要，可以随时把股东大会当作特别会议召开。

《泰国上市有限公司法》第100条规定，持有股份总数不少于已经分配的全部股份的1/5的股东或不少于25人的持有股份总数不少于已经发行的全部股份的 1/10 的股东,可以联名制作申请书向董事会申请召开股东大会,成立特别会议,但是必须在以上申请书中明确说明申请召开会议的原因。在这种情况下,董事必须自收到申请书之日起 1 个月内召开股东大会。

股东有参加股东大会和投票表决的权利,但也可以委托其他人参加会议并投票表决。

除法律规定的特殊情况外,股东大会必须有不少于 25 名股东和受股东委托的人(如果有)出席会议或者有不少于全体股东一半的人数并且必须持有股份总数不少于全部发行的股份数的 1/3 的参加会议,才符合法定到会人数。

董事长为股东会议主席。在董事长缺席或不能履行职责的情况下,如有副董事长的,选副董事长为会议主席;如果没有副董事长或有但不能履行职责的,到会的股东应该选一名股东为会议主席。

《泰国上市有限公司法》第 107 条规定,除了法律规定的情形外,股东大会的决议必须包括如下选票:(1)通常情况下,必须持有到会并有投票表决权的股东的多数票。如果选票相等,会议主席增投一票作为决定票。(2)在以下情况下,必须持有不少于到会并有投票表决权的股东选票的 3/4 的股票:第一,全部出售或者转让公司业务或者把主要部分授予他人。第二,购买或接收其他公司或私人有限公司转让的业务。第三,签订、修改或取消有关出租公司的全部业务或主要业务的合同,委托他人办理公司的事务或与他人的业务合并。(3)在公司有章程规定,股东大会的决议中的某项的选票必须超过前面第 1 款、第 2 款规定中的规定的,可以按照规定实施。

(八)账目及汇报

1. 账目制作。《泰国上市有限公司法》第 109 条规定,公司必须制作和保管账目以及遵守查账法。该法第 110 条规定,除了第 109 条的规定外,公司还必须进行至少每 12 个月 1 次的年度会计决算或制作资产负债表。决算或资产负债表中的项目和内容必须包括部规条例中规定的项目和内容。

董事会必须于公司年度会计日结束之日进行决算和制作资产负债表,并向股东年例会报告,以便审核通过。

2. 董事会年度汇报。《泰国上市有限公司法》第 114 条规定,董事会的年度汇报中,至少必须载明以下几点的报告:(1)公司名称、总办事处所在地、业务种类,已分配的股份总数和种类,在公司集团内部持有的股份数量和种类(如果有)。(2)持有已分配的股份数的10%以上的其他公司或者私立公司的名称、总办事处所在地、业务种类。(3)董事依照第88条规定向公司通告的事项细目。(4)董事从公司获得的报酬、股份、债券或者其他利益权,同时标明获得者的姓名。(5)符合部规条例中规定的其他事项。

3.查账员。《泰国上市有限公司法》第120条规定,股东年例会必须委任查账员并规定公司每年的查账费用数额。查账员可以连选连任。公司的董事、职员、雇员或者担任公司职务的人不得成为查账员。查账员在职期间有权检查公司的账目,文件和其他有关公司收支及财产和债务的证据。查账工作中有权询问董事、职员、雇员、担任公司职务的人和公司的代表,并且说明事实或者发送有关公司经营的证明文件。并且,查账员必须依照查账法制作报告提交股东年例会。

(九)核查工作

《泰国上市有限公司法》第128条规定,持有股份总数不少于已分配的全部股份数1/5的股东或者不少于全部股东人数1/3的股东,可以联名向注册官员申请委任查账员检查公司的财务业务和财务职位以及检查董事会的实施工作。申请中必须标明申请检查的要点和股东代表人的名字和住所。

该法第129条规定,怀疑有以下情形的,为了实施公司的核查工作,注册官员要委任一名或者几名职员为查账员:(1)公司有欺诈公司债权人或者已经知道无力偿还债务的情况。(2)公司违反或者不遵守本法的规定,或者虚报资产负债表和亏本账目,或者在提交注册官员的报告中和向公众公布的报告中作虚假报告。(3)董事或者管理层官员有违背公司宗旨的行为或者对公司或股东采取不正当手段的行为。(4)使少数股东遭受不公正损失的行为。(5)公司的业务管理可能导致股东遭受损失。

在查账员的委任命令中,注册官员要明确标明授权检查的范围并向公司寄送通知书。

（十）资本的增加和减少

1. 资本的增加。《泰国上市有限公司法》第136条规定，公司可以通过发行新股来增加已经注册的资本的总额。新增加发行股份在以下情况下才可以实行：(1)全部股份已分配完毕和已经收齐股款，或者股份尚未全部分配，剩余的股份出售是为了抵消消券认购权或者作为认购权的证件。(2)在股东会议上有不少于到会并且有表决权的全部股东人数的3/4的选票通过决议。(3)自股东会议通过以上决议之日起14日内携带决议向注册官员办理变更注册手续。

2. 资本的减少。《泰国上市有限公司法》第139条规定，公司可以通过降低每股股价或者减少股份数来减少已经注册的资本，不能降至股份总数的1/4。在公司无储备金或者根据第119条补偿后仍有盈余的情况下，公司可以把注册资本减少到全部股份数的1/4。降低多少股价或者减少多少股份或者以什么方式降价或者减少股份数量，都要按照股东会议全部到会并有表决权的全部股东人数的3/4的选票通过的决议来实施。公司要自股东会议通过之日起14天内向注册官员申请登记通过的决议。

（十一）债券

上市有限公司可以向公众发行债券，但发行债券的决议要有到会并有表决权的所有股东人数的3/4的票数通过。

（十二）公司的合并

1. 决定合并。两个以上的上市有限公司，或一个上市有限公司和私人有限公司可以合并成一个新的公司。合并中各方股东在表决权的会议中，同意合并的人数不能少于全部股东人数的3/4。在与私人有限公司合并时，要符合《泰国民商法典》中有关特殊决议的规定。

2. 通知股东和债权人。在依照上述规定合并公司时，若有股东反对，公司必须安排人在通过公司合并的决议前，按照产业市场上最后一次的买卖价收购以上股东的股份。在产业市场上没有规定买卖价的情况下，按照双方委任的估价员的估价来确定。如果反对合并的股东自收到收购通知之日起14日内不愿出售股份的,公司可以继续进行合并,并把以上股东视为合并公司的股东。

公司也必须向公司的债权人提供与其他公司合并的决议通知书。债权人应该自收到通知之日起 14 日内提出反对意见。若无反对意见,则公司可以继续合并。

3. 召开股东会议。在通知有关债权人且未收到反对意见后,公司的董事长应当召集股东会议,共同商讨以下事项:(1)给股东分配合并公司的股份。(2)合并公司的名称,可以是新名称,也可以是合并之前任何一个原来公司的名称。(3)合并公司的宗旨。(4)合并公司的资本不得少于合并各方资本的总额,如果合并各方已经按照注册的股份数分配完毕的,可以增加注册资本。(5)合并公司的组织法。(6)合并公司的公司章程。(7)选举合并公司的董事。(8)选举合并公司的查账员。(9)合并公司过程中的其他必要事项。

上述内容的商讨必须在其中最后一个公司表决合并之日起 6 个月内确定,若有《泰国上市有限公司法》规定的延期情况出现,则最长不得超过 1 年。

4. 合并后事项。原公司的董事会必须在有关合并的股东会议闭会后 7 日内向合并后的公司的董事会移交公司的资产、账目、各种文件和凭证。合并后的公司董事会必须自有关合并的股东会议闭会后 14 日内向登记注册机构申请合并登记,并提交上述股东会议通过的组织法和公司章程。公司登记后,原来的公司即丧失法人资格,并且要在登记簿中备注。合并并且登记后的公司,既享有合并各方公司资产的权利,也负有承担合并各方公司债务的义务。

(十三)公司的解散

《泰国上市有限公司法》第 154 条规定,有如下原因之一的,要解散公司:(1)当股东会议上有不少于到会并有表决权的股东的 3/4 的选票通过同意解散公司。(2)当公司破产。(3)当法院依照第 155 条规定或到命令最后期限的要解散公司。

该法第 155 条规定,有如下原因之一的,持有股份总数不少于全部已经分配的股份数的1/10的股东可以向法院申请解散公司：(1)公司发起人违背或者不遵守公司成立大会中的有关条款或者成立公司的报告，或者公司的董事会违背或者不遵守向公司支付股款的有关规定，不提交作价支付股价的财产所有权转让、各种使用权转让的凭证和不制作或者不登记公司的股东名册。(2)股东人数减少到15人以下的。(3)公司的业务除亏本和没有希望扭转亏本的以外，将继续运作。

该法第156条规定，在股东会议和法院作出解散公司的决议和命令的过程中，必须同时委任并且规定清算人员和查账员的报酬。

被解散的公司，其董事会要在解散之日起7天内把公司账目和所有凭证交给清算人员。公司的解散自解散申请登记之日起生效。

(十四)清算

《泰国上市有限公司法》第159条规定，在公司因除破产以外的其他原因被解散的情况下，要依照本法规定进行清算。

清算人员享有如下权利和职责：(1)实施有利于顺利解决清算过程中遗留下来的必要工作，禁止经营新的业务。(2)汇集和收取公司从其他人处收取的现金和出售公司财产的所得的那部分现金和财产。(3)实施有关民事案件和刑事案件的所有工作或者以公司的名义进行不起诉的各种案件的调解。(4)以公司的名义偿还债务。(5)召开股东会议。(6)清算结束后，给股东分配剩余的现金或者财产。(7)依照第11条第3款的规定实施。(8)进行其他的以便清算工作顺利实施的必要工作。

在清算人员违反上述第(1)项而增加公司亏损的情况下，清算人员必须向公司承担那部分亏损。

(十五)私人有限公司转换为上市有限公司

《泰国上市有限公司法》第180条规定，《泰国民商法典》中有特别规定的，私人有限公司可以转换为上市有限公司。该法第181条规定，股东会议依照本法第180条中的私人有限公司的转换，董事会必须讨论以下事项：(1)有必要修订私人有限公司的组织法，也可以在转换后修订增加私人有限公司的资本。(2)公司的章程。(3)选举董事。(4)选举公司的查账员。(5)在转换过程中有必要的其他事项。

该法第182条规定,私人有限公司董事会必须自第181条中的会议闭会之日起7日内向新当选的董事会提交私立公司的业务、财产账簿、各种文件和凭证。

登记转换后的公司享有原公司的财产、权利并且承担一切债务和责任。

(十六)注册官员和职员

《泰国上市有限公司法》第186条规定,在依照本法接受登记工作中,注册官员和职员有权根据需要询问事情和要求申请人提交有关文件和凭证或者让有关人员提供证词。

登记申请合理和材料齐备的情况下,注册官员应该给予登记。但如果登记申请中有不合理事项或者附带文件不齐全或者登记申请中的事项或者文件与法律相抵触的,注册官员应该通知申请人修订或者补齐文件或者申请之前遵守法律。申请人遵照通知执行的,注册官员应该予以登记。登记后,注册官员应该在政府公报上公布登记事项的简明报告。

《泰国上市有限公司法》第190条规定,为依照本法执行工作,注册官员和职员在公司的工作时间内有权出入公司的办事处和各个行所,以便核查依照本法规定公司必须整理的文件和凭证,同时有权召集相关人员提供证词。在这项工作中,职员应该向以上人员出示身份证明,并且以上人员应该适当给予帮助和提供方便。

(十七)公司的法律责任

《泰国上市有限公司法》第191~222条规定了公司的法律责任。公司在违反法律的情况下,要承担罚款乃至刑罚等法律责任。与此同时,公司的董事、管理人员也要承担相应的法律责任。

三、外商经营企业

虽然当今国际经济贸易活动的惯例就是给予外国人国民待遇,但是实际上任何国家都会基于国家安全和国内产业发展的现状对外资有所限制和引导。[①] 泰国也不例外。一方面，泰国始终把引进外资作为国家经济发展的基本国策。1966年，泰国成立了泰国投资促进委员会，1974年，又设立了泰国投资促进委员会海外办事处。自1997年金融危机之后，泰国投资促进委员会多次公布新的投资鼓励政策和措施，吸引外商投资。另一方面，出于国家安全稳定、特殊文化风俗、国内经济格局和产业结构等因素的考虑，泰国对外商和外资又规定了许多限制条件。因此，在泰国，外商经营企业作为一种企业类型具有一定的特殊性。

（一）外商的界定

根据《泰国外商经营企业法》的规定，外商既包括外国自然人，也包括外国法人。外国自然人是指没有取得泰国国籍的人，或者丧失、放弃泰国国籍的人。外国法人是指在泰国境外按照国外法律登记设立的法人。另外，根据《泰国外商经营企业法》的规定，在泰国境内按照泰国法律登记注册的法人，有下列三种情况之一的，也视为外国法人：（1）该法人（公司）的外籍股东所持股份比例达到法人所有股份的50%。（2）该法人（公司）的外籍股东人数超过法人所有股东人数的一半。（3）该法人（合伙、有限合伙）由外籍人士担任合伙企业的经理职务。

（二）外商的投资限制

1. 投资主体的限制。不能够成为泰国的投资主体的外国自然人主要有两类，一类是依法被驱逐出境或者等候驱逐出境的外国人；另一类是未依照移民法或者其他有关法律获准入境的外国人。

2. 投资行业的限制。根据《泰国外商经营企业法》的规定，有三类行业限制外国人投资。它们包括：（1）禁止外国人投资的行业。这类行业因特殊理由专为泰籍法人保留，禁止外国人投资，主要包括：新闻出版、广播电视业；水田和旱地种植业或园圃种植业；畜牧业；林业和木材加工业；泰国水域和特别

① 如在2012年，中国三一集团在美关联企业罗尔斯公司欲收购位于美国俄勒冈州的4座风力发电厂，但遭奥巴马发布总统令阻止，理由就是威胁美国国家安全。

经济区的捕鱼行业;泰国草药的提炼行业;泰国古董和有历史价值的文物贸易;制造或铸造佛像和僧钵的行业;土地买卖。(2)须由商业部长经内阁决定批准,外国人才能投资的行业。这类行业主要是涉及国家安全稳定或对艺术文化、风俗习惯、民间手工业、自然资源、生态环境造成不良影响的投资业务,主要包括:生产销售和修理武器、子弹、炸药、爆炸物及其构成材料;生产、销售和修理军事装备;买卖属于泰国古董或文物的艺术品、工艺品;木雕生产行业;养蚕行业、泰丝生产行业、泰丝纺织行业、或泰丝花纹印染行业;泰国乐器生产行业;金银器生产行业、乌银镶嵌制造行业、铜嵌石制造行业或漆器制造行业;具有泰国文化艺术风格的瓷器和陶器制造行业;甘蔗制糖业;盐田行业、井盐行业;石盐业;矿业、爆破行业或碎石行业;木制家具和用具加工业。(3)须由商业部商业注册厅厅长根据外籍人经商营业委员会决定批准,外国人才能投资的行业。这类行业主要是泰国本国人对外国人不具有竞争力的行业,主要包括:碾米业、粮食和旱地作物加工业;渔业、专门的水产养殖业;造林业;胶合板、装饰板、刨木板或硬木板的加工;石灰生产;会计服务业;法律服务业;建筑工程服务业;经纪人或代理商业务;拍卖行业;广告行业;酒店经营行业;食品或饮料销售行业,等等。

3. 投资资金的限制。外国人开始在泰国经营业务最低的投资,不得低于泰国法律部规定的数目,即200万泰铢。

4. 其他投资限制。根据泰国法律的有关规定,外国人在泰国不得拥有土地。

(三)外商经营活动的特殊规定

1. 外商经营管制业务。若外商有意经营《泰国外商经营企业法》管制的业务,必须符合下列规定:(1)向泰政府申请经营特许证。(2)泰政府与外国政府达成协议的经营项目。(3)依投资促进法获特许经营的业务。(4)经商业部部长签发准予经营的第二类业务或商业登记厅厅长签发准予经营的第三类业务。

2. 国际贸易代表处和区域办事处的设立。国外法人企业可申请设立国际贸易代表处,跨国公司可申请设立区域办事处。官方主管部门由商业登记厅一处统管,有关本事项的规定为:(1)设立国际贸易代表处及区域办事处,在经营性质上归属于《泰国外商经营企业法》规定的第三类的服务行业。(2)凡需在上述营业处所担任工作的外商,可在国际贸易代表处或区域办事处准予成立后,向商业登记厅申领工作许可证。(3)凡属准予设立国际贸易代表处或区域办事处者,可从事的业务范围如下:①国际贸易代表处可从事的业务有:为总办事处在泰寻找商品供货商或服务项目提供者;为总办事处在泰购买或定做的商品之质量和数量进行检查和监督;为总办事处授予代理商或使用者的商品进行介绍;为推荐介绍总办事处的新产品或新服务项目,提供有关信息和数据;向总办事处汇报在泰进行的商业活动情况。②区域办事处可进行的业务有:代总办事处在本区域的分公司或联营公司进行协调联系和监督管理工作;提供业务咨询及经营管理的服务;人员的培训业务;财务管理业务;对市场的管理和市场推销的筹划;产品的发展工作;为业务的研究和发展提供服务。区域办事处无权与所在国的任何个人或法人企业进行接受订购、售卖或洽商业务等商务活动。(4)代表处和区域办事处在泰进行的业务,须属于非收益性的业务。(5)代表处和区域办事处的所有活动开销,均由国外母公司支付。(6)负责办理登记部门。外商需要申领各种许可证或证明书时,可向登记部门申请如下:办事处地点设于曼谷、暖武里府、北榄府者,可向商业登记厅商务登记二处外商事务部主管人员申请办理。办事处地点设于其他各府者,可向所在府的府级商业办事处或地区商业登记中心主管职官申请办理,也可赴上述第(1)条之官方部门洽办。(7)准予从事商务的外商应履行事项。应将许可执照悬挂于办事处所的醒目处。若许可执照主要内容受损坏或遗失,应于发现受损或遗失日起15天内,向登记部门主管申领代用照。当持有执照者需结束营业,或需迁移办公、营业地址时,应于营业结束或地址迁移日起10天内向登记主管部门报备。执有营业执照的外商、持有外商性质法人之股份或为外商性质法人之股东的外商,需要加入作为任一两合公司或有限公司的合伙人,或拥有该公司的股份,而所拥有股份超出1/3者,或需购买该公司企业者,都须经商业登记厅厅长审批后进行。(8)国外总公司应提供的文件。根据《泰国外商经营企业法》的规定,外国企业需在泰设立分公司者须提供下列文件：总公司的授权委托书，委托某人代表总公司在泰负责办理登记和处理设立分公司的一系列事项；前项受委托人的护照；公司组织大纲和公司章程；公司的法人登记证书和商业执照。

上述各项文件，须由总公司所在国的公证处和由泰国驻该国大使馆或领事馆验证有效。但受委托人之护照不必经公证处验证。经公证处验证的文件使用期限自公证书发给日起至公证书随申请书上交日止6个月内有效。

四、中小型企业

《泰国中小型企业促进法》对中小型企业作出了相关的法律规定。根据该法的规定，所谓中小型企业，指具备一定规模的雇佣劳动、固定资产或资本及国家规定的负债能力的企业。

根据该法的规定，设立专门的促进中小企业委员会，委员会的权利和义务有：经委员会主席同意，制定促进中小型企业的政策及计划；报告泰国各中小型企业的形势上交委员会主席；商讨有关执行促进中小型企业发展的计划；为国家有关部门提供意见或建议；为国家有关部门提供促进中小型企业财政金融方面的发展政策及计划；提供相关的法律法规并修正或增减相应的法律法规；协调国有企业机构及国内外私有企业机构与各中小型企业的合作，等等。

第四章　老挝公司法律制度概述

第一节　老挝公司的特征和分类

在东盟国家中，老挝的经济发展相对比较落后，其法律制度体系也相对不够发达。经过多年努力，2013 年 2 月 2 日，老挝正式加入了世界贸易组织，这为其今后的经济发展和相关制度建设提供了一个有利的机会和条件。在此契机下，老挝进一步加快改进相关的贸易和投资制度，为其将来的发展清除制度障碍。当然，就目前而言，老挝的各项法律制度，特别是涉及经济贸易方面的法律制度还需进一步的建设和完善。就公司法律制度而言，老挝并没有一部以公司法命名的法律，而是以一部叫作《老挝企业法》的法律作为公司法律制度最主要的制定法渊源。

一、公司的特征

（一）老挝公司法的主要渊源

前面已经提到，老挝并没有一部专门的公司法，有关公司法律制度的内容主要规定在《老挝企业法》中。《老挝企业法》于 1994 年 7 月颁布，带有浓厚的计划经济特色，虽然在很多方面严格市场准入，与市场经济的发展要求不甚适应，但是其本身仍然是一个进步，它对“社会主义商品经济”的强调和推动以及老挝在经济领域的制度改进作出了重要贡献。

经过多年实践，为了适应新的经济形势，特别是为了加入世界贸易组织的需要，老挝对一系列的现行法律进行了修订，其中就包括了《老挝企业法》。2005 年 11 月 9 日，老挝通过了新的企业法修正案。新的《老挝企业法》进一步与国际接轨，为市场主体平等参与经营活动提供了更多的规则和制度保障。本文以下所提到的《老挝企业法》，若无明确提示，特指 2005 年修订后的《老挝企业法》。

（二）老挝法律中公司的概念

《老挝企业法》第 2 条规定，公司指这样一种企业形式：其资本被等分为若干股份，股份持有人就其所持股份对公司债务承担责任。根据这样一种界定，公司的资合性质显而易见。另外，该法第 2 条还界定了有限公司（limited company）和上市公司（public company）。有限公司指由 2 ~ 30 名股东所组成的公司；当然，一人公司的股东无须按此要求。上市公司指的是由至少 9 名股东作为发起人成立的公司，且其股份可以自由、公开地转让给公众。有限公司和上市公司的区分，有些类似于中国《公司法》所规定的有限责任公司和股份有限公司。

二、公司的分类

由于《老挝企业法》规定的是包括公司在内的各种样态的企业，因此，其分类标准也是以“企业”这种经济组织为基础的。所谓企业，根据《老挝企业法》的规定，是指拥有名称、资金、管理机构、办公住所，并依照该法注册为企业的自然人或法人经济组织。《老挝企业法》第二部分第一章即为“企业的形态、组织形式和分类”（Types，Forms and Categories of Enterprises），在该章中，法律对企业进行了具体的分类。

（一）企业的形态

《老挝企业法》第 9 条第 1 款规定，在老挝，企业分为四种形态：私营企业、国有企业、合营企业与集体企业。这种形态划分，显然是以所有制类型对企业所进行的区分。需要注意的是,《老挝企业法》所调整的对象主要是私营企业、国营企业与合营企业;至于集体企业,则另有他法规制。

(二)企业的组织形式

根据《老挝企业法》第10条的规定,按照组织形式的不同,企业可以划分为独营企业、合伙企业和公司。

根据《老挝企业法》第9条第2款、第3款的规定,私营企业可以自由选择其组织形式,而国有企业和合营企业则只能选择公司这种组织形式。因此,国有企业也可以称为“国有公司”,合营企业也可以称为“合营公司”。

(三)合伙企业和公司的分类

《老挝企业法》第11条对合伙企业和公司这两种组织形式的企业继续展开了分类。

1. 合伙企业的分类。根据《老挝企业法》第11条的规定,合伙企业分为一般合伙企业和有限合伙企业。

2. 公司的分类。根据《老挝企业法》第11条的规定,公司分为有限公司和上市公司。其中,有限公司包括一人有限公司。

第二节　老挝公司法律制度的体系及结构

前已述及,老挝并没有专门以“公司法”命名的法律,有关公司法的内容规定在一部统一的《老挝企业法》中。因此,就公司法体系而言,它是包含在企业法体系之中的。从《老挝企业法》对企业的界定可知,企业既然是所谓的“经济单元”(business unit),则企业法律体系就是市场主体法律体系。虽然公司的组织结构与个体经营企业或合伙企业有明显不同,但仍然属于市场主体的范畴。因此,在老挝,公司法的体系包含在企业法律体系或者说市场主体法律体系当中。

这样一种体系设置,从逻辑上似乎无可指摘。但多少也意味着老挝的市场主体尚不够活跃,公司作为现代市场经济时代最主要的市场活动主体,其发展规模还有待进一步提高,因此老挝不需要在制度上对公司这种市场主体作出专门的规定,而以统一的企业法规定之。如果老挝的公司法律制度日益成熟和发达,则现行的《老挝企业法》可能会面临重新修订。

《老挝企业法》有关公司的法律制度主要规定于其第五部分、第六部分和第七部分。第五部分为"公司",共分为有关公司的一般原则、有限公司、上市公司三个章节。第六部分为"国有公司",分为国有公司的一般原则及其组建、国有公司的股份和债券、国有公司的董事和董事会、国有公司的股东会议、国有公司的财政和责任、国有公司的审计和特别调查、国有公司的私有化、合并、解散和清算七个章节。第七部分为"合营公司",指国家和其他投资人共同设立的公司,其组建和管理参照第五部分的规定。

除了《老挝企业法》中关于公司的法律规定,其他法律如《老挝企业破产法》《老挝企业会计法》《老挝外国投资法》等法律中关于公司的有关规定,以及上述法律的实施细则,也是老挝公司法律制度的有机组成部分,构成完整的老挝公司法体系。

如果从内容上来讲,老挝公司法体系主要包括两个部分:第一部分,是有关公司的一般性、原则性规定。包括公司的性质、分类、注册条件、公司章程、公司管理监督机构、政策和惩罚等规定。第二部分,是有关具体种类的公司的特别规定。包括有限公司、上市公司、国有公司、合营公司的相关规定等。

第三节 老挝公司法律制度的主要内容

一、有关公司的一般规定

(一)有关公司和其他企业的原则性规定

1. 设立企业的权利。根据《老挝企业法》第 3 条的规定,老挝公民、居住在老挝的外国居民和无国籍人、外国人及其组织都可以依照老挝的法律法规设立企业或参与商业活动。

2. 经济活动中的平等。根据《老挝企业法》第 4 条的规定，所有参与商业活动的经济部门，无论是国内还是国外，在法律面前一律平等；它们可相互竞争或合作以扩充其生产力或扩展其生产、贸易或服务。

3. 企业的责任。根据《老挝企业法》第 5 条的规定，企业有责任依照其商业目的组织运营、保存会计账簿、向政府履行财政义务、保护工人的合法权利和利益、维护环境、遵守老挝的相关法律法规。

4. 国家的企业政策及对其权益的保护。根据《老挝企业法》第 6 条的规定，为了促进社会经济发展，国家通过颁布关税和税收政策、法规和措施，以及提供信息、服务和其他便利设施，鼓励和推动国内外的自然人和组织设立企业或者参与全部无限制领域的经济活动。企业的合法权益，即其资金和财产，受法律保护。

5. 国际合作。根据《老挝企业法》第 7 条的规定，国家通过交换经验和信息，组织资金、科技和先前的管理经验，推动国际交往和合作，促进市场开放，促进区域和全球一体化。

6. 企业的注册和名称。在老挝，企业注册采用登记注册制，即设立人按照法律程序向有关机关提交注册公告及相关文件，国家即承认其从事商业活动的法律资格。

原则上，企业可以自由选择其名称，但是有一些名称禁止使用。具体包括：(1) 名称与知名企业或者一省之内的其他企业相同或相似，可能导致混淆的。(2) 名称与良好的国家文化传统或社会秩序相冲突的。(3) 名称内包含有任何国家或国际组织的名称，或者包含有文物标识名称或国家圣地名称的。(4) 名称与企业的某种形式或类别相同或相似的。

(二) 公司股东和发起人

《老挝企业法》第 78 条规定，向公司提供资本的人称为股东 (shareholders)。股东仅以其股份对公司债务承担责任。一个公司可以有一个或多个股东。股东既可以是自然人，也可以是法人。

(三)公司的法人地位

《老挝企业法》第79条规定,公司享有法人地位。这意味着,它拥有自己的名称、办公场所、资产和章程,它有行使权利和履行义务的法律资格,债务自负,并且能够像自然人那样参加民事诉讼。

公司的分支机构附属于公司,不是独立的法人实体。如果公司分支机构被提起诉讼,则应视为该公司法人被起诉。也就是说,对外承担责任的主体是公司,而不是其分支机构。

《老挝企业法》第80条提到了集团公司。所谓集团公司,就是认购了其他公司足够数量的股份从而能够操控该公司的公司。而被其他公司以上述方式控制的公司,称为"附属公司"(subsidiary)。对这种管理控制权的限制,应符合相关法律的规定。显然,附属公司,是一个独立的法人实体。

(四)公司章程

1. 公司成立契约。《老挝企业法》第81条规定了公司成立契约。根据该条规定,公司成立契约应当遵循老挝合同法的有关规定并采用书面形式。

公司成立契约应当包含如下内容:(1)企业名称。(2)经营目的。(3)总部及分支机构的名称和地址。(4)设定资本分解成股份的价值和数量,实物分配的比例,现金分配的比例,以及普通股和优先股的数量。(5)公司发起人的姓名(名称)、住址和国籍,以及每个发起人所认购的股份数额。(6)董事会对公司债务承担无限责任的条款,该条款应于公司解散该董事会之日起1年内解除。(7)公司发起人的姓名(名称)及签名。

上述第(4)项中的设定资本指公司注册资本。公司只有一个股东的,不需要签订公司成立契约。

2. 公司章程。《老挝企业法》第82条规定了公司章程。根据该条的规定,公司章程应当包含如下内容:(1)上述公司成立契约所应包含的第(1)~(6)项内容。(2)公司利润和分红的分配方法。(3)股份分配的方法和方案。(4)组织和管理。(5)会议和投票方法。(6)争议解决方法。(7)解散和清算。

公司成立契约和公司章程都可以修改,但修改必须经股东会议的特别决议批准,该特别决议必须通知关联企业。

二、有限公司

(一)一般原则

1. 有限公司的持股。一个有限公司可以持有其他公司的股份,可以是其他合伙企业的合伙人,但它不能成为其自身的股东。

2. 股东人数的增减。如果有限公司的股东超过了法律规定的30人的上限,其仍然可以根据法律规定的股东大会特别决议保持其地位。如果该有限公司无意保持其作为有限公司的地位,或者并没有足够的票数通过上述股东大会特别决议,该公司可以修订其企业注册证书以符合法律关于建立上市公司的程序和原则,或者解散公司。

如果有限公司只留下一个股东,则该有限公司应更名为"一人有限公司",并应符合《老挝企业法》有关一人有限公司的规定;或者解散公司。

3. 有限公司的成立。有限公司的成立应遵循下列程序和条件:(1)至少两名发起人向公司总部所在地的企业登记官员提交公司成立契约,以示通告。(2)在作出上述通告之时,公司必须找到人认购公司的全部股份,该认购不能通过公开的方式进行,认购股份的人称作"股份认购者"。(3)召集公司成立会议。(4)有限公司的发起人将所有任务交付给公司成立会议选举出来的董事会。(5)董事会号召有限公司的发起人和认购者全额支付股金。(6)在全额支付股金之后,董事会在30天之内注册该企业。

4. 有限公司的发起人。有限公司的发起人是公司的创建人,但并非有限公司的代表,并应至少持有公司一只股份。有限公司发起人的主要职责,就是从事与公司组建有关的各种活动,直到召集公司成立会议之时。发起人有下述行为的,应当向股份认购者承担责任:(1)以自己的利益而行为。(2)隐瞒与有限公司建立相关的税费。(3)在建立有限公司的目标之外发生费用或订立合同。(4)对其财产超过实际价值进行评估。(5)其他根据《老挝企业法》应当承担的责任。

发起人对第三人亦需要承担相应责任。对于与第三人签署的和有限公司的建立有关的合同,有限公司的发起人承担无限连带责任。

5. 有限公司成立会议。有限公司成立会议有如下权利和责任:(1)接纳有限公司章程。(2)表决通过成立合同以及其他与有限公司成立相关的合同,包括发起人在建立有限公司过程中所花费的费用。(3)决定普通股和优先股。(4)选举有限公司的最初董事会。

发起人最迟应当在成立会议召集之前10日,将成立通知及股份认购者的名单送达股份认购者。

成立会议的决议只有在超过一半的出席会议的发起人和股份认购者认可且代表总认购股份一半以上的股份认购者同意后才发生效力。有限公司实行一股一票。发起人或股份认购者无权就与他们相关的可能使他们受益的事项投票,选举有限公司董事的投票除外。

6. 有限公司的注册。在有限公司注册中,需要提交下列文件:(1)有限公司注册通知的申请表以及有限公司成立合同。(2)有限公司成立会议的会议记录。(3)有限公司章程。

另外,有限公司注册通知应当由董事长签署。根据《老挝企业法》的规定,在全额支付股金之后,董事会应在30天之内注册企业。如果董事会超过该注册期限的,注册官员应拒绝有限公司的注册,除非该注册迟延是由于董事会过错之外的其他必要原因造成,或者股东以所支付股份4/5以上的投票通过了继续企业注册的决议。

如果有限公司没有注册,董事会应在企业注册官员拒绝注册之日起3个月内将股份价值全额归还股东。如果超过3个月,有关董事未将股份全额归还股份认购者的,该董事有责任承担剩余数额,并按照银行贷款利率偿还利息,除非董事能证明他在企业注册迟延中并无过错且无法全额归还该股份。

(二)有限公司的股份和股权证明

1. 股份。有限公司的每一股份不应以低于2000基普(Kip.)①的票面价

① 老挝的货币名称即基普(Kip.)。

值发行。有限公司的一份股份可以由一人或者数人持有,应指定一人作为有限公司的股东享有相应的权利,这些股份持有人就未认缴股份对有限公司承担连带责任。有限公司的股份可以用现金或实物认缴。实物认缴必须按照货币进行估价,并经至少2/3以上的出席成立会议的发起人和股份认购者的同意。实物和现金认缴以外的股份认缴应在成立会议上详细确定。

有限公司的股份有两种类型:普通股和优先股。

2. 股价。有限公司的股价应当在成立合同中确定,该股价值就是其"票面价值"。有限公司不应低于票面价值发行股份。

3. 股份认缴。股份认缴分为注册前和注册后的认缴:(1)企业注册前的股份认缴。在有限公司成立会议之后,在企业注册之前,股东应认缴股份。如果是实物认缴的,股东应全额认缴;如果是现金认缴的,股东应至少认缴其认购股份的70%。(2)企业注册后的股份认缴。在企业注册之后,董事会可以在任何时候要求股东认缴剩余的股份,但应当提前30天通过书面形式通知每一位股东,写明认缴日期和数额。

4. 普通股股东的权利和义务。普通股份的持有者即"普通股股东"。普通股股东有如下权利和义务:(1)就有限公司的活动提出意见建议。(2)参加有限公司的活动。(3)按时认缴股份。(4)充分保障自身权益。(5)根据公司章程的规定享有知情权和检查有限公司记录的权利。(6)投诉或起诉损害其利益的有限公司董事、管理者或雇员。(7)对其未认缴的股份承担认缴责任。(8)对于有限公司股东欲转让的股份享有优先购买权。(9)任免有限公司的股东。(10)接受解散清算后留下的部分资产。(11)按照他们的股份比例接受分红。(12)根据法律法规规定的其他权利和义务。

第(10)、(11)项的资产和分红只有在向有限公司的优先股股东和债权人分配后才能向普通股股东分配。

5. 优先股股东的权利和义务。优先股的持有者即"优先股股东"。优先股股东享有如下权利和义务:(1)普通股股东所享有的第(1)~(6)项权利。(2)在普通股股东之前享有资产和分红的分配权。(3)获得其他特别权利。所有这些特别权利的修改修正都应在公司章程中明确。(4)在有限公司盈利的情况下赎回其股份,在有限公司拒绝购买其股份时将其股份出售给新股东的权利。(5)优先股股东无权选举有限公司的董事。

6. 有限公司股权证明。有限公司注册后 30 日内,董事会应向股东发放股权证明。每份股权证明上都应有董事签名和有限公司签印。有限公司的股权证明有两种类型:记名的股权证明和无记名股权证明。(1)记名的股权证明。登记在册的股权证明应包含如下事项:股权证明编号;有限公司名称;股东姓名;股东所持有的股份数量;每股股价;未认缴股份的价值和认缴时间表;董事的签名和有限公司的签印。有限公司的董事只能持有登记在册的股权证明。(2)无记名的股权证明。无记名股权证明是可兑换票据,只有在下属条件下才可以发放:第一,该股份被全额认缴。第二,公司章程明确确定了公司发放无记名股权证明的权利。除了有关股东姓名和未认缴股份的价值的内容外,无记名股权证明的内容与登记在册的股权证明相同。

7. 股份转让。有限公司的无记名股权证明可以通过一方将股权证明交付给另一方而转让。无记名股权证明只有在符合下列条件的情况下才能转让:(1)该转让符合有限公司章程关于股份转让的规定。(2)该转让不违反有关股份转让的法律规定。(3)该股权证明之转让应按照法定程序进行。(4)该转让需通过书面形式,由转让人和被转让人签名,并由至少一名见证人签名,并写明转让股权证明的编号。(5)该股权转让进行了登记。

(三)有限公司的增资和减资

1. 增资。有限公司可以通过增加股份数量或增加每股股份价值的方式增加其注册资本。增资应通过股东会议的特别决议决定。

2. 减资。有限公司可以通过减少股份数量或减少每股股份价值的方式减少其注册资本。减资应符合下述条件:(1)减资后的股价应不低于 2000 基普。(2)减资后的资本不少于注册资本的一半,且不能少于相关权威部门确定的资本额。(3)减资只能通过股东大会的特别决议来决定。(4)有限公司的债权人对减资不反对。

(四)有限公司的董事和董事会

1. 董事。董事是有限公司的代表。董事、有限公司和第三方之间的关系应该以相关法律法规为基础和依据。有限公司的董事没有工资,而是按照股东会议决定的比例和数额收取年金和每次会议的酬金。除非有其他规定的,董事既可以由股东担任,也可以有股东以外的人担任。董事的所有行为必须遵守公司章程所确定的权力和责任范围,且应接受股东大会的监督。

有限公司可以根据需要安排数名董事。在拥有数名董事的情况下,被授权可以代表有限公司与第三方签订合同的董事,称为“董事负责人”(general director)。如果董事会主席被选为董事负责人的,他应被称为“董事长”(president of the board)。

2. 董事会。有限公司的董事超过 2 名以上的可以成立董事会。有限公司的资产超过 500 亿基普的,应当拥有董事会并指定监事。

有限公司的董事会按照公司章程规定的原则和程序完成任务。如果公司章程未确定原则和程序的,有限公司董事会应按照《老挝企业法》第 131 ~ 134 条的规定进行活动。有限公司的董事会应有一个董事长,副董事长可有可无。

有限公司的董事会有如下权利和义务:(1)作为中心协调机构行为,监督各董事的工作。(2)在股东大会未召开时任命有职位空缺的董事。(3)确定有限公司的经营管理计划以提交股东会议批准。(4)根据公司章程确定的其他权利和义务。

(五)有限公司的股东大会

有限公司的股东大会是其最高组织机构。股东大会有两种类型:普通会议和特别会议。普通会议至少一年举行一次,会议召开时间应在有限公司章程中规定。普通会议拥有如下权利和责任:(1)批准有限公司的章程和成立契约。(2)选举的董事或董事会。(3)选举监事。(4)决定年金、会议津贴或董事酬金。(5)决定管理人员薪水、监事费用和公司其他雇员的工资。(6)批准有限公司的商业报告、应收账款、费用和商业计划。(7)批准分红方案。

(8)其他必要权利和责任。

特别会议在必要的时候召开,如审计人员的职位出现空缺的时候。在下列情况下,可以召开特别会议:(1)超过一半的董事同意召开股东大会的。(2)股东提起诉讼,法院命令召集会议的。(3)代表总认缴股份20%以上的股东提出召开要求的。

(六)有限公司的财务管理

1.分红。除非有其他规定,有限公司的分红按照比例原则分配给每一股认缴股份。分配分红需要事先得到股东会议的认可。如果有限公司持续多年亏损的,不得分配红利。

2.准备金。有限公司有两种类型的准备金:法定准备金和其他准备金。

法定准备金是确保避免风险的基金,有限公司应每年从扣除其累计亏损后的净利润中抽取10%作为法定准备金。当准备金达到注册资本一半的时候,有限公司可以暂停抽取利润,除非公司章程有其他规定。除法律有其他规定外,法定准备金只能用于弥补有限公司的亏损。

其他准备金可以通过股东会议确定。只有在股东会议批准的情况下,其他准备金才能用于弥补公司的亏损。

(七)有限公司的合并和解散

1.有限公司的合并。有限公司可以与其他公司合并,合并后可以继续是原公司,或者成立一个新公司。

2.有限公司的解散。有限公司可以通过两种方式解散:根据法律的规定和根据法院的命令。

在以下情况下,有限公司可以根据法律的规定解散:(1)根据公司章程解散。(2)有限公司股东会议通过解散决议。(3)有限公司破产。(4)《老挝企业法》规定的其他情况。

任何董事或股东都可以因下述理由向法院起诉解散有限公司:(1)违反《老挝企业法》规定的成立规定或程序的。(2)违反有限公司成立契约或公司章程的。(3)有限公司持续亏损且无法解决的。(4)公司因不可抗力无法继续其经营的。(5)除了《老挝企业法》第85条规定的情形外,公司只留下1名股东或不超过30名股东。

(八)一人有限公司

一人有限公司可以按照下述程序成立:(1)以一人有限公司的名义全额认缴股份。(2)起草一人有限公司的公司章程。(3)进行企业注册。

如果一人有限公司拥有超过1名股东的,应该更名为“有限公司”并遵守有限公司的相关法律规定。

三、上市公司

(一)上市公司的一般原则

1. 有关上市公司股东人数的一般原则。上市公司至少应有9名发起人,且应当在企业注册之日起雇用监事。上市公司股东少于9人的,应当按照《老挝企业法》的有关规定进入解散和清算程序。

2. 上市公司的发起人。上市公司的发起人可以是自然人也可以是法人,同时需要具备下述条件:(1)有法律能力。(2)非处在限制经营行为时期的破产者。(3)未犯有侵占或挪用资产之罪。(4)联合持有股份占总注册资本超过10%。

3. 上市公司成立会议的召集。

上市公司的成立会议应当在其成立契约通知到企业注册官员且其股份得到全额认缴后90日内召开成立会议。若不能按照上述期限如期举行的,上市公司应该在作出推迟决定后10天内通知相应的企业注册官员。上市公司应当在通知企业注册官员后30日内召开会议,若无法召开的,则成立契约终止,发起人应将所有认缴的股份资金归还认购者。

上市公司的成立会议应该在其总部所在地区或省份召开,至少有2/3的发起人和占总股份2/3以上的认购者出席会议。

(二)上市公司的股份和公司债券

1. 股份和股份认缴。上市公司的一股股份不应超过10万基普。上市公司的股东应当在其成立时全额认缴股份,既可以实物支付也可以现金支付。

2. 股权证明。上市公司的股权证明应包括下述事项:(1)股权证书的编号。(2)上市公司企业注册证书的名称和参考号码。(3)股东的姓名和国籍。(4)每个股东所持有的股份数。(5)每股股价。(6)股权证明的发放日期。(7)授权董事的签名和上市公司的签印。

3. 股份转让。上市公司的股份可以转让给其他股东或第三人。在转让人通过在股权证明上背书指示被转让人姓名,双方均在其上签名,转让人将股权证明交付给被转让人之后,股份转让完成。

对于上市公司而言,自其收到注册该转让的请求之后,该转让即发生效力;对于第三人来说,当上市公司注册该转让后,该转让发生效力。上市公司收到请求后,认定该转让合适的,应当自收到该请求之日起 5 个工作日内注册该股份转让。

4. 公司债券。上市公司可以通过向公众发行债券的方式筹集资金。有关债券的发行和给付应遵照法律的相关规定进行。

(三)上市公司的合并

上市公司可以与其他公司合并,合并后的公司可以继续是原公司,也可以成立新的公司。如果上市公司的股东反对该合并的,上市公司应当按照当时的股票或证券交易价格购买该反对股东所持有的股份。

上市公司的合并应自所有参与合并的公司通过合并决议后 150 天内完成,并应当自合并完成后 10 个工作日内完成企业注册。

四、国有公司

(一)国有公司的一般原则和成立

1. 有关国有公司的一般原则。国有公司首先是由国家提供 100% 的资本形成的,在其注册后,可以根据政府的授权将其部分股份出售给其他股东,但最大额度不得超过总股份的 50% 。换言之,就是国有公司最多可向其他股东出售 49% 的股份。

国有公司可以持有其他公司的股份，或者成为其他合伙企业的合伙人。

2. 国有公司成立合同。国有公司的成立基于财政部门和相关部门的合同，属于财政部门的国有公司除外。国有公司成立合同的内容应严格遵守《老挝企业法》的有关规定。

3. 国有公司成立程序。国有公司应按照下列程序成立：(1)相关部门协同财政部门决定并在成立目标、经营类型和总资本及资本划分、转让份额问题上达成一致。(2)如果国有公司是中央一级的，向总理提交公司成立申请及经济技术可行性研究；如果国有公司是省一级的，向省长或市长提交公司成立申请及经济技术可行性研究。(3)获取总理或者省长或市长的批准后，相关部门和财政部门应当选择合适人选担任董事。(4)召集国有公司的成立会议，由相关部门、财政部门的代理人及所有被任命的董事参加，宣布国有公司的成立，向董事布置任务以运转公司。(5)在存在董事会的情况下，召集董事会会议。(6)董事应当自股份全部认缴之日起30天内进行企业注册。

4. 国有公司成立会议的责任。国有公司成立会议有如下主要责任有：(1)批准国有公司的章程。(2)宣布国有公司的正式成立。(3)公布最初制定的董事会成员的姓名。(4)公布审计人员并确定他们的酬金。(5)正式向董事或董事会布置任务。

国有公司的成立会议由相关部门或者财政部门的代理人主持。

5. 国有公司章程。国有公司章程应包含有《老挝企业法》第82条规定的事项，除此之外，还应当包含如下事项：(1)有关国有公司权利和企业注册时转让股份的壁垒的条款。(2)对其他股东的红利分配，如果有的话。(3)国家有关商业经营的利润或损失的政策或措施。

对于中央一级的国有公司，公司章程应由财政部长签署；对于省一级的国有公司，公司章程由省长或市长签署。

6. 初始董事会会议。初始董事会会议应当在国有公司成立会议闭幕后10天内举行。第一次董事会议有如下责任：(1)选举董事会主席。如果有必要的话，可以选举董事会副主席。(2)向每一位董事布置任务。初始董事会的决议只有在超过半数的董事通过后才能发生效力。

(二)国有公司的股份和公司债券

1.股份。国有公司的股份通过将资本划分为等价股份份额而获得。国有公司的每一股份不能超过10万基普。

2.股权证明。国有公司的股权证明应载明如下内容:(1)股权证明编号。(2)国有公司企业注册证书的名称和指导号码。(3)持股部门的名称。(4)股份数额。(5)每股股价。(6)股权证明发放日期。(7)董事的签名和国有公司的签印。

国有公司自注册之日起30日内应向相关部门或财政部门发放股权证明以作为所有权证明。

3.股份转让。政府允许转让给其他股东的股份可以转让,无须政府的再次批准。超过《老挝企业法》第191条规定的转让比例进行股份转让的,该转让无效。实施该转让的人构成违法。

4.公司债券。国有公司可以通过向公众发行和提供债券的方式筹集资金。该债券发行应符合如下条件:(1)经过政府的授权。(2)符合有关股份交易之相关法律规定的程序和规制。

第五章 菲律宾公司法律制度概述

第一节 菲律宾公司的特征和分类

菲律宾共和国是东盟的重要成员国之一。自 1946 年独立以来,菲律宾的经济得到较快发展,在 20 世纪 80 年代初已被列为“中等收入国家”,其经济发展水平在东南亚国家中处于较为领先的位置。此后,受国内政局不稳定和西方经济衰退的影响,经济发展状况不容乐观,甚至还出现停滞、倒退的现象。随着国内政治局势的逐步稳定和全球经济的复苏,菲律宾的经济得到了恢复和发展。与此同时,法律制度也得到进一步完善。通过吸收借鉴大陆法系和英美法系的制度,建立了相对完备的法律制度体系,其中包括菲律宾公司法律制度。菲律宾于 1980 年 5 月 1 日颁布实施了《菲律宾共和国公司法典》(以下简称《菲律宾公司法》),规定公司有关的法律制度,是菲律宾公司法最主要的制定法渊源。除此之外,菲律宾的《破产法》《1987 年综合投资法典》《证券规制法典》《1998 年金融公司法》等法典、单行法或其他法律,也是菲律宾公司法律制度的渊源。

一、公司的特征

(一)菲律宾公司法的主要渊源

如前所述,菲律宾公司法最主要的制定法渊源是《菲律宾公司法》。该法典深受英美法系的影响,以美国的《标准商事公司法》为立法蓝本,同时借鉴美国纽约、特拉华、加利福尼亚等州的公司立法的先进经验,结合该国的国情进行了很多制度创新。例如,85%的菲律宾国民是天主教徒,此外,还有许多信奉其他宗教的国民,因此,《菲律宾公司法》将宗教性法人纳入其调整的范围并用专章进行规制,这一点可以说是该法典的最大特色。该法典还将商业机制理念的变化融入其中,同时又把公司法的原则用于商业机制、理念的变更中,从而有效地保障市场经济最重要的主体之一——公司的健康、快速、稳定的发展。

(二)菲律宾法律中公司的概念与特征

根据《菲律宾公司法》第2条的规定,公司是指"根据法律创立的有继承权和法律明确授权或伴随其存在的能力、特征、财产的虚拟人"。由此可知,菲律宾法律中公司具有以下特征:(1)公司是法律拟制的人,有虚拟的人格。公司的法律人格,异于自然人,可以占有、取得财产,能以自己的名义从事民商事活动,享有民事权利,独立承担民事责任。但是,此权利义务的范围与自然人不同,法人不享有一些属于自然人的权利义务。(2)公司是根据法律创制的。(3)公司享有基于其存在而享有的或法律明确授予的继承权、属性、权利和财产。

二、公司的分类

根据《菲律宾公司法》第3条的规定,公司分为股份公司与非股份公司。股份公司是指公司的资本应被分为股份,股东以其持有股份之多少分取红利的公司。股份公司以外的其他公司为非股份公司,即依公司法设立,但不把公司的股益作为红利分配给其高级职员、理事、成员的公司。当然,在学理上,根据不同的标准,公司还可以作以下分类:(1)以公司的国籍为标准,可将公司分为本国公司和外国公司。[①] (2)按公司从属关系的不同,可将公司分为母公司和子公司。[②] (3)以公司的管辖关系为标准,可将公司分为本公司和分公司。(4)按公司组成人数的不同,可将公司分为一人投资公司与多人合资公司。(5)以公司成立的不同目的为标准,可将公司分为世俗性公司和宗教公司。[③] (6)以公司与政府的不同关系为标准,可将公司分为私营公用事业公众公司[④]、私人公司[⑤]和分公司。[⑥]

第二节　菲律宾公司法律制度的体系及结构

通过前面的论述可知,在菲律宾现行法中,是以《菲律宾公司法》为龙头,加上陆续颁行的有关公司的商事立法,如《菲律宾破产法》《1998 年菲律宾金融公司法》中关于公司的有关规定,以及上述法律的实施细则,共同构成菲律宾公司法的体系。下面,笔者将从《菲律宾公司法》入手,以其篇章结构和内容为切入点作进一步的分析。

《菲律宾公司法》分 16 章,共计 149 个条文。第一章为公司法总论;第二章为私人公司的设立,内容涉及公司的设立条件,存续期间,公司的设立章程等;第三章为董事会,包括董事会、公司高级职员的选举、任职、罢免及其义务等内容;第四章为公司的权利,包括公司的权利和能力;第五章为公司章程细则,内容涉及细则的制定、内容与修改;第六章为公司的会议,重点规范了各种类会议的召开方式与表决方式;第七章为股票和股东;第八章为公司账册和公司记录;第九章为合并与联合,内容涉及合并与联合的条件、方案、生效

① 有关外国公司的内容,参见《菲律宾公司法》第 123 ~ 131 条。
② 有关母公司与子公司的内容,参见《菲律宾公司法》第 76 ~ 80 条。
③ 有关宗教公司的内容,可参见《菲律宾公司法》第 109 ~ 116 条。
④ 如《菲律宾公司法》第 17 条对此有规定。
⑤ 如《菲律宾公司法》第二章主要介绍私人公司的成立。
⑥ 如《菲律宾公司法》第 88 条对此有规定。

方式及其法律效果;第十章为评估权,规范了行使评估权的条件、方式及其法律后果;第十一章为非股份公司,涉及非股份公司的公司成员、理事、高级职员、资产分配,与股份公司相对应;第十二章为闭合公司,是股份公司的一种特殊形式;第十三章为特别公司,重点规范了几种常见的特殊公司;第十四章为解散,内容涉及公司解散的方式及其法律后果;第十五章为外国公司,规范外国公司在菲律宾的经营活动;第十六章为其他规定,作为《菲律宾公司法》的兜底条款和补充性规定。

因此,概括来讲,菲律宾公司法体系主要包括两个部分:第一部分为公司的原则性、一般性规定,内容包括公司的概念与特征、公司人格、公司治理、股票和股东、公司的变更与终止等规定。第二部分是有关特殊形式的公司的特别规定,包括非股份公司、闭合公司、外国公司、特殊公司的相关规定等。

第三节 菲律宾公司法律制度的主要内容

一、公司设立

公司设立,是指公司的设立人按照法律规定的程序和条件,为促成公司成立并取得法人资格的一系列法律行为的总称。

(一)公司设立的条件

1. 公司创办人的人数与资格。公司创办人在 5 ~ 15 人,应达到法定年龄,其中过半数须为自然人,且是菲律宾公民,创办人可以基于任何合法的目的创办私人公司。对于股份公司的创办人而言,他至少应该拥有或认购股本总额中的一份股票。

2. 公司的存续期间。一个公司的存在期间自成立之日起一般不超过 50 年,除非存续期间被延长。公司可以在到期日之前的 5 年内通过修改设立章程延展期限,除非有证券交易委员会认可的正常理由,一般不能提早延长,每次延期不超过 50 年。

3. 股份公司的最低资本限额。除非特别法对此有要求,《菲律宾公司法》并未规定最低法定资本额。

4. 公司成立应认购及实际支付的股份额。在公司成立时,应至少认购公司设立章程中核准资本额25%的股本。此外,认购的总额中,至少25%的份额在认购时应被实际支付,并且实缴资本额不能低于5000比索。

5. 公司设立章程的内容。依据《菲律宾公司法》成立的公司都应制订公司设立章程并提交给证券交易委员会。公司设立章程是公司必备的,规定其名称、宗旨、资本,规范公司组建活动等对内对外事务的基本法律文件,该章程应使用官方语言,并由所有发起人签名和承认。

一般而言,公司设立章程包括以下内容:

(1)公司名称。(2)公司成立的目的。需要注意的是非股份公司的成立目的,不能具有改变其自身性质或与其性质相抵触的内容。(3)须在菲律宾境内的公司总部所在地。(4)公司的存续时间。(5)创办人的基本情况,包括姓名、住所、国籍。(6)董事的人数,应在5～15人。(7)在董事被选举和任命前代理理事的基本情况,包括姓名、国籍、住所。(8)如果是股份公司,则应记载核准的股本金额,股票数额,若股票为有票面金额股,还应记载股票票面金额,初始认股人的基本情况及认购数额。若股票中包含有或全部是无票面金额股的,则应记载这一事实。(9)如果是非股份公司,则应记载资本数额,设立人的基本情况及其出资。(10)其他事项。

6. 公司设立章程的修改。公司的设立章程,经过过半数董事会成员赞成并且有至少2/3认购股票额的股东赞成或书面同意,不损害投反对票股东的评估权的前提下,可以得到修改。对于非股份公司,其设立章程在得到2/3以上公司成员投票或书面同意的情况下可以得到修改。公司的设立章程变更应提交给证券交易委员会,该委员会的批准是设立章程变更的生效要件。

7. 公司设立章程或其修正案不被通过的原因。当出现以下情况时,证券交易委员会将不予批准公司的设立章程或其修正案:(1)不符合《菲律宾公司法》规定的章程形式。(2)公司成立的目的违反宪法、法律、政府章程及社会道德。(3)财务报告涉及的认购、实缴资本额是虚假的。(4)菲律宾公民拥有的股本额比例不合法。

当出现以上情形时,证券交易委员会应给创办人一段合理的时间让其对章程中不符合规定的地方进行修改。若修改后的设立章程或其修正案仍不符合菲律宾法律要求的内容或形式,证券交易委员会可以不予批准。此外,证券交易委员会不负责由特别法规制的法人设立章程及其修正案的相关事宜,除非附有相关的政府部门出具的认可推荐书。⑦

8. 公司的名称。一个公司应有一个名称。当提出的公司名称具有以下情形时,证券交易委员会将不予认可:(1)与现有的公司的名称或其他受法律保护的名称相同或相似。(2)公司名称本身具有迷惑性、欺诈性或违法性。

(二)公司成立的时间

私人公司从证券交易委员会向其颁发已盖章的公司登记证之日起成立,公司便具有相应的法律人格,享有公司的权利和能力。可见,《菲律宾公司法》对公司的设立采取准则主义,不是核准主义,即只需证券交易委员会的登记,不需要审批。公司应自其成立之日起 2 年内组织开展经营,否则公司的权利将终止,公司视为被解散。

二、公司章程细则

(一)章程细则的制定

公司成立后,为进一步规范公司的组织机构、管理制度及公司活动的基本准则,需制定公司章程细则,自公司成立之日起一个月内完成。章程细则需经股份公司过半数代表公司已发行股的股东,非股份公司过半数公司成员的赞成通过。公司章程经所有赞成通过的股东或公司成员签名后被放置在公司主营业地以备查阅。章程细则的复本附带最初制定的公司设立章程应被提交给证券交易委员会。章程细则也可以在公司成立前制定,但须经全体创办人同意并签名。

---

⑦ 认可推荐书由相关的政府部门出具的,大体内容是由特别法规制的法人设立章程或修正案符合法律的规定。

章程细则自证券交易委员会颁发确认证书时发生效力。

(二)章程细则的内容

章程细则一般规定下列事项:(1)召集、召开董事定期会议或特别会议的时间、地点、方式。(2)召集、召开股东或公司成员常规会议、特别会议的时间、地点、方式、法定人数、表决方式、代理投票的形式及选举方式。(3)董事、高级职员、雇员的任职、资格、责任和报酬。(4)董事年度选举的时间、选举通知的方式。(5)董事以外高级职员的选举方式及其任期。(6)违反章程细则的惩戒方式。(7)股份公司股票的发行方式。(8)其他事项。

(三)章程细则的修改

章程细则生效后应保持其内容的相对稳定。若因情况变化,需要变更章程细则,需过半数董事会成员和股东,或在非股份公司里过半数公司成员在常规会议或专门为此召开的特别会议上通过即可修改、撤销或重新制定章程细则。单独或合计持股2/3的股东或非股份公司2/3的公司成员可把修改公司章程细则的权利授予董事会。

三、公司的能力

公司的能力指公司享有权利、承担义务并以自己的意思取得权利履行义务的资格和能力,它是公司主体资格在法律上的体现,是由法律赋予的。具体而言,《菲律宾公司法》规定的公司能力主要有:(1)公司具有诉讼主体资格,能以公司名义进行起诉、应诉。(2)在章程规定的时间内持续使用公司名称。(3)使用公司印章。(4)依法修改公司设立章程。(5)依法适用、修改、撤销章程细则。(6)股份公司可发行、出售股票,非股份公司接纳新成员。(7)依法处分公司的动产和不动产,包括其所拥有的其他公司的债权。(8)合并或联合。(9)可基于公共福利或相似之目的进行捐赠,但不得以捐赠为名义资助任何政治活动。(10)改善职工待遇的活动。(11)在过半数董事会成员以及股份公司单独或合计持股2/3以上的股东或非股份公司2/3以上成员同意的基础上,公司可以延长或缩短其存续期间。(12)过半数董事会成员同意,以及在专门为此召开的会议上,股份公司单独或合计持股2/3以上的股东或非股份公司2/3以上成员赞成的前提下,公司可以增加或减少资本、增加债权债务,可以向其他公司、企业甚至基于是为公司组建目的以外的任何合法目的进行投资。若公司投资有利于实现公司设立章程里的主要目的,股东或公司成员的同意不是公司投资的必要条件。(13)当因法律要求赠与股份,基于公众持有最低限额股权而发行股票等特殊情况下,公司可以否认股东的优先购买权。(14)股份公司可以在购买本公司的拖欠股、偿付异议股东所持之股份等特殊情况下,获得自有股份,通过公司的非限制性保留收益实现。(15)公司可以通过订立管理契约(又名服务契约、经营协议等),将公司的大部分或全部业务委托给另一公司经营或管理。在专门为此召开的特别会议上,管理与被管理公司的董事会均同意,并且股份公司持股过半数的股东或非股份公司过半数成员同意,双方即可订立该契约。此类契约的有效期不超过5年,法律另有规定的除外。(16)依《菲律宾公司法》成立的公司不享有依特别法成立的公司所享有的该法规定以外的权利。

四、公司管理

公司作为一种法人组织体,不具有自然人那样的生理机能,自身无法表达思想和实施行为。因此,公司的治理须依赖于公司组织机构,并通过它来享有权利和承担义务。菲律宾的公司法律制度对维持公司正常有效运转的组织机构、会议、管理活动等进行了详细的规定。

(一)公司董事会

1. 董事会的任职资格。每位董事至少拥有他的任职公司之公司股票的一份股份,非股份公司的董事则要求其为公司成员。此外,公司的过半数董事须是菲律宾公民。如果具有下列情形之一者,不得担任公司董事:(1)实施犯罪行为终审判处6年以上有期徒刑的。(2)在被选之日或被任命前5年内违反《菲律宾公司法》者。特别法对此有不同规定的从其规定。

2. 董事的选举与任期。董事选举会议应有持股过半数的股东或非股份公司过半数成员的出席方可举行。股东或公司成员既可以亲自也可以通过书面委托代理人参加选举。若股东或成员要求采取无记名投票方式进行选举,则董事选举应采用此方式。按董事会成员的人数要求,获得最高票数者依次当选。

董事选举完成后,董事会成员应立即选举出一名董事长、财务总管、公司秘书和章程细则规定的高级职员。在此选举结束后的30天内,应向证券交易委员会提交包括董事在内的高级职员的姓名、籍贯和住所。若上述人员在任职期内基于死亡、辞职等原因不能继续履行职责,其本人、继承人或公司秘书应马上向证券交易委员会报告。

董事的任期每届为1年。若基于罢免、任期届满之外的原因导致董事会成员出现空缺,则董事会符合法定人数要求,可由剩余董事过半数通过选举填补空缺。若董事会达不到法定人数,应由股东或公司成员专门为此召开的常规或特别会议上进行选举填补空缺。

3. 董事会的职权。董事会是公司的最高决策机构、管理机构,公司的所有权利,业务经营以及财产由其控制,不过董事会在行使权利时,不能逾越公司授予的权限范围。

4. 董事会的义务与责任。董事会有以下义务:(1)忠实义务。董事应认真正当行使职权,应在法律章程的授权范围内从事活动,不能越权。在履行职责时,应从公司的最大利益出发,不能为了一己私利损害公司利益。(2)谨慎义务。董事应谨慎、勤勉地履行职责。如果没有尽到合理的谨慎义务,在行使职权的过程中出现故意、重大过失,恶意造成公司他人之利益受损的行为,董事应对公司、他人承担责任。

5. 董事会的议事规则。董事会会议应有过半数董事出席方可举行。若章程或章程细则有更高人数要求,从其规定。董事会会议应由董事本人出席,不能委托他人代为出席或投票。董事会作出决议必须经全体董事的过半数通过。

6. 董事的罢免。根据股份公司单独或合计持股过半数的股东的书面要求,非股份公司有投票权的过半数成员的书面要求,秘书按照董事长命令,在公司常规会议或专门为罢免召开的特别会议上,经股份公司单独或合计持股的2/3以上股东或非股份公司2/3以上成员的投票，即可罢免公司的董事。

（二）会议

1. 会议的种类。董事会、股东或成员会议分为常规会议和特别会议。

2. 股东或成员的常规与特别会议。股东或成员的常规会议按章程细则的规定按时召开。若没有规定日期，由董事会决定在每年的4月择期召开。常规会议应当于会议召开2周前通知各股东或成员。特别会议应在章程细则规定的或认为有必要的任何时间里召开，并应当于会议召开1周前通知各股东或成员，章程细则另有不同期限的规定除外。上述两种会议的通知必须用书面形式，其中应记载会议的时间和地点。此地点应是公司主营业地所在的市或自治市。根据《菲律宾公司法》的立法意图，大马尼拉应被视为符合此处所提地点之要求。

任一股东或成员都可以明示或暗示的方式放弃参加会议的权利。

股东或成员会议应有过半数持股股东或成员出席方可举行。若会议的召集程序不适当，并不必然导致公司决议无效。

3. 董事的常规会议与特别会议。董事的常规会议每月一次。特别会议根据章程细则的规定或董事会主席召集的任何时间召开。召开董事会会议，应将会议日期、时间、地点等会议相关事宜于会议召开前1天通知各董事，章程细则另有不同规定除外。此处的地点可以是菲律宾境内、境外的任何地点。董事可以放弃参加会议的权利，通过明示或暗示的方式为之。

4. 出质人、抵押人、遗产管理人、共有股份的投票权。股东可以将所持股份进行质押、抵押。出质人、抵押人并不因此丧失股东会议的参加权与投票权。若将该权利以书面形式明确让与质权人、抵押权人的除外。

遗产管理人、遗嘱执行人、破产管理人可以当然代表股东或成员参加会议并投票。该权利的行使不需要任何书面的委托。

若股份为股东共同共有，全体共有人须协商一致才能行使股东的投票权。除非全体共有人书面委托其中的一人、数人或他人以其所持股份进行投票。

5. 投票代理。股东或成员的投票权既可以自己亲自行使，也可以书面形式委托他人代为行使。授权委托书应由股东或成员签字并在会议召开前交给公司秘书。委托书的有效期不超过5年,仅对约定的代理投票的会议有效。

五、股票与股东

股份是股份公司股东的出资,是公司资本最基本的构成单位。公司的股份采取股票的形式。股票由董事长或副董事长签名,公司秘书会签并加盖公司印章后发行,是公司签发的证明股东所持股份的凭证。

(一)股份的分类

一般而言,股份公司发行的普通股每股代表的权利义务与其他股完全相等,除非公司章程另有规定。公司可以通过章程的特别规定或在股票上作特殊的记载发行以下几种特殊的股票:

1. 优先股。优先股股东拥有分派公司股息、清算时分派公司财产的优先权,以及章程中记载的其他优先权利。不过优先股的发行须征得证券交易委员会的批准。此外,优先股的表决权可以受到限制。

2. 可赎回股。可赎回股可在股票的承销期满后,在不考虑公司账册上记载的非限制性保留收益时被公司接受或购回,也可以依章程中规定的其他方式为之。不过,可赎回股的表决权可以受到限制。

3. 无票面金额股。无票面金额股每股的对价不应少于5比索,其对价应被足额支付,并且不需要被评估。公司因发行此类股而获得的相应报酬不能作为公司股息被分派,而应作为公司股本留存。

4. 无表决权股。公司章程可以规定无表决权股的相关事宜,此类股票对公司一般事项的决议行使表决权,但对公司特别决议无表决权。

5. 公司创办人股。公司创办人股的股东可以享有其他股东所不享有的一些特权,如在董事选举时享有特殊的选举权与被选举权。不过这些特殊权利的赋予应经证券交易委员会的批准,有效期不超过5年。

6. 库藏权。库藏权是指发行时已被认购,对价已被足额支付,事后又被该发行公司以赎回、购买、接受捐赠或其他合法的方式重新获取的一种股票。

(二)股票的发行与认购

1. 股票应溢价发行或等价发行,但不允许以低于股票票面的价格或发行价格的股票对价发行。菲律宾公司法规定可以下列方式支付发行股票的对价:①现金。②有形或无形的财产,此类财产经公证评估的价值须等于发行股票的发行价或面值,并能为公司充分有效地利用。③劳务或服务。④公司以前产生的债务。⑤从非限制性保留收益里转移至设定资本中的数额。⑥通过转换或重新分类的方式转换成股票的已发行股份。⑦经证券交易委员会许可的无形资产,如专利权、著作权。

2. 为获得正在组建的公司或已成立的公司所欲发行的股票而订立的契约为认购契约。若与正在组建的公司订立了认购契约,从认购之日起最少 6 个月内,该认购是不可撤销的,除非该公司未成立或其他所有的认购者都同意这一撤销。不过,如果已把设立章程提交给证券交易委员会,公司成立前的认购都不可撤销。

(三)股票的转让

股票的转让可以通过背书实现。转让股票时,需将交易的双方当事人、转让的股票号码、股份数、日期记录在公司账册上,否则该转让不具有对抗第三人的效力。

(四)董事对渗水股所负的责任

若董事或高级职员同意股票以低于股票票面价格或发行价格的对价发行的,或以法律允许的非现金的方式支付股票对价,其评估价值高于其实际价值而发行股票的,或其本人已知晓这些情况,但都没有马上将反对意见通过书面形式反映给公司秘书。他们应就因股票发行所获直接价值与股票面额或发行价值的差额向公司的债权人和相关股东负责。

若股票认购人未足额付清股票的对价,他应就尚未支付的认购额向公司支付利息,按章程细则规定的利率或发行利率⑧从认购之日起计算。

---

⑧ 如果公司的章程细则未规定未支付的认购额的利率,则适用法定利率。

(五)股票的丢失或损毁

若股票被盗、遗失或灭失,可以通过发行新股票予以替换,程序如下:(1)提交一式三份由股票的记名拥有人或其法定代表人正式宣誓的作证书给公司。如果有可能,作证书应尽量列明有关股票的必要信息和证据,如股票的顺序号码、其所代表的股票数。发行公司如何被盗、遗失或灭失。(2)通过公司账册核对作证书及股票的相关信息后由公司在报纸上[9]发布关于此事件的通知公告,催告利害关系人申报权利,公告时间为三周,每周一次。公告的费用由股票记名拥有人支付。股票的利害关系人可在公告之日起1年内就该股票提出异议。若异议期内无人提出异议,公司应注销已被盗、遗失或灭失的股票,并发行新股票取代它们。如果股票的记名持有人按要求提供相应担保,公司可在1年的公告期满前发行新股票。如果公司在公告期内接到异议或关于上述股票的诉讼尚未完结,则该替代之新股的发行工作应暂停,待法院就上述股票所有权的诉讼作出最终裁判后再重新启动。

六、公司的变更与终止

公司的变更包括公司的合并与联合,公司资本的增减。本节将重点阐述公司的合并与联合。公司的终止包括公司的解散与清算。

(一)公司的合并与联合

1. 概述。公司的合并指两个或两个以上的公司合并到一个公司作为它的子公司。公司的联合指两个或两个以上的公司合并组合成一个新公司,合并各方终止。公司进行合并与联合须制订方案,内容一般为:(1)合并后的子公司或联合公司的名称。(2)合并或联合的条件和生效的方式。(3)因合并或联合导致公司设立章程或章程细则有变更,对变更进行说明和列明。(4)有必要记载的其他事项。

2. 合并或联合的条件。第一,合并或联合方案应得到每个子公司董事会的过半数通过。第二,在专门为此召开的特别会议上,若方案获得至少2/3的

---

⑨ 报纸必须是在公司总部所在地出版的有普遍发行量的报纸。

股东或至少2/3的公司成员赞成,则被通过。第三,方案通过后,制定合并或联合公司的设立章程。设立章程经每个子公司的董事长签名[10]、公司秘书验证[11]后,需以一式四份的方式提交给证券交易委员会。如果是依特别法成立并受其规制的特别公司的合并或联合,还需获得相关政府部门的认可推荐书。第四,证券交易委员会的批准并颁发合并或联合证书时,公司的合并或联合正式生效。

3. 合并或联合的法律效果。(1)公司合并后其子公司继续存在,公司联合后,联合前的各子公司将终止。(2)合并后的公司或联合公司将享有依《菲律宾公司法》成立的公司所拥有的一切权利和义务,同时承继合并或联合前各子公司的债权、债务。

(二)股东的评估权

股东的评估权,是指股东可以依法对公司的某些重大决议或行为投反对票,请求公司按照合理的价格收购其股权的权利。

1. 行使评估权的情形。股东在下列情形下享有评估权:(1)因公司设立章程的修改导致股东的权利或股票的等级发生了改变或受到限制,或者使公司的存续期缩短或延长。(2)对公司的资产进行处分。(3)公司合并或联合。

2. 评估权的行使。对上述提议的公司行为投反对票的股东可以行使评估权。对股东的股份支付合理报酬的提议被通过后30日内,股东可以向公司书面请求行使他的评估权。若未在此期限内提出书面请求,意味着股东放弃了该权利。假若提议的公司行为已生效或被实施,公司应在提议被通过之前,按股票当时的实际价值向股东支付合理报酬,评估权人则应交出其所持有的股份。若提议的公司行为被通过后的60日内,投反对票的股东没能和公司就股份的合理报酬达成一致的,应由3个无利害关系人对股票的合理报酬进行评估。此3人分别由股东和公司各指定一名,另一名由双方共同指定。最后3人中的多数意见为评估的最终结论。

---

⑩ 这里的签名可以是董事长或副董事长的签名。

⑪ 这里的验证可以是公司秘书或秘书助理的验证。

3. 请求的法律后果和评估权的终止。从股东请求公司支付股份的合理报酬时起到提议的公司行为被终止或公司收购其股票时止，要求退股的股东的所有权利包括投票权和股利请求权都将中止，股东就评估的股票接受合理报酬的权利除外。

股东请求支付的行为一经作出，不得撤回，若公司同意撤回，或者提议的公司行为被撤销、放弃，或被证券交易委员会否决，或者证券交易委员会认为该股东无评估权的，股东的退股要求将停止，其股东资格和股东权利将得到恢复。

（三）公司的解散与清算

公司解散，指基于章程规定或法律规定的解散事由而终止公司业务活动，最终失去公司法人资格，并对公司财产进行清算的法律行为。公司解散意味着公司经营期限到期和经营权的消失。

1. 公司解散的分类。公司解散的方式有两种：自愿解散与非自愿解散。（1）自愿解散。自愿解散可分为不影响债权人权益的解散和影响债权人权益的解散。公司的自愿解散需经过董事会的过半数同意，以及股东大会至少2/3的持股股东或公司成员会议上至少2/3的公司成员通过这一决议。（2）非自愿解散。公司被控告后，经依法适当通知和听证后，可被证券交易委员会解散。

2. 公司解散的事由。（1）公司章程规定的公司经营期限届满或其他解散事由出现。（2）股东或成员大会决议解散公司。（3）因公司合并而需要解散公司。

假若公司的解散没有侵害其债权人的合法权益，经过上述程序，公司即可解散。若公司之解散可能侵害债权人的合法权益，除了经过上述程序，还要将公司的解散请求书提交给证券交易委员会判定。

如果解散请求书在内容、形式上都符合法定要求，证券交易委员会应对外书面陈述该请求并确定一个30～60日的期间，在此期间，任何人可以就请求书提出反对意见。期限一过，经过5日的通告，若反对意见充分，证券交易委员会应解决因反对意见引发的纠纷；若反对意见不充分，解散公司的请求合理，证券交易委员会可判定公司解散，指导公司进行清算程序。

3. 公司清算。公司清算指公司解散后清理债权债务，分配剩余财产，终结其法律关系，从而使公司的法人资格归于消灭的程序。公司解散后，不能继续从事公司的相关业务，但是可以法人身份继续存在 3 年，并仅能进行与清算相关的业务，如对涉诉案件进行起诉或应诉、对公司财产进行处理、转让，对剩余资产进行分配等。

七、特殊形式的公司

（一）非股份公司

1. 概述。非股份公司指依照公司法成立的，但将公司的收益投入公司的发展促进其成立的目的得以实现的公司。此类公司在解散时一般不把其部分收益作为股利在其公司成员间分配。

非股份公司成立的目的主要是为了慈善、文化、教育、科学等民事服务或公共服务，除非有特殊规定，规制股份公司的相关规定也可以适用于非股份公司。

2. 公司成员。每一个公司成员，都有一个投票权，实行一人一票的表决制度，但是可以通过章程或章程细则对公司成员的投票权进行否决、限制或扩张。公司成员也可以通过委托代理人投票、邮寄或其他类似方法行使其投票权。

公司成员资格具有专属性和不可转让性，依章程或其细则规定的方式而终止。公司成员资格终止，意味着其所享有的公司权利都消失。

3. 公司的董事、高级职员。非股份公司的董事会可以超过 15 人。公司董事须从公司成员中选举，非公司成员不具有董事资格。公司的高级职员可以不经董事会，直接由公司成员选举产生。公司成员的常规会议或特别会议可以在非律宾境内的任何地方召开。若章程或章程细则对公司成员、董事、高级职员的相关内容有不同规定，从其规定。

4. 非股份公司资产的分配。若非股份公司依法解散，对其资产的处理和分配应遵守以下规则：(1) 支付、清偿或适当处理公司的债务。(2) 归还、让与或转让需要做如上处理的公司资产，包括因公司解散而持有的财产。（3）公司基于慈善的、教育的、救济的，宗教的或类似目的而接受的资产，应按分配方案将其转让于从事与解散公司类似业务的公司、组织或社团。（4）进行以上处理后，假若还有剩余资产，应按章程或章程细则进行分配，分配的对象可以是分配方案确定的公司、社团、组织或个人，无论其成立的目的是否为了营利。

资产分配方案的表决程序：分配方案经董事会过半数通过后，在专门基于此目的而召开的常规或特别会议上，经出席会议有投票权的2/3以上的公司成员或委托代理人通过，该方案即可被采用。

（二）闭合公司

1.闭合公司的特征。闭合公司是由符合特定人数的股东组成的，能发行除库藏股之外所有种类的股票，但股票不能随意转让，不能上市发行和公开售卖的公司。任何公司都能以闭合公司的形式存在，但是银行、证券交易所、石油、矿业、保险公司，教育机构和公用事业单位除外。闭合公司具有如下特征：（1）股东人数一般不超过20人。（2）各类股票的转让受到严格限制。（3）公司不能在股票交易所上市。（4）股票不能被公开售卖。

2.闭合公司的管理。闭合公司的设立章程可以作如下特殊规定：（1）对股东或董事会议的法定人数或投票要求作更高要求。（2）规定由股东而非董事会经营管理公司的业务。如果在章程中作了这样的规定，将会产生以下法律效果：不用召开股东会议选举董事；基于公司成立之目的，股东就是董事；股东应履行董事所有的义务和责任；公司的高级职员或雇员由股东选举或任命。（3）对股票转让的限制具有正当性。若对股票转让的权利进行限制，应将限制的内容记载在章程、章程细则与股票上，否则，此限制不具有对抗善意购买者的效力。

以下为闭合公司股东协议的范围与效力：（1）在公司成立前股东订立的协议经所有股东签名并已生效的，只要该协议是股东真实意思的表示，并且不违反公司的设立章程与法律，股东协议继续有效。（2）两个或两个以上的股东可以通过书面形式并加盖签名订立协议规定投票权。（3）授权特殊情况下股东间的关系为合作关系的效力。(4)若股东承担董事的管理责任,股东协议可以规定股东不遵守董事会的决议。(5)从事公司经营管理工作的股东可以被当作董事。

不用召开董事会的情形如下:在下列情况下,即便闭合公司未召开董事会,董事的行为仍有效:(1)董事实施行为前或行为后,已经全体股东书面同意。(2)全体股东知晓该行为后未提书面反对意见。(3)董事实施的全体股东默认的非正式行为。(4)全体股东已知该行为有问题但未立即书面反对。

关于闭合公司中的优先购买权。此类公司股东的优先购买权涉及公司发行的所有股票,包括重新发现的库藏股。若设立章程另有不同规定的,从其规定。

3. 闭合公司的僵局处理。若董事之间或股东之间在公司的经营与管理中意见分歧过大,无法达成共识,公司的任何股东都可以书面请求证券交易委员会裁断该争端。证券交易委员会有权做出如下指令:(1)取消、更改章程、章程细则或股东协议中的任何条款。(2)取消、更改、指导或禁止公司或其董事会、股东、高级职员或其他主体的任何决议和行为。(3)要求公司以合理的对价收购股东的股份,或由其他股东为之。(4)任命临时董事。(5)解散公司。(6)其他救济方式。

4. 闭合公司的股东退股或公司解散。闭合公司的任何股东,在其公司拥有足够资产的情况下,可以任何理由要求公司以合理的对价收购其所持有的股票。若董事、高级职员或其他管理人员有违法、欺诈、不诚实或侵害公司股东权益的行为,或公司的资产被盗用或浪费、任何股东都可以书面请求证券交易委员会强制解散公司。

(三)外国公司

1. 外国公司概述。外国公司指依据外国法组建、成立或存在的公司,同时该外国法也许可菲律宾人在其境内从事贸易活动。外国公司依菲律宾法获得在菲律宾从事商事活动的资格后即可在菲律宾经营的公司。

2. 许可证的申请。外国公司应申请许可证方可在菲律宾境内经营业务,办理许可证的申请应向证券交易委员会提交该公司的章程及其副本。若有必要，应将该副本翻译成菲律宾官方语言。许可证的申请应经过宣誓并且记载如下事项：(1)公司的成立及存续期。(2)公司总部的具体地址。(3)公司在菲律宾的办事机构成立前有权接收传票、传唤等其他通知的注册代理人的姓名、地址。(4)公司拟在菲律宾从事经营活动的地区。(5)公司在菲律宾从事商事活动的具体目的，该目的应在政府部门的授权证书上具体阐述。(6)公司现任董事、高级职员的姓名与地址。(7)公司的股本总额，认缴资本、股票发行的具体情况及实际缴付数额的说明。(8)其他需要说明的信息。

在申请过程中，应注意以下事项：(1)提交许可证的申请时，应附带提交一份证书，证明该外国公司所在国的法律允许菲律宾人在其境内进行商事活动，并且该申请人是一家声誉良好的公司。若证书使用的是外语，应附加一份英文版的证书。(2)许可证的申请还应附加一份报告书，报告书须经公司的董事长或授权的其他人的宣誓，上面应载明递交申请的前一年公司的财产和负债情况，证明其财务状况良好并有偿债能力。(3)外国金融、银行及保险公司除应遵守以上规定外，还需遵守特别法的规定。

3. 许可证的颁发。如果外国公司的申请符合《菲律宾公司法》及其他特别法、法规、规章的规定，证券交易委员会应向其颁发许可证。这也意味着该外国公司具备在菲律宾从事商事活动的资格。为保护被许可人在菲律宾境内的现在及将来债权人的合法权益，自许可证颁发之日起60日内，该外国公司应向证券交易委员会提交证券作为担保，外国银行、保险公司除外。证券的种类可以多种多样，但其市场价应在10,000比索以上。

在每个财政年度后6个月内，若该外国公司的总收入在这一财政年度超过500万比索，其应额外再交市场价为该收入2%的证券。若交存的证券发生了贬值，其实际市值比原缴纳的市值减少了10%的，可以要求该外国公司补交证券。若该外国公司的总收入减少或交存的证券的实际市值比原缴纳的市值增值了10%，证券交易委员会可视情况返还相应价值的证券。只要该外国公司有偿债能力，证券交易委员会也可以允许其用其他有价证券替代原有证券。交存的证券的利息或股利由该外国公司享有。若该外国公司不在菲律宾营业时，当向证券交易委员会证实其不对任何菲律宾政府或公民负有债务时，交存的证券应予退还。

4. 外国公司的注册代理人。注册代理人可以是菲律宾境内的个人或法人。若是个人，必须具备良好的道德品质和稳固的经济基础。证券交易委员会要求所有在菲律宾申请从事商业活动的外国公司提交一份书面委托书，指定一位菲律宾公民作为代理人，负责接收与公司有关的传票或其他法律文书。代理人的接收视为公司的接收，外国公司还应承诺：若公司在菲律宾停止营业或没有注册代理人时，证券交易委员会可以接收在菲律宾境内基于经营或交易而引起的与该公司有关的传票或其他法律文书，并在接收后 10 日内将传票或其他法律文书的副本邮寄到公司的主营业地。

若注册代理人变更了地址，应立即书面告知证券交易委员会。

5. 外国公司相关信息的修改。经许可在菲律宾营业的外国公司，若它的章程或其细则被修改，应在修改生效后的 60 日内，向证券交易委员会和相应政府部门提交一份经公司设立国认证的章程或其细则的副本。但是，不能改变或扩大公司在菲律宾的成立目的。若该外国公司的名称或在菲律宾的成立目的需要修改，需向证券交易委员会递交申请，并经相应政府部门批准后，即可重新修改许可证。

6. 外国公司许可证的撤销。在菲律宾从事经营的外国公司的许可证，在不违反特别法的情况下，可以基于下列原因被撤销：(1)没有依《菲律宾公司法》的规定提交公司的年度报告或交费。(2)没有任命、保留一位注册代理人。(3)在公司或其注册代理人的地址改变后未按规定向证券交易委员会提交变更报告。(4)没有在规定时间里向证券交易委员会提交认证的章程、章程细则修订案或合并后的公司章程副本。(5)公司提供的申请书、报告等其他文件对实质性的事项进行虚假陈述。(6)不能缴纳拖欠的菲律宾政府或其地方政府的税款与罚款。(7)超过了被许可在菲律宾营业的营业范围。(8)外国公司的代理人在菲律宾从事营业但却没获得营业许可的。(9)其他违反相关法律的行为。

若出现上述情况，证券交易委员会应颁发一份撤销证书，并适时地向相关政府部门提交证书副本,同时还要将证书副本寄给该公司在菲律宾的注册办公地。

7. 外国公司的撤回。被许可在菲律宾从事经营活动的外国公司可以申请从菲律宾撤回。当满足以下所有条件时,证券交易委员会应向该公司颁发撤回证书:(1)外国公司在菲律宾产生的权利要求已被解决、调解或清偿。(2)已缴纳所负的菲律宾政府或其他地方政府的税款与罚款。(3)撤回申请已在菲律宾普遍发行的报纸上予以公布。

(四)特殊公司

1. 学校法人。学校法人同时适用《菲律宾公司法》和相关的特别法,其成立的前提条件是需要有教育文化部的推荐。

以非股份公司形式成立的学校法人董事会之董事人数为 5 ~ 15 人,其人数是 5 的倍数。学校、学院或其他教学机构之董事会的 1/5 的董事每年改选一次,章程、章程细则另有规定的除外。以股份公司形式成立的学校法人董事的人数、任期适用股份公司的相关规定。

2. 宗教法人。宗教法人的发起人可以是一个或多个,它分为独立法人和宗教社团,适用非股份公司的一般条款。

第六章　新加坡公司法律制度概述

第一节　新加坡公司的概念、特征和分类

一、公司的概念

公司是依照法律规定的条件设立的、以营利为其目的的社团法人。根据《新加坡公司法》第17(2)条的规定,公司的类型包括股份有限公司;担保有限公司;无限责任公司。中国《公司法》分类中不包括无限公司和两合公司,但是新加坡公司法中认为无限公司虽然不多见,但是把无限公司列入公司法约束的范畴。新加坡公司法律制度中的主要法律是《新加坡公司法》。本章以《新加坡公司法》为基础,叙述新加坡公司法律制度中的公司的特征、分类、体系、结构和主要内容。

股份有限公司的特征是公司股东所承担的责任以其所拥有的、已经出资或者尚未实际出资但已经认缴的股份为限度的公司、股份有限公司包括私人股份公司与公开公司。私人股份公司是指在新加坡本地注册的人数不超过50人的公司。私下股份公司可以向豁免公司转变,但要符合两个条件:一是其股东不超过20人,而且股东属于法人公司以外的主体。二是公司整体为政府所有,以国民利益为出发点,由

财政部长公告认可。公开公司，是指依据新加坡公司法律制度的规定，向新加坡金融管理局登记公开说明书，并且有权公开发行股票的公司。公开公司主要有三种类型：一是公开股份公司。二是公众担保有限公司。三是获得政府批准上市的私人公司。公开股份公司有两个基本的条件：一是要在本地成立。二是成员要在50人以上。公众担保有限公司的含义是其非营利性部分涉及与国民或公众利益的公司。

担保有限公司，是指公司股东所承担的责任仅限于其个人所出资或认购的那部分财产的公司。无限公司是指公司承担无限责任的公司，在此类公司中，哪怕公司破产清算了，股东还需要承担无限责任。

二、公司的特征

公司的成立具有法定性。公司的意思是指多数人管理。对于如何有多数人管理，《新加坡公司法》作出了明确的规定。公司的经营目的具有合法性。公司的经营目的大体可以分为两种：一是营利性活动。二是慈善性活动。公司的营利性活动是指公司活动的目的在于获取超出出资的利润并分配给投资者，这种营利活动必须具有营利性和固定性。慈善性活动是指公司成立的宗旨是从事养老、医疗、教育等公益性行为，上述行为必须区分于营利性活动。无论公司从事营利性活动还是从事非营利性活动，因为公司的活动有一定的自发性和盲目性，如果缺乏公司法等法律的约束，公司的经营目的就会走偏轨道，市场经济就会陷入被动甚至难以补救的境地。

公司具备独立性。公司具有独立的法人资格。公司作为法人，必然会依据法人的条件和公司法的条件设立，其产生的法律后果是可以依据自己的名义独立地起诉和应诉，支配公司的财产，享有公司的权利和承担相关的法律义务。《新加坡公司法》在其第19(5)条、第22(3)条中明确规定了公司具有独立的法人地位。其中最重要的规定是具有独立的财产并可以用自己的名义享有相应的权利和独立地承担民事义务。独立性包括三个特点：一是独立的人格。二是独立的财产。三是独立的责任。独立的人格是指公司主体要用自己的名义起诉和应诉，以自己的名义参加签订合同、履行合同等其他民事活动。所以,一旦公司产生了相应的法律纠纷,相应的法律主体只能是公司,不能是公司背后的股东。因为这是由公司的独立性所决定的。独立的财产是指公司是法人,就必须要确保公司有独立的财产。向公司出资或认缴出资的股东必须要向公司转移财产所有权,公司就必须不能接受任何控制的出资。当然,实际上一些出资不能转移所有权,只能转移使用权,如知识产权等。当公司的资产不足以偿还债务时,进入破产清算程序,清算结束后尚未偿还的债务不再由股东承担。责任的独立是指公司作为法人主体,民事责任独立地承担,股东不承担责任。独立责任是公司独立性中最核心的要素。当然在特殊情况下,公司的责任需要股东连带承担。具体参见“揭开公司面纱制度”。

三、公司的分类

在新加坡,对公司的种类进行划分,可以依据不同的分类标准来进行。根据股东对公司的责任,可以划分为无限责任公司、有限责任公司、两合公司、股份两合公司和股份有限公司。以公司的信用基础,可划分为人合公司和资合公司的。以公司的组织关系,可划分为子公司和母公司。以公司的国籍,可划分为外国公司、本国公司、跨国公司。以公司的开放性,可划分为私人公司与上市公司。有限责任公司与无限责任公司可以相互转变,但前提是有限责任公司的前身不是无限责任公司。同理,无限责任公司也可以向有限责任公司转变,但无限责任公司的前身不得是有限责任公司。上述两种公司的转变要符合《新加坡公司法》第 30 条规定:一是公司大会通过的转变公司的特别决议副本。二是公司要按照法律规定修改公司组织大纲和公司组织章程。三是要求改变公司组织形式的申请。私人公司和上市公司也可以相互转变。私人公司向上市公司转变有两种方式:一是自愿变更,是根据公司提交的申请由登记官决定变更。二是强制变更,是公司由法院或者登记官的强制决定进行变更。另外,公司组织形式的改变不能适用以下情况:一是创建新的法律实体。二是影响法人的一致性和连续性。三是影响公司的财产、权利和义务。四是公司处于诉讼中,权利义务处于不特定的状态。

从有限公司、股份公司到上市公司，可以完全体现出公司法中一个重要的规律，从左往右看，资合性逐渐增强，人合性逐渐降低。有限公司人合性为主、资合性为辅，而上市公司是资合性为主，人合性为辅。特别需要注意的是总公司具有法人资格，而分公司不具备上述资格，由总公司承担全部的责任，分公司有公司之名，无公司之实；有独立签订合同的能力，但无责任能力。全部责任不是连带责任，毕竟连带责任是双方的平等责任。而母公司与子公司的划分，是外部关系的标准，子公司是完全独立的公司，具有完全的责任能力。

第二节　新加坡公司法律制度的体系及结构

一、公司的名称与住所

公司的名称是公司在生产经营活动中区别于其他民事主体的人格化的标识之一。公司的章程中必须记载公司的名称与住所。公司的设立必须要有名称和住所。另外，股东要向登记官申请预留公司的名称，还要申请注册公司，一般股东经过审核后就能成立公司。外国公司在审核前还需要申请公司所在国的大使馆批准才能设立公司。一个公司的名称应注意以下方面：第一，公司不可以登记官所反对的下列名称作为公司名称：(1)登记官不期望的。(2)与其他公司、法人或者商业组织名称冲突的。(3)部长指令登记官不得登记的。(4)与其他公司名称相似，可能引起误解的。上述情况部长同意的例外。第二，有限公司应该在名称后面加上“有限责任”(Limited)或“公司”(Berhad)词语。第三，私人公司应该将“私人”(Private)或“私人公司”(Sendirian)作为其名称的一部分放置在公司的前边。如果是无限公司，则需要放置在公司名称的后面。第四，需要避免在未获得某个商标或某个专利所有人同意的情况底下使用其专利或者是商标。公司的住所是公司登记中的重要事项，也是公司设立中的必要条件之一。确定了公司的住所以便确定诉讼管辖地以及送达相应的诉讼文书。同时在合同的履行地不一致时，公司的住所地则是确定合同履行地的有力证据。

二、公司的组织大纲

公司的组织大纲规定了公司的组织及行为的基本规则。想成立公司的人必须向登记官呈送公司的章程及其他必要的文件。公司组织大纲与公司的关系就像电脑程序与电脑之间的关系。公司就像是一个硬件,但是这个硬件必须要有一个软件链接起来才能有效地开展各项工作。公司的章程在英国公司法里称为公司的组织大纲。新加坡公司法基本上以英国公司法为渊源,所以笔者在此称公司的章程为公司的组织大纲。

公司的组织大纲由公司的发起人或者公司的设立人全体共同制定的,制定公司的组织大纲是公司多数人的共同行为。公司组织大纲的内容包括:(1)公司的名称。(2)公司拟等级的股份资本额以及股票所划分的固定数额,公司是无限公司的除外。(3)股份有限公司需说明公司成员所持股份承担责任的限额是多少;担保有限公司需说明公司成员担保的责任限额是多少;无限公司需说明公司成员的责任是无限的。(4)公司的组织大纲需说明公司成员的姓名、地址与职务。(5)需说明上述成员愿意以公司的组织大纲为基础组建一个公司并且认购一定的股份,公司的组织大纲不可以随意变更。

公司组织大纲的变更有严格的程序。《新加坡公司法》第 28 条规定,改变公司的名称时应该改变公司的章程;当无限公司与有限责任公司互相转化时,需要改变公司的章程。《新加坡公司法》第 37 条规定,公司可以根据本法或公司的组织大纲规定,通过特别的决议来修改或增减公司组织大纲的内容。《新加坡公司法》第 71 条规定,经公司组织章程授权,通过公司大会以规定的方式修改组织大纲的规定条件,增加公司的额股本。《新加坡公司法》第 73 条规定,根据法院的确认,如果公司组织章程有特别决议的授权,可以特别决议的方式减少公司的股份资本,并相应修改公司的组织大纲。《新加坡公司法》第 112 条规定,当公司重组或合并时,应当对公司的组织大纲进行相应的修改。

公司组织大纲的效力范围。公司的组织大纲对公司、股东、董事、监事、高管均具有约束力。如果公司成员未以书面的形式同意接受公司组织大纲的额股本约束,只要这种公司组织大纲作出改变,并且这种改变超出了公司成员的在改变作出之日的出资责任,那么该成员不受公司章程的约束。但是公司的组织大纲不对公司的员工以及债权人、债务人有约束力。

三、公司的资本、债券与资产抵押

(一)公司的资本

公司股东出资,由出资所构成的公司财产就是公司资本。公司的资本与公司的资产意义不同。首先,公司的资产是指公司可以控制的全部财产,公司的资产以货币的方式来衡量,俗称资金。其次,公司资产包含公司资本。公司资信能力关键看公司资本。在《新加坡公司法》中,有三种不同类型的公司资本:一是核发资本:公司可以发行的股份的最高数额。二是发行资本:公司实际发行股份数额的总价值。三是已缴资本:公司已经收到的现金或出资的总额。

(二)公司资本原则

大陆法系国家在公司法的立法过程中强调公司的资本三原则,即资本确定、资本维持、资本不变原则。这些原则也对新加坡公司法的立法过程产生了很大影响。新加坡公司法对资本三原则的取舍有以下体现:(1)公司在设立之初就要在章程中明确公司资本的多少,就是公司资本确定原则。但在新加坡,资本确定原则只要求在章程中确定注册资本总额,发起人可以认缴部分股份。对于其他的股份,董事会可以授权公司根据公司的生产经营情况发行股份。(2)为了保护债权人利益,公司在其存续的过程当中,应当维持章程中确定的资本或者与其相当的财产,这是公司资本维持原则基本的要求。新加坡公司法也在一定程度上承认了资本维持原则可以保护与第三人交易的安全性。(3)资本不变原则是指公司的资本总额一经确定,非经法定的程序就不得变动。新加坡公司法同样要求公司的资本变动要经过一定的程序。

可见新加坡公司法在一定程度上体现了资本不变原则。《新加坡公司法》第71条规定,公司可以增加资本,但要有公司组织大纲的授权。并且公司的股份资本超过了公司的登记资本,那么公司应该在通过增加股份资本的决议以后,1个月内将增加股份资本通知登记官。

(三)公司的债券

公司的债券是由公司依照一定程序发行的,并且约定在一定期限内还本付息的证明。公司发行债券是一种向社会公众借款的方法,也是公司为了扩大生产经营规模而筹资的办法。公司的发行主体包括无限公司、有限责任公司、担保有限公司。公司的债券分为公司的不记名债券和记名债券。不记名债券只经交付即可转让,无须特别登记。记名债券的转让要向公司登记。所有发行记名债券的公司必须设有公司债权人登记名册,以便对债权持有人进行债券登记。债券登记人名册应该向债券持有人、公司股票的所有人公开。公司的债券还可以分为有担保的债券和无担保的债券。有担保的债券可以由固定抵押、动产浮动抵押或者由某人作为担保。无担保的债券无任何保证。

(四)公司的资产抵押

公司的资产抵押,是指公司以不转移公司财产所有权的情况下,以其财产作为担保,从而向债权人借款的行为。公司资产抵押的类型包括三种:一是固定抵押。二是登记抵押。三是浮动抵押。首先,固定抵押是指抵押人将已有的或者是将有的特定财产设定抵押。该特定财产属于固定的,设定抵押后,公司不能将公司的财产出卖给第三人。但是第三人根据善意取得制度取得公司财产的则不受约束。其次,登记抵押是指经过一定的登记手续以后才生效的抵押,在新加坡,登记某些抵押,要在设立抵押后30天内登记,否则抵押不成立。最后,浮动抵押的构成有两个条件:一是指设定抵押时提供抵押的财产并不特定。二是出现约定的条件后抵押财产才能够固定下来特定的财产。未经登记的抵押对公司的清算人以及公司的其他债权人不产生对抗的效力。

四、公司的管理与行政、公司人员的分类以及任职资格与法律义务

(一)公司的管理与行政

公司的管理和行政,指为了规范公司行为,建立起公司的健全的管理制度,保障股东的权益和公司的发展。公司的管理包括四个方面:一是公司营业基本要素的管理。二是公司高级管理人员的管理。三是公司会议与程序的管理。四是公司成员以及年度报表的管理。公司营业基本要素的管理包括四个方面:一是注册营业所的管理,公司在成立之日起就必须要有一个公司的注册营业所,该营业所可以送达相关的法律文书以及向公众开放。二是营业时间的管理,公司成立以后,公司的营业时间不得少于3个小时,周六以及法定节假日除外。三是公司名称的管理,公司的名称应当以易读的罗马字母出现在公司印章以及所有的商业账单、发票、支票、信用证等之上。四是公司注册号的管理。

(二)对董事以及高管的管理

公司法人治理结构包括对公司董事以及高管的管理。董事是指姓名在专用任职资格表中的自然人。董事以任命或者招聘的方式产生。董事的资格必须由其本人专属享有,不能共有。董事必须是有完全责任能力的自然人;必须是公司的股东,不能是破产的任何人。另外,上市公司或者子公司的董事不能超过70岁。董事的义务包括:诚实、勤勉地履行职责;将关于股份、债券、权利等细节与变化以书面形式报告给公司;管理公司的业务,接受董事会指派;考虑公司雇员、成员利益并尊重证券管理机构的管理;考虑债权人利益;不可使得自身利益与公司利益冲突等。董事犯有与公司设立和管理相关或其他的犯罪时,董事资格将会取消。公司还可以通过普通决议在董事任期满之前更换董事。董事与公司的关系体现在每一个公司的董事中必须有一位是新加坡普通公民。

(三)其他高管人员

公司的其他高管包括公司的经理、秘书与其他人员。公司的高管负有以

下义务：一是尽职尽责，忠实勤勉。二是接受董事的管理。三是不得挪用公司的资金。四是不得违反公司的章程等。董事与其他高管违反上述规定而取得的收入应当归公司所有，如果违反法律或者公司章程的，应当承担相应的法律责任。

五、股东派生诉讼与股东权利救济

股东的派生诉讼，是指股东可以代表公司参加诉讼，前提是在公司利益受到损害时，公司不能够以独立的身份参加诉讼。股东的权利救济，是指股东以自身的名义参加诉讼，前提是股东的利益受到来自董事和公司方面的损害。根据《新加坡公司法》第216A(3)条的规定，如果法院对以下三种情况不确定，那么股东不得代表公司提起诉讼：一是公司董事没有积极地提起诉讼、答辩或终止诉讼。二是控告人处于善意的地位提起诉讼。三是有初步的证据证明提起诉讼是为公司的利益。股东不能代表公司诉讼是因为公司合格原告所要求的。公司法中合格原告原则是指：公司是一个法人，公司的身份独立在公司的成员之外，公司需以自己的名义参加诉讼，在公司诉讼中，成员不是适格的原告。但是为了免除在特定情况下公司的权利得不到保护，公司法中特别设定了公司股东派生诉讼的条款。如果公司的实际控制者对公司权益造成损害，并且该控制者还利用其地位阻止公司提起维护利益的诉讼，那么股东可以代表公司提起诉讼。但是公司股东参加诉讼还需要法院认定公司法规定的条件是否满足。《新加坡公司法》第216(1)条、第216(2)条规定，如果公司所做的事情或者董事行使权力不当，对公司的成员及债券持有者造成损害时，或者公司事务的处理者、公司成员或公司的债券持有者所通过的、提出的决议不公正地歧视或损害公司成员、债券持有者的利益时，那么任何公司的成员、债券持有者以及部长都可以申请法院结束上述不当行为或者提出救济。法院根据所提出的申请，认为是合法的，准予申请，并做出命令、命令的内容包括：指示或者禁止任何行为，撤销或改变任何交易，规范将来公司的行为，授权这些股东以公司的名义提起诉讼，公司清算，解散公司等。其中解散公司对于公司股东来说是保护自身权利的重要途径，其正当合理的情况包括:公司主要的经营目的已经无法实现;公司的行为超出了人们成为其股东时所能正常预见的范围;公司经营是凭借欺诈方式进行的;公司经营是以合伙形式进行的。因为上述原因出现时,股东之间的利益,合理经营与人合性已经被破坏殆尽。股东有权向法院申请解散公司从而使自己从中解脱出来。

六、公司的财务

公司要有适当的收益分配机制。公司要有账目管理记录。其中公司的会计管理是公司账目管理的重要部分。保存的会计记录要向董事公开并接受检查。上市公司和其子公司应当涉及并保留一套完整的内部会计统计系统。根据《新加坡公司法》的规定,公司董事应当在公司组建 18 个月后,并在每年结束的 15 个月内,公司年度大会召开前 4 个月或 6 个月内提交损益表。损益表是指公司在一定会计期间内经营结果的报表。同时,需要提交损益表制作之日的资产负债表。损益表和资产负债表的制作应当附上两位董事代表董事会所签署的声明,声明内容是两位董事同意在可行的情况下,将损益表作为综合损益表,将资产负债表作为合并负债表,为公司的经营过程已经盈亏做一个真实的参考。但是在私人公司,如果由全体成员通过决议,公司的董事不必提交公司的合并账目。公司董事需检查确定公司的财务经营状况。确认可从以下几个方面进行。一是确认哪些行为冲销了坏账,防止了可疑债务。二是确认现有资产是否不可能在一般经营过程中实现其在公司会计记录中的价值。三是公司账簿中是否表明了非现有资产。

公司董事应在召开公司年度大会前不少于 14 天对公司的账目进行初步的审计。公司董事应当制作董事报告。董事报告包括损益表报告、资产负债表报告以及其他报告。资产负债表报告应当说明以下细节:有关买卖股票特权的登记以及数额;可以买卖股票特权的基础;买卖股票特权的额日期;买卖股票特权的人是否更具有该特权参加其他公司的股票发行。董事报告需要载明以下情况:(1)提出报告时任职董事或者任职的控股董事的姓名。(2)公司董事或者控股董事对本公司或者其他法人社团股份或债券享有的利益。

(3)公司董事或控股董事在作出利益安排时,要对该安排作出解释,然后说明董事或控股董事本人及其所推荐的人员所持股份、债权人姓名。在特别情况下,公司董事也可以采用申请免除的方式对公司账目、报告义务的免除。登记官也可以命令公司免除账目、公司的报告义务。

七、公司的审计

《新加坡公司法》规定,每个公司都应设立审计委员会,审计委员会是公司的审计组织机构,由董事根据董事会的决定任免,人员不得少于3人。公司审计人员不得是该公司或关联公司的执行董事;不得是该公司或关联公司的执行董事的配偶、父母、儿子、养子、女儿、养女或兄弟、姐妹;不得是影响审计委员会在执行职能独立判断的人。审计委员会的职能是对内部账目系统进行检查评价、制作审计报告、复查审计计划等;依法推荐某某人作为审计工作人员。

审计人员的基本职权和职责是了解公司及其子公司的会计和其他记录,要求公司管理人员和关联公司的董事提供自己所需要的信息和解释等。审计人员的任免可以由登记官、公司或者是公司的董事根据不同的情况进行任免。任命的具体情况:(1)公司组建30个月内,由董事任命审计人员,董事未任命的,可由登记官任命。(2)公司应当在年度大会上任命公司的审计人员,审计人员的任职期限应当在下一年的年度大会前。(3)审计人员因被撤销而出现空缺时,公司董事可以通过普通决议而任命公众会计师为审计人员。审计人员可以按照法定的程序撤销。当审计人员被撤销时,公司应当书面通知登记官。审计人员也可以自己主动辞职,其辞职后需要补充审计人员的缺口。

审计人员有依法获得报酬的权利。公司也需要对审计人员所获得的报酬进行监督。审计是为了对公司进行监督,但是公司在特定的情况下也可以免除公司的审计义务。《新加坡公司法》规定了隐名公司和私人豁免公司关于免除公司的审计义务的规定。被免除公司审计义务的公司可以不再任命公司的审计人员。具体来说,公司免除审计义务具体包括两种情况:一是公司在没有发生会计交易的情况下成为隐名公司。二是公司的股东人数低于

50 人，且股东人数皆非法人公司或者属于政府所有的，以国民利益为出发点的，由财政部长在政府公报上宣布为豁免私人公司。

八、公司的人格否认制度

公司的人格否认制度有另外一种通俗易懂的称呼：刺破公司面纱制度。公司的人格否认制度源于公司是独立的法人，因为公司独立于其所有成员，包括高管和其他管理人员。因此有一些公司的组成人员就利用公司的独立性来损害公司或者其他方的利益。此时受到损害方就可以直接否认公司独立的人格，将实施损害的一方追查出来，要求其承担损害责任。公司的人格否认制度要求公司的股东按照法律的基本规则以及公司的章程办事，不能滥用股东特别是高管的权利来实施损害公司或者其他方的利益。公司人格将会在以下情况下被否认，公司的股东滥用股东的权利以及股东的有限责任，并且该滥用行为已经严重侵害到公司债权人利益，因此股东需要对公司的债务承担连带责任。公司的人格否认制度应当注意以下的构成要件。一是致害人是公司的股东，受害人是公司的债权人。二是公司和股东要承当连带责任，公司独立的人格已经被否认完毕了。三是公司的人格否认不是指公司不是法人组织了，公司还是要在相关诉讼中承担诉讼责任。四是只有致害的股东才承担责任，不是所有的股东同时承担责任。五是公司的人格否认不具有溯及力，对于公司以往或将来与该案无关的案件，公司还是独立的法人主体。《新加坡公司法》第 339 条和第 340(2)条规定，如果公司在清算时或对公司提起的任何诉讼中，公司的债务是由公司的管理人员代表公司所签订的，而且该人员在签订合同时，没有把握公司有足够的偿还能力，该管理人员将被认为是违法。而且根据清算人、债权人或者其他连带责任人的申请，法院可以判令该人员对该项债务承担全部或部分责任。

九、公司的安排与重组

公司的安排，是指公司为了对股票资本的有效利用，而对公司股票合并、划分的其他方法重组公司股票资本的活动。公司的安排先由公司、公司成员、债权人或公司的清算人向法院提出召开公司安排的申请,法院可以依据情况决定是否批准申请。公司的安排需要得到出席会议的成员或代表公司债权人股权总额的3/4的投票同意,在法院批准了公司的安排以后,公司及其成员、债权人、清算人、连带责任赔偿责任人都产生的约束的效力。公司的重组是指重建获得安排或和解的公司,或者是两个以上的公司进行合并。《新加坡公司法》规定,公司在获得法院的批准重组的命令以后,应当向法院提交该和解或安排公司的计划,并且要将公司全部或者部分的业务或者财产转让给另一公司。

十、公司的司法管理

公司的司法管理是新加坡公司法律制度中一项特色的规定,其概念是指司法对面临破产而又不希望其走向破产的公司提出司法救济。其使得经济困难的公司获得一定程度的保护以对抗债权人,使其在法律保护下重新恢复其生产经营能力。有了司法管理制度的帮助,那些非必须破产的公司就会获得经营重组的机会,促使公司解决自身问题,从而不用解散。置于司法管理下的公司,根据《新加坡公司法》第227A条规定,要具备以下条件:一是债权人认为,公司在不能或将不能偿付债务的情况下,公司具有恢复生产经营的能力。二是同意公司及其成员、债权人间按照《新加坡公司法》第210条达成和解和安排。三是比公司解散更加有利于维护公司的资产。

根据法律规定,公司在司法管理的情况下必须有司法管理经理对公司进行管理。司法管理经理可以按照提名、申请或任命的方式产生。提名方式的具体步骤是公司向法院提名,法院认为适当的即可。当公司大部分债权人认为该提名不适当,法院不得任命司法管理经理。部长可以出于公众的利益直接任命司法管理经理。申请方式的具体步骤是,债权人向法院提出任命一位不具有审计人员身份的公众会计师的申请,法院认为适当的可以任命其为司法管理经理。司法管理经理的一般权力与义务如下:(1)司法管理经理有权将公司的一切财产置于其监督或控制下。(2)司法管理令有效情况下,属于董事的职权由司法管理行使。(3)司法管理经理应当采取必要措施管理公司的事务、业务和财产。(4)在不损害公司的前提下,有权建立附属公司,由附属公司转让母公司的业务和财产。

十一、公司的清算与解散

当公司已经无法通过司法管理制度挽救以后,为了最大限度地保护公司的债权人的利益,使公司债权人的利益受到某种程度上的清偿,这时可以用清算或解散的程序使得公司“死亡”。公司的解散的情形除了破产以外,还会有公司成员不愿意再营业,公司的合并与分立或者公司被吊销营业执照。公司的清算则包括司法清算与自愿清算两种。法定的人员向法院提出对公司的清算就是司法清算。根据《新加坡公司法》第253(1)条规定,法定的人员包括:公司本身,清算人,公司债权人,具有法定理由的部长,连带责任人,司法管理经理。公司基于一定的理由自行清算就是自愿清算。无论是哪种清算,都要指定清算人,清算人的基本职责之一就是召集公司最后的会议说明情况。公司进行清算完毕以后要对公司进行注销登记。

清算人的责任是:(1)清理公司的资产并分配公司的财产。(2)停止董事行使的一切权力。(3)召集与清算有关的会议。(4)有权获得相应的报酬。公司的事务一旦清算完毕,清算人就应当作出账目说明清算过程以及公司财产的处理情况。并且上述说明要在公司全体大会上说明,接受债权人和全体成员的监督。最后,在公司完成了公司清算和解散以后,公司要进行注销。登记官可以书面通知公司前来注销,在通知发出1个月以后没有得到回复,登记官要在政府公报上发出通知注销公司名称的登记。值得一提的是,公司的管理人员和公司成员如果对公司的解散有不可推卸的责任,还需要承担个人责任,不因公司的解散而不用承担责任。

第三节　新加坡公司法律制度的主要内容

公司法中的“三驾马车”是公司的股份与治理、股东的权利保护、债权人的权利保护。上述三个方面是公司法的三大动力源,形象地称为"三驾马车",公司法的立、改、废都是围绕上述三方面进行的,目的就是保障公司、股东、债权人的利益可以三足鼎立,做到利益平衡。上述三者利益的平衡正是把公司法与其他部门法区别开来的重大标志。

一、公司的治理

公司的治理主要是指处理好公司的所有权与公司经营权关系。一般来说,公司通过分离公司的所有权和经营权,聘请董事或职业经理人来打理公司。公司的董事负有忠实、勤勉、使公司利益最大化、避免利益冲突、行为应该有合理目的之义务。当公司卷入诉讼时,适格的诉讼主体应该是公司,特别情况下是公司的董事或经理。

1. 公司的所有权与经营权相互区别。根据《新加坡公司法》第157A条规定,公司的所有权与经营权分离。公司归公司的股东所有,公司经营事宜由公司的高管管理。一般来说,公司的董事或者其他高管可以行使大部分公司的管理权。但是有些特殊的管理权公司董事是不能管控的。具体:一是根据公司法规定由股东大会行使的权力。二是公司章程规定应由股东大会行使的权力。因为公司的经营权和管理权相互分离,所以公司的实际管理人员,不一定是实际拥有公司的公司成员或者股东。但是有一种情况是公司的管理权与公司的经营权相互统一的,这就是存在于规模较小的公司之中,公司的成员也可能是公司的管理人员。《新加坡公司法》第157(1)条中明确规定公司管理人员的义务:公司的董事要对公司忠实,而且要勤勉地开展工作。即公司的管理人员需要具备两个条件:一是其对公司负有信托义务。二是是公司具体事务开展的受托人。《新加坡公司法》第157(2)条规定,公司的管理人员及其代理人员,不得损害公司的利益,不得以任何方式为自己或者第三人谋取利益,不得基于其职权便利所获取的信息进行不合职权的利用。《新加坡公司法》第157(3)条规定中,没有详细地列尽公司管理人员对公司应当负起的所有义务。《新加坡公司法》第157(4)条规定,第157条对于公司管理人员负起公司责任的问题只是进行不穷尽的列举,这样的列举并不意味着减轻公司管理人员应当负起的责任或者法律义务。

2. 董事负有“行为应使公司利益最大化”的义务。“董事的行为应使公司利益最大化”是普通法上要求公司董事负有的基本义务。上述义务的基本要求是公司董事在履行职责时所进行的行为，都应是他们善意地认为能促使公司利益最大化的行为。“当董事的行为受到质疑时，法官并不以自己的判断取代董事的判断”。[①] 当诉讼到法院时，法官只是考虑公司的董事是否诚心认为其行为是为了公司利益的最大化。当然，如果法官认为任何合理的董事会都不会采取类似的行动，则公司董事的善意将受到严重的质疑。值得指出的是，尽管董事最重要的义务是对公司的义务，《新加坡公司法》第 159 条还规定，董事在行使职权时，也需要一般地考虑公司雇员以及公司成员的利益。“因为，尽管公司具有独立的身份，毕竟是公司成员共同组成了一个公司，所以董事考虑公司成员的利益与衡平公司的利益是密不可分的。”[②]毕竟促进雇员的利益往往也会激发公司成员的积极性，从而使公司利益最大化。

3. 公司的管理人员应当“避免利益冲突”。公司的管理人员应当“避免利益冲突”是指公司的管理人员作为公司的受托人，应当对自身所在的公司尽到忠实勤勉的义务，即不可以将自身的责任与公司的权益处于一个相互统一的状态，而不是一个相互对立的状态。因此，公司的管理人员应该保持自身的利益和公司的利益处于非冲突的状态。[③] 只有公司在掌握了所有的信息并且授权公司管理人员实施具体的行为，公司的管理人员才能够利用自身的职权谋取自身的私人利益，否则就是违反了公司的“避免利益冲突原则”。公司的管理人员在履行职务的过程中，有可能获取某种商业机会。只有公司掌握了高管的动向和授权高管为一某具体行为时，公司的管理人员才能去利用职务便利获取私利。公司对于其管理人员获利的授权由股东大会作出，也可以由公司董事会的其他高管作出。但是公司董事会其他高管作出该授权决定，

① 参见 ECRC Land Pte Ltd. v. Wing On Ho Christopher (2004) 1 SLR 105 一案及 Vita Health Laboratories Pte Ltd. v. Pang Seng Meng (2004) 4 SLR 162 一案。

② 参见 Peters American Delicacy Co. Ltd. v. Health (1939) 61 CLR 457 一案及 Greenhalgh v. Arderne Cinemas Ltd. (1951) Ch. 286 一案。

③ 参见 Chew Kong Huat v. Ricwil(Singapore) Pte Ltd. (2000) 2 SLR 501 一案。

需要的一个特定的前提：公司其他董事会高管表示授权，不是为了实现自身利益。公司的董事会高管及全体管理人员都不得将自身利益凌驾在公司的利益之上，否则具体责任人需要对公司的损失承担赔偿责任。

二、股东的权利保护减少

《新加坡公司法》对股东的权利保护主要是通过两种方法体现的：一是股东对公司的有限责任。二是股东的损害救济。股东的有限责任是指股东对公司的责任以股东在公司的出资或认缴出资为限度。超过上述限度的责任不用股东来承担，而由公司的财产独立承担。公司法试图以此制度来区别公司的财产与股东的财产，保障股东投资的积极性。股东的损害救济是指公司的董事或其他高管违反其所担负的义务，造成股东利益上的损害。股东却不能够以公司的名义来参加诉讼时，可以自身的名义来参加诉讼，目的是维护股东自身的利益。

（一）股东的有限责任

这是指在有限责任公司里面，股东对公司的责任是以自己出资额为限度来承担。股东的有限责任基于一个基础原理：公司和股东人格的彼此独立。股东与公司的人格分离具体包括以下几个方面：第一，公司法人人格须区别于股东的资格而存在。公司具有完全的民事权利能力、民事行为能力，要享有独立的财产所有权，能够以公司自身的名义从事民事活动，并能够独立地承担民事责任。第二，股东有限责任，体现出公司和股东相互区别、相互分离的原则。上述分离表现为两个方面：一是公司财产和股东财产相互脱离。二是股东财产权和公司经营管理权相互脱离。笔者认为，股东的财产与公司经营管理权相互分离显得更加重要，因为它是公司财产权和股东财产权的基础和具体体现。分离公司的经营管理权和股东的财产权意义在于使公司债权人确信与之进行交易的对方当事人不是公司中的股东，而是公司，这样的交易能够在较大程度上保证交易的安全。如果公司人格和股东的经营管理密不可分，将会导致公司财产仍由股东支配，本来是独立的组织经营的实体登记为股份有限公司或有限责任公司将会变成合伙方式或无限公司，从而使股东只承担出资或缴纳股款外的责任，而不用承担合伙方式或无限公司所产生的无限责任。这显然是不符合法律的公平、正义理论的。公司债权人也不能接受名为有限责任公司实为无限公司或合伙组织的情况。

股东有限责任的适用千万不可让股东的人格和公司的人格混合，必须贯彻股东人格和公司人格彼此独立和分离。最大限度地维护股东的利益，是股东有限责任制度的优点。具体而言，就是减少风险，鼓励投资，促进资本流通，减少经营管理上的风险。股东有限责任规则有两个巨大的作用：(1)促进公司制度的完善。(2)推动社会经济发展。“可以这样说，没有商人习惯法创造的有限责任这一奇特的法律制度，就不可能有后来出现的股份有限公司和有限责任公司”。

（二）股东的损害救济

股东为了保护公司的合法权益，可以通过提起衍生诉讼来达到目的。除了衍生诉讼，当股东认为自身合法权益受到威胁时，还能够在特殊情况出现时申请法院作出指令。这些指令的内容包括：(1)公司往后的行为应当按照法律和公司章程加以规范。(2)责令进行或停止某种不当的行为，取消或变更某项以公司为一方主体的交易或决议。(3)裁定公司的股份或债据可以由其他公司成员、债据持有者或公司自身购买。(4)许可公司的董事以公司的名义提起民事诉讼。(5)解散公司等。根据《新加坡公司法》第216(1)条规定，申请法院作出指令有以下三种情况：一是公司的任何成员、债权人以及国家财政部（在某些情况下财政部可以过问公司的经营情况）认定公司的经营或者其他事务处理的不妥当，会对公司的成员或者是债权人的合法利益造成损失。二是公司的处理手段没有考虑到公司成员、债权人以及股东的权益。三是公司的行为对公司的成员造成损害，无论是一个成员还是多个成员的损害，或者是构成不公平的歧视。法院在收到上述指令的申请后，在听取各方的证据后认为公司成员及其他主体诉请是合法的，为了终止相应的行为，进行相应的救济，法院可以依照职权作出相应的指令。根据《新加坡公司法》第216条的规定，法院可为公司成员或债据持有者提供救济，条件是在公司的董事或者其他管理人员有滥用权力或其他不当行为时，法院在面对审批申请时不用考虑公司的经营状况。法院作为司法机关,一般来说不对公司的经营决策作事后评价,毕竟公司的经营决策由董事会作出,同时,法院作指令时也不用考虑公司的成员在表决中的得失情况,公司的表决是公司的内部事务。正所谓"上帝的归上帝,恺撒的归恺撒"。法院作出指令需要考虑的状况有:一是公司的董事处理公司事务有没有遵守公平交易与行为正当的原则,公平交易原则是所有股东都一致强调的原则。二是核心股东是否被排除在公司管理层之外。三是股东对公司事务是否有知情权。四是公司的董事有没有明显偏袒自身利益;特别是家族企业的领导有没有违反法律和公司章程进行独断专行。④

三、债权人利益保护

在公司法制度中有很多制度特意设置来保障债权人的利益。具体有:(1)"揭开公司的面纱"制度。(2)公司的资本维持制度。(3)公司财产的抵押登记制度。(4)公司的司法接管制度。(5)公司的清算解散制度。这些制度是保护债权人利益的密网,让债权人在现代交易中感到放心。

(一)"揭开公司的面纱"制度

"揭开公司的面纱"制度,是指公司独立资格在公司法中的例外情况,该制度另外一种称呼叫人格否认制度。公司的独立人格是指公司独立于股东之外的法人。尽管公司有独立的人格,但是在特殊的情况下法律将对公司的独立人格进行否认。"揭开公司的面纱"的条件是股东恶意损害债权人利益,法院出于保护公司债权人的利益,否认公司的独立人格,将公司和公司的股东视为同一个整体。一种情况是,一旦出现了公司股东利用职务便利抽逃出资、虚假交易的情况,法院会"揭开公司的面纱",责令公司的股东、董事或者其他高管人员承担责任。根据《新加坡公司法》第339(3)条、第340(2)条规定,公司的董事在不能合理地对公司的负债能力进行评估的情况下,就以公司的名义与他人订立合同并且使公司因此而负担债务,那么公司的任何管理

④ 参见 Re Kong Thai Sawmill (Miri) Sdn. Bhd. (1978) 2 MLJ 227。

者实施的该行为都会被视为违反法律规定和公司的章程。一旦这种违法行为被法院认定,那么相关责任人则需要在其责任限度以内对上述债务承担全部或部分责任。根据《新加坡公司法》第340(1)条规定,公司解散时,对公司的事务处理是出于欺诈的目的,无论这种欺诈针对的是公司的债权人还是公司的股东,只要被认定为欺诈,法院就可以对欺诈行为的实施者或者其共同责任人采取措施,这种措施是承担公司债务的全部或者公司债务的一部分。另外,根据《新加坡公司法》第403(2)(b)条规定,公司的高管人员不能够在公司缺乏利润时蓄意分配红利或者许可他人违规分配红利,因为公司分红只能在公司有足够的利润时才能分红,另外,公司的红利分配在不损害公司债权人利益时才能进行。如果公司进行违规分红,那么责任人应在分红超过可分配利润的范围之内对公司债权人承担责任。

(二)公司的资本维持原则

资本维持原则是各国公司法中的通行原则,这一原则的设立同样是为了保护债权人利益。《新加坡公司法》也有公司维持资本的原则。资本维持原则是指公司应当维持一定的资本额度,公司在出资或者认缴出资完成以后就不得向其成员退资。现代市场交易,债权人相信公司的资本是用来生产经营而不是被挪用或者抽逃,债权人相信将自己的财产交于公司投资和交易是基于互信,这种互信是需要资本维持一定的额度来保证公司的运转的。一旦债权人发现公司的资本难以维持,那么公司债权人将可以通过提起诉讼等途径保护自身合法利益。[⑤] 但公司的资本维持并没有禁止公司成员在投资中获取经济回报,毕竟公司成员的投资一般来说都是为了获得实实在在的经济利益。在投资为了收益的情况下,只要公司有所盈利,经营者可以按照规定对公司的股东进行分红。公司的资本维持原则意味着公司的股东需要按照所认购的股份对公司尽责任,并且公司在没有盈利的时候,公司不能通过任何的形式向股东退资。但不是说公司在亏损时公司的成员有义务继续出资以维持公司的资本不下降。资本维持的一般原则中包含以下5条要求:(1)公

---

⑤ 参见 Re Exchange Banking Co. (1882) 21 Ch. D 519 一案。

司不得自购本身股份,子公司不得购买母公司的股份。[⑥] (2)公司不可以用自己的股份或者母公司的股份作借款的抵押担保。[⑦] (3)公司不可以借款给任何第三方以购买自身或者其母公司的股份。[⑧] (4)在没有可以分配利润的情况下公司不得分红。(5)除非法律明文规定,不然公司不能减少资本或者抽逃出资。

(三)公司资产的抵押登记制度

公司在日常的交易中也会发生金融借款或者民间借贷行为,其在借钱时常常要为提供贷款的债权人提供担保,才能使债权人更加放心地将钱借给公司。当借款人为出借人提供担保时,债权人便对担保的动产或者不动产享有他项权。他项权设立以后,债务人无力还清借款时,相对于其他没有担保物权的人,有担保的债权人对担保财产享有优先受偿权。公司提供担保的常见方式为将自身的财产抵押给债权人。资产抵押的特点是不改变财产的所有权,同时不用转移财产的占有情况。资产抵押的生效主要看以下两个方面:一是以登记为生效要件的抵押,要看是否办理抵押登记。[⑨] 二是不以登记为生效要件的抵押,要看是否签订抵押合同。例如,房产公司需要向银行借钱,银行不用占有房产公司的房屋,只是需要利用房屋来设定抵押权,就可以将钱借给公司。房屋抵押是不动产的抵押,动产的抵押是对无形资产或者账面资金进行抵押。在交易中,公司还可以用现在或者将来的财产用于抵押作为债务的担保,前提是公司与债权人达到意思表示一致。尽管债权人的现实权利不能马上就得到实现,但是债权人对于有关资产是享有抵押权的,只要资产抵押成立,那债权人相关的法律权利就可以得到保障。

---

⑥ 参见《新加坡公司法》第76(1)(b)条。

⑦ 参见《新加坡公司法》第76(1)(c)条。

⑧ 参见《新加坡公司法》第76(1)(a)条。

⑨ 参见《新加坡公司法》第131条规定,公司设定的某些抵押须在公司管理机关进行登记,未经登记的,该抵押对公司清算人及其他担保债权人无效。《新加坡公司法》第131(3)(g)条规定,所有的浮动抵押都必须进行登记,而只有《新加坡公司法》第131(3)条列明的固定抵押才须进行登记。

(四)公司的司法接管制度

司法接管是指将公司交给司法管理者进行接管。司法接管的意义在于当公司的财务处于困境的时候,“假如公司还有希望继续营业,哪怕是部分营业,与直接解散公司的后果比起来,由公司或者公司的债权人提出进行司法接管,或许更能保障债权人利益的实现”。[⑩] 依据《新加坡公司法》第227B条的规定,提出司法接管的申请包括三方主体:一是公司,二是公司董事,三是公司的债权人。法院经过平衡公司的债务偿付能力以后,确认公司已经或者即将出现没有能力偿还债务的情况,那么法院可以向公司发出司法接管的命令。法院作出司法接管的命令是出于达到以下一个或者多个目的:(1)恢复公司的全部或者部分营业,使公司得以存续。(2)使公司的重整计划可以按照法律规定得到批准。(3)使公司的资产能够得到更好的维护,不至于解散公司。(4)破产公司的财产实际上属于债权人的,申请人申请法院进行司法接管需要出于善意,因此法院需要预防公司或者公司的董事利用司法接管程序来损害债权人的合法权益,在司法接管的程序中需要充分考虑债权人的合法诉求。[⑪] 根据司法接管的目的,司法接管工作人员的职责就是让公司走出困境,使公司的营业得以存续。根据《新加坡公司法》第227G(1)条的规定,司法接管令生效以后,司法接管者开始管理公司所有的营业及一切资产。根据《新加坡公司法》第227G(2)条的规定:“在司法接管令有效期间,原属公司董事的全部权利和职责都由司法接管者而不是董事来行使”。[⑫] “司法接管者可以进行公司管理所需或者法院指示的一切行为”。[⑬]

(五)公司的清算解散制度

一般来说,公司解散的前提是公司已经尽了一切可以采取的努力以后仍然无法使公司的营业得以存续。为了使公司的债权人利益得到有效保障,那么公司可以走向解散或者清算。例外情况是经营良好的公司如果公司成员

---

⑩ 参见《新加坡公司法》第277A条。

⑪ 参见 Re Genesis Technologies International Pte Ltd.(1994) 3 SLR 390,p.392。

⑫ 参见《新加坡公司法》第227G(2)条。

⑬ 参见《新加坡公司法》第227G(3)条。

已经不愿意继续运营公司，那么公司也可以走向解散或者清算。公司的解散分为自愿解散与司法解散。根据《新加坡公司法》第239(1)条的规定，自愿解散是指股东通过特别的决议来解散公司。“自愿解散的特别决议通过以后，公司股东可以任命清算人”。[14]“如果公司的董事没有通过解散公司的特别决议，则转为债权人自愿解散，公司董事必须召集债权人会议以任命清算人。”[15]司法解散是指公司通过法院的指令来散伙。司法解散情况中最为常见的情况就是公司无力清偿债务。“如果公司债权人向公司提出了超过10,000新加坡元的清偿请求，公司未能在其后3周内进行清偿、提供担保或提出让债权人满意的部分清偿计划，公司便可视为无力清偿债务”。[16]“如果对债权人有利的法院判决或命令全部或部分未能得到执行，也可视为公司无力清偿债务。公司债权人也可向法院提出其他实体意义的证据，以使法院相信公司已无力清偿债务，此时法院可以考虑公司可能要承担的债务和责任”。[17]公司解散有以下后果：“一是公司走向死亡，二是公司的资产及收益应向债权人清偿，在清偿以后如果还有余额，则应按比例分配给公司股东。”[18]

---

⑭ 《新加坡公司法》第294(1)条。

⑮ Re Sin Teck Hong Oil Mills Ltd.(1950) MLJ 232 一案。

⑯ 《新加坡公司法》第254(2)(a)条。

⑰ 《新加坡公司法》第254(2)(c)条。

⑱ 《新加坡公司法》第290(1)(b)条。

第七章　柬埔寨公司法律制度概述

柬埔寨，全称为柬埔寨王国，该国历史悠久，曾创造了举世闻名的吴哥文化。进入19世纪后，随着西方资本主义的扩张，柬埔寨沦为法国殖民地，在“二战”期间又被日本统治，直至1954年才获得独立。然而独立并未使柬埔寨立即走上腾飞之路，事实上，柬埔寨政局几经变动，法律制度长期得不到完善，其经济发展也多受阻碍，属于发展较为落后的国家。1993年，在国际社会的多方斡旋和监督下，柬埔寨举行大选，通过了新的宪法，恢复了独立之初的君主立宪政体，从此国内政局日趋缓和，为其今后的发展提供了一个较为稳定的政治基础。柬埔寨政府也把精力越来越多地投入到国内经济发展和相关制度完善上来。然而，直至21世纪初，柬埔寨的经济发展水平和法制完备程度也不尽如人意。比如在法律体系上，其法律制度包括了独立以来各个政治时期制定的法律法规，整个法律体系缺乏系统性和部门法分工，特别是经济贸易方面的法律极为缺乏。随着柬埔寨加入东盟和世界贸易组织，进入21世纪后，其在经济发展方面迈开了更大的步伐，国际经济贸易往来和合作日益频繁，相关法律制度的建设也进入了一个新的阶段。

第一节　柬埔寨公司的特征和分类

一、公司的特征

(一)柬埔寨公司法的主要渊源

如同老挝等国家,柬埔寨本身也没有一部以“公司法”命名的法律,其有关公司的法律规范长期以来由1995年制定并于1999年修订的《商业管理与商业登记法》来规定。2005年,柬埔寨国民会议批准通过了《柬埔寨商业企业法》,该法自此成为柬埔寨公司法律制度最主要的制定法渊源。

(二)柬埔寨法律中公司的概念

柬埔寨法律中并未对公司的概念进行明确具体的界定,事实上,柬埔寨法律所认可的公司与大部分国家法律所确认的公司并无多大差别。在柬埔寨法律中,公司是一种具有独立法律人格的市场主体,公司由股东出资成立,股东对公司债务承担有限责任,公司是有完整的组织机构的独立法人。

二、公司的分类

《柬埔寨商业企业法》规定了合伙和公司两种市场主体。其中,公司分为私人有限公司和上市有限公司两种。根据该法的规定,私人有限公司还包括一人有限公司。

1. 私人有限公司。根据《柬埔寨商业企业法》第86条的规定,私人有限公司是指符合下列条件的公司:(1)公司的股东为2~30人,一人有限公司除外。(2)公司一般不向公众出售其股份或其他有价证券,但可以向其股东、股东家庭成员或者经营管理层出售。(3)公司可就股份转让作出一定的限制。(4)私人有限公司应进行商业注册。

2. 上市有限公司。根据《柬埔寨商业企业法》第87条的规定,上市有限公司指根据该法可以向公众发行有价证券的有限公司。

另外，需要提及的是，在柬埔寨，合伙是与公司相对应的商业企业形式。根据《柬埔寨商业企业法》的规定，合伙分为一般合伙和有限合伙。

第二节　柬埔寨公司法律制度的体系及结构

与老挝等国家一样，柬埔寨并没有专门以“公司法”命名的法律，有关公司法的内容规定在一部统一的《柬埔寨商业企业法》中。因此，同老挝一样，柬埔寨的公司法体系是包含在商业企业法体系中的。根据《柬埔寨商业企业法》的规定，合伙和公司是商业企业的两种组织形式，共同构成柬埔寨市场活动的主体。这样一种市场主体法律体系的设置，与柬埔寨经济发展水平和市场主体构成现状是相适应的。

《柬埔寨商业企业法》有关公司的法律制度主要规定于其第三章。第三章为“有限公司和上市有限公司”，该章分为两个部分，第一部分是一般规定，规定了私人有限公司和上市有限公司的性质、注册相关事项。第二部分是具体规定，规定了有限公司的设立、公司的民事行为能力和民事权利能力、登记注册机构和注册报告记录、董事和管理者、股份和分红、有价证券凭证注册和转让、破产管理、股东、财政事项披露、合并、解散和清算、公司管理者等内容。除了第三章，《柬埔寨商业企业法》第一章是总则，是合伙与公司都应当遵守的一般性规定；该法第五章规定了“外商经营活动”，外国公司的商事活动应遵循其规定。

除了《柬埔寨商业企业法》中关于公司的法律规定，其他法律如《柬埔寨公司财务、审计和会计从业法》《柬埔寨关于经济特区的建立与管理法令》《柬埔寨关于商业公司的贸易活动的规章》《柬埔寨商业登记法》修正案等法律中关于公司的有关规定以及上述法律的实施细则，也是柬埔寨公司法律制度的有机组成部分，构成完整的柬埔寨公司法体系。

如果从内容上来讲，柬埔寨公司法体系主要包括两个部分：第一部分，是有关公司的一般性、原则性规定。包括公司性质、分类、注册条件等规定。第二部分，是有关具体种类的公司的特别规定。包括私人有限公司和上市有限公司的相关规定等。

第三节　柬埔寨公司法律制度的主要内容

本节将主要以《柬埔寨商业企业法》为主，同时参考柬埔寨其他有关公司的法律规定，来介绍柬埔寨公司法律制度的主要内容。

一、有关合伙与公司的一般规定

根据《柬埔寨商业企业法》的规定，要得到法律认可，合伙和公司必须在柬埔寨有持久的办公室和机构并在当地登记注册。合伙和公司必须拥有柬埔寨语言的名称。

二、私人有限公司和上市有限公司

《柬埔寨商业企业法》将公司分为私人有限公司和上市有限公司两种，但在其第三章"有限公司和上市有限公司"中，该法并未对两者分别进行规定，因此该法第三章是有关公司的一般性规定，既适用于私人有限公司，也适用于上市有限公司。

（一）一般规定

《柬埔寨商业企业法》对关联公司作出了规定。关联公司指一家公司是另一家公司的子公司，或者两家公司同时属于某一公司的子公司，或者两家公司由一人实际控制。如果两家公司同时与一家公司构成关联公司，则该两家公司也应认定为关联公司。

（二）有限公司的设立

1. 公司名称。一个或者多个有权利能力的人或法人都可以设立公司。私人有限公司的名称后缀必须是“私人有限公司”或者其适当缩写。上市有限公司的名称后缀必须是“上市有限公司”或者其适当缩写。

2. 公司成立协议。公司成立协议应明确以下信息：(1)公司的名称。(2)公司在柬埔寨的注册办公室。(3)公司的经营目标和经营限制，公司的经营目标可以是一种或多种合法经营活动。(4)注册资本额。(5)股份种类、最高额和每股股价。(6)股东姓名和具体地址。(7)公司的董事姓名以及公司董事最低和最高人数。

(三)公司的权利能力和行为能力

根据《柬埔寨商业企业法》的规定，公司享有与自然人相同的权利能力和行为能力。公司可以在柬埔寨境内开展经营活动。如果公司的注册地及经营活动在柬埔寨，且公司控股51%以上的股东为柬埔寨国籍的自然人或法人的，公司即具有柬埔寨国籍。公司可以制定章程规制自己的经营活动。

(四)注册办公室和公司记录

1. 注册办公室。公司应在柬埔寨拥有永久的注册办公室，该办公室的驻地由公司成立协议规定。公司应向公司董事会发出通告，告知注册办公室的驻地。

2. 公司记录。公司应当在其注册办公室准备和保存如下记录：(1)公司的成立协议和章程，即所有相关文件。(2)会议记录和股东决议。(3)《柬埔寨商业企业法》要求发送的公告之副本。(4)证券登记记录。

公司的股东和债权人以及他们的代理人和法定代表人，可以在公司正常经营时间内查阅上述记录。如果是上市有限公司，其他人也可以在公司正常经营时间内查阅其记录。

(五)董事和管理人员

1. 创始董事会。公司创设时应有创始董事会，创始董事会应在公司成立后1年内组织股东大会，会议通知应当至少提前20日以书面形式送达应到会人员，通知上应注明会议日期、地点和议程。

2. 董事会的权利。董事会负责公司的经营管理活动。根据《柬埔寨商业企业法》的规定,公司成立协议应赋予董事会如下权利:(1)任免所有管理人员并赋予其特定职权。(2)决定上述管理人员的薪资和补贴。(3)修改董事薪资和补贴并提交股东批准。(4)发行公司债券。(5)向股东提出修改公司章程的建议。(6)向股东提议进行合并或重组。(7)向股东提议出售公司所有或主要资产。(8)向股东提议解散公司。(9)按照会计原则及各种类股票所享有的分红权利,公布分红方案。(10)按照公司章程的授权,在公司范围内发行股份。(11)借贷。(12)发行、再次发行或出售公司证券。(13)代表公司提供保证。(14)为公司债务提供保证。(15)清算每个财政年度的会计账目并向股东和股东大会提出利润分配的建议方案。

3. 董事会主席。根据《柬埔寨商业企业法》的规定,董事会应在其成员中选出 1 名主席,主席可以因董事会多数成员投票表决而被免除主席职位,但不能因此而被免除董事职务。

4. 董事人数和董事资格。关于董事人数,私人有限公司的董事为 1 人或多人,上市有限公司的董事至少为 3 人。公司董事由享有投票权的股东以普通决议的方式选出。关于董事资格,任何 18 周岁以上的有法律上的权利能力和行为能力的自然人都可以担任公司董事或管理人员。

5. 董事的责任。对于投票或同意发行非货币股份的董事,若公司收到的相应股份数额低于对价货币金额的,上述董事应共同或分别对此承担责任。董事可以以不知情作为抗辩。

6. 董事的免职和辞职。根据《柬埔寨商业企业法》的规定,享有投票选举董事权利的股东可以通过多数表决对董事进行免职,而免职的理由可有可无。董事可以随时通过书面形式向公司提出辞职。

(六)股份和分红

1. 股份。根据《柬埔寨商业企业法》的规定,每一股份都应登记注册。每一股份都有票面价值,公司不应以低于票面价值的价格发行股票。

《柬埔寨商业企业法》第 144 条规定,如果成立协议没有规定股份的数量和价格的,公司应以每股不低于 4000 瑞尔(Riel)的价格发行至少 1000 股股份。如果协议没有确定股份种类的,则公司即只有一种股份,股份持有者享有同等的权利，包括在所有形式的股东会议上投票、获取公司分红、在公司解散时分配公司财产的权利。

成立协议可以设定不同种类的股份，每类股份上的权利、优先权、限制和条件各不相同。但至少应当有一类股份享有《柬埔寨商业企业法》第144条规定的权利。

2. 股份发行。根据《柬埔寨商业企业法》的规定，董事会可以决定股份和证券发行的时间和对象，但应当遵循公司成立协议、公司章程和股东优先权的有关规定。另外，董事会应当确定将要发行的股份和证券的价格。

关于股份对价，《柬埔寨商业企业法》规定，除非全额支付现金、提供实物或服务，否则股份不得发行。实物支付包括商标、版权、专利以及任何无形财产和商标许可证的使用权利。董事会有权确定实物支付和服务支付的价格，且该决定乃最终决定，但决定有确实错误的除外。上市有限公司不得发行以服务支付的股份。

关于股份等级，《柬埔寨商业企业法》规定，公司有权发行分为若干序列的不同种类股份。董事会有权按照法律规定确定不同种类和序列股份所包含的权利、优先权、限制和条件。除非法律有明确规定，相同种类和序列的股份，其包含的权利和限制应当完全相同。

3. 股东责任。股东以其向公司认购的股份为限承担责任。

4. 股权证书。每一位股东都有权获得股权证书。一个公司发行的股权证书封面必须写明如下信息：公司名称；获得股权证书者的姓名；股权证书代表的股份数额和种类。

5. 股份转让。除了法律禁止情形外，股份可以转让。

6. 分红。在遵守相关规定的前提下，公司董事会可以决定从公司盈利或其净利润中进行分红。在使用公司基金进行分红时，董事会可以拿出部分作为特殊准备金用于公司运作。

在下列情况出现时，公司不得分红：(1)公司分红会使其无法支付到期债务的。(2)公司现有资产少于其总负债的。

关于分红形式，公司可以通过发行股份的方式分红。除非法律有特别规定的,公司可以通过现金或资产方式分红。

(七)股东大会和投票权

根据《柬埔寨商业企业法》的规定,一般情况下,股东大会应当在柬埔寨境内举行,具体地点由公司章程或董事会决议确定。如果有权投票的股东全部同意在柬埔寨境外举行股东大会的,则股东大会也可以在境外举行。

根据《柬埔寨商业企业法》的规定,任何拥有投票权股份的股东或者其代理人,均有权参加会议并按照其所享有的投票权利进行投票。除非法律有其他明确规定,股东投票选举董事或决定其他事项的过程应当不记名进行。

(八)财政事项披露

根据《柬埔寨商业企业法》的规定,在每年的股东大会上,董事会应向股东提供年度财政报告,报告中应载明如下事项:(1)本年度财政事项与上一年度财政事项的比较报告。(2)审计报告。(3)有关公司财政状况的任何进一步信息以及履行公司章程及其他股东协议的效果信息等。

(九)合并

1. 合并的情形。根据《柬埔寨商业企业法》的规定,两个或两个以上的公司可以合并为一个公司,或者通过联合形成一个新公司。公司合并必须通过董事会法定多数通过之决议才能进行。

2. 合并协议。根据《柬埔寨商业企业法》的规定,公司合并协议应载明如下内容:(1)合并的期限和条件。(2)合并后公司的成立协议。(3)合并前公司的每一种类或序列的股份转换为合并后公司的股份或其他有价证券的方法。(4)如果合并前公司的股份不能转换的,该股份的持有者在公司合并中应获得的现金数额、权利、有价证券或财产。(5)每一种类股份的持有者在投票决定合并前所应当知道的其他信息。(6)为了完成合并及为合并后公司的运营作充分准备,所必要的具体安排。

(十)解散和清算

1. 解散。根据《柬埔寨商业企业法》的规定,公司在下列情形下可以随时解散:(1)如果公司并未发行任何股份的,可以随时通过董事会决议解散。

(2)如果公司既无资产也无债务的,可以通过股东特别决议的方式解散。在这两种情形下,公司应当按规定形式向公司董事提出解散要求,收到解散要求后,公司董事应签发解散文书。自解散文书显示的日期起,公司不复存在。如果公司既有资产也有负债的,则应该签发解散意向书,在进行清算后才能解散。

2. 清算。根据《柬埔寨商业企业法》的规定,在发布解散意向书后,公司可以回收资产、分配资产、清偿债务及进行其他必要的清算工作。在公司清算期间,公司的董事或任何利益相关方可以随时向法院申请监督令,要求清算在法院监督下进行。

第八章　马来西亚公司法律制度概述

第一节　马来西亚公司法概述

马来西亚在近现代史上长期为英国的殖民地，政治、经济、文化及社会发展等方面均深受英国的影响，在法律制度方面亦呈现英美法系的特点。

1965年马来西亚125号法令颁布通过了现行《马来西亚公司法》，该法共12篇374条，其后有10个附录，对公司登记、公司章程和规章、公司股份及债券的发行、公司的治理、公司会议及公司清盘等制度均作出了明确细致的规定。作为马来西亚重要的一部商事法，《马来西亚公司法》在立足本土法治资源的基础上，吸收了英美公司法的经验。《马来西亚公司法》在过去的40年中经过多次修订，一直沿用至今。

本章对《马来西亚公司法》的各项制度进行简要的介绍，并着重与中国于2013年修正后的《公司法》进行比较，以便对《马来西亚公司法》有更深入的了解，取长补短，为中国《公司法》各项制度的进一步建立健全提供借鉴。

第二节　马来西亚公司法

一、公司注册及公司章程

（一）公司的类型

根据1965年《马来西亚公司法》第14条的规定，任何2名以上的人可以为任何合法目的而签署公司章程并遵照注册规定后成立公司法人。第14条还对可依法设立的公司类型进行了明确的规定：(1)股份有限公司，即股东以其认购公司的股份为限对公司承担责任，而公司则以全部财产对公司债务承担责任。(2)担保有限公司，即股东的责任以他们已作出的保证在公司清盘时向公司提供资产的数额为限。(3)股份及担保有限公司，即公司股东对公司负有双重责任。股东一方面要以出资额对公司承担责任，对其已认购股份中未付清的数额负责；另一方面还要在其已作出的担保金额范围内对公司债务承担清偿责任。此种情形下，股东已承诺的担保金额带有储备债务的性质，在未发生公司清盘时不得催缴，该笔金额亦不得用于公司债券持有人为受益人的抵押或者质押。该条还规定股东对公司所作出的担保金额，应当记载于公司的组织大纲和公司章程中，并依法进行登记。(4)无限公司，即股东应当对公司债务承担无限连带责任。在英美法系公司法律制度中，一般将公司分为特殊公司和上市公司两大类，特殊公司由宪章或议会特别法所设立，不受商事公司法所调整。上市公司又称注册公司，可以划分为股东有限公司、保证责任公司及无限公司等。而在大陆法系公司法中，公司被分为有限责任公司、股份有限公司、无限公司及两合公司等类型。由此可见，从公司的类型、治理结构及股东对债务的承担方式来看，《马来西亚公司法》在公司分类上借鉴了英美法系。中国现行的《公司法》第2条则将公司分为有限责任公司和股份有限公司两种类型。

（二）公司的注册程序

《马来西亚公司法》规定，注册公司应当按照法定的程序向公司注册官提交注册申请书，并缴纳一定的费用对拟设立的公司名称查询是否可用，经注册官核准可用后，则应当在3个月内按照该法的具体规定向公司注册官提交以下材料：(1)拟注册公司的章程及规章（非强制性、可有可无），在提交的公司章程应包含以下内容：公司名称、宗旨、拟注册的核定资本额以及资本转化为固定金额股份的方式等。(2)注册申请人应当向注册官提交法定宣誓书，承诺并保证该拟注册公司的设立符合本国公司法的各项要求。(3)此外，公司章程还应对公司内部管理关系以及经营范围等进行规范。中国对公司的设立进行了具体的规定，如中国《公司登记管理条例》第17条规定：设立公司也应当申请名称预先核准。另外，该条例还规定，预先核准可以委托代理人，有限责任公司的代理人应由全体股东指定或者共同委托；股份有限公司的代理人则应由全体发起人指定的代表或者共同委托。《马来西亚公司法》也规定，公司名称预先核准的保留期为3个月；而中国法律规定，该保留期为6个月，在保留期限内公司不能使用该名称对外从事经营活动，亦不可将该名称转让。此外，中国《公司法》所规定的设立公司应提交的材料应较《马来西亚公司法》所规定得更为详尽，以设立有限责任公司为例，需要提交的材料包括公司法定代表人签署的设立登记申请书，全体股东指定代表或者共同委托代理人的证明，公司章程，股东的主体资格证明或者自然人身份证明，载明公司董事、监事、经理的姓名、住所的文件以及有关委派、选举或聘用的证明，公司法定代表人任职文件和身份证明，企业名称预先核准通知书，公司住所证明以及国家工商总局规定要求提交的其他文件。

（三）公司注册的效力

当公司的设立人员所提交的材料及其他事项符合《马来西亚公司法》的规定时，注册官应当依法向其颁发注册证书，公司自注册证书上载明的日期始成立。公司成立后，公司的章程签署人与全体股东则成为一个法人团体，有权行使注册公司的所有职能，如起诉、应诉、继承、拥有土地等。当然，权利往往伴随义务，在公司清盘时，上述人员亦应根据公司类型的不同，对公司的债务承担相应的法律责任。

为了维护社会秩序及经济的健康发展，《马来西亚公司法》还就不符合法律条件而不应予以注册为公司的情形作了明确的规定：(1)公司章程或规章所载明的首届董事人员不足2名。(2)公司注册的目的非法，或其他损害或者不符合马来西亚的和平、福利、安全等公序良俗或有悖于道德的目的。(3)拟注册公司将危害国家安全或公共利益的。对于不予登记注册为公司的决定，或者其他有关登记的任何行为、决定不服的，申请人可以在决定作出后的30日内直接向法院起诉。而根据中国《公司登记管理条例》第65条的规定，申请人在公司登记过程中向登记机关提交虚假材料或者采取其他欺诈手段隐瞒重要事实的，取得公司登记的，由公司登记机关责令改正并处以罚款，情节严重的，公司登记将被撤销或者吊销其营业执照。此外，对在登记过程中虚报注册资本、抽逃出资等情形，亦规定了明确的民事法律责任，构成犯罪的，还应当追究刑事责任。

(四)公司章程和规章

根据《马来西亚公司法》的规定，任何公司的设立都应当有经合法登记的公司章程。公司章程对全体股东具有约束力，每位股东均应按公司章程和规章的规定缴纳所认购的股款。在未得到股东认可的情况下，公司不得以通过修改其章程和规章的方式，使公司股东承担更多的公司义务。必要的时候，可通过特殊议案形式对公司宗旨的内容进行修改，须召开相关会议，会议的通知必须在21日内送达参会人员。21日后，公司可以将该修改后的议案报送公司注册官。在此期间，如有股东或债券持有人对议案的全部或者其中一项决议持有异议的，可以申请法院取消。而中国《公司法》对公司章程的内容作出了较之《马来西亚公司法》更为详尽的规定，例如，在修改公司章程时，应先由公司董事会提出修改章程的草案，由股东会对章程修改条款进行表决，修改后的公司章程不须再向公司登记机关报送。此外，《马来西亚公司法》第30条规定，担保有限公司、无限公司在登记公司章程时还应当同时登记公司规章。公司规章也须由公司章程签署人在相关证人面前签署。设有股本的无限公司在规章中应注明登记的股本及参与公司利润分成的股额,未设股本的担保有限公司不得在其章程或规章中将公司业务规定为股份或利益,且不得规定非股东的任何人参与公司的盈利分配。

二、公司的治理

从广义的角度理解,公司的治理是对公司权力的安排。从狭义角度理解,是居于公司所有权的层次,通过对股东会、董事会(独立董事)、监事会等公司职能部门的权力进行合理安排,以实现公司结构合理、管理科学、职能分明、业绩提升的现代化企业目标。

(一)公司办事处

《马来西亚公司法》规定,公司自开业之日起或在注册之日起 14 日内,依法设立一个公司办事处,作为保存公司所有文件的机构,同时也可以作为公司寄发信件和通知的地址,该办事处每天对公众开放的营业时间不少于 3 小时。当公司的办事处地址发生变更时,应当向注册官报告。

(二)董事及高级职员

《马来西亚公司法》第 122 条对公司董事的任职、解职的条件及禁止担任董事的情形进行了规定,公司董事必须由 70 周岁以下的成年自然人出任,如在《马来西亚公司法》实施之前由公司法人担任董事的,则该公司应当重新委任 1 名自然人作为新的董事。董事职位应当在公司大会上以个别选举的方式,通过单一决议委托。董事职位的解除也应在公司大会上以决议案的形式通过,或者在登记官、官方接管人的申请下,由法院对无偿还能力的公司的董事资格予以撤销。每个公司都应当有 2 名以上的董事,董事的主要或唯一居住地应当在马来西亚。公司的第一届董事人员应当载明于公司章程或规章内。此外,《马来西亚公司法》对禁止担任公司董事的人员作出了明确规定,即以下四类人员:(1)因发起、成立或者管理一家公司而被判有罪,且刑满释放后还不满 5 年的人员。(2)涉及欺诈或者不诚实等性质的犯罪,在定罪时被判监禁 3 个月以上,而且刑满释放后还不满 5 年的人员。(3)刑满释放后的5年内,没有获得法庭准许其出任董事的人员。(4)还没有被解除破产人身份的人员等。中国《公司法》亦作出了相类似的规定,即无民事行为能力或者限制民事行为能力;因贪污、贿赂、侵占财产、挪用财产或者破坏社会主义市场经济秩序,被判处刑罚,执行期满未逾5年,或者因犯罪被剥夺政治权利,执行期满未逾5年;担任破产清算的公司、企业的董事或者厂长、经理,对该公司、企业的破产负有个人责任的,自该公司、企业破产清算完结之日起未逾3年;担任因违法被吊销营业执照、责令关闭的公司、企业的法定代表人,并负有个人责任的,自该公司、企业被吊销营业执照之日起未逾3年;个人所负数额较大的债务到期未清偿的5类人员不能担任董事。可见,公司法对董事的任职资格及限制均是为了保证董事能够忠诚而勤勉地履行其对公司的管理职责。

此外,《马来西亚公司法》还规定每个公司必须配备1名以上的秘书,公司秘书职位不得空置超过1个月。秘书必须是主要或唯一的居住地在马来西亚的成年人,且为马来西亚财政部长指定的某专业团体的会员或者是已从登记官处取得专业执照的人员。同时,不得担任董事职位的4类人员,亦不得担任公司秘书。公司应将董事持股的详细情况登记在册,以供公司所有股东免费查阅,公司还应在其办事处设置董事、经理及秘书名册。公司的高级职员、代理人或者股票交易所的高级职员不得以其取得的任何资讯为自己或他人谋取非法利益。

(三)公司会议

1. 公司股东大会。《马来西亚公司法》规定,设股本的股份有限公司必须在其有权开业的日期起不少于1个月并不超过3个月的期间内召开一次公司股东大会,该次会议为法定会议。公司应在该会议举行日7日前将一份法定报告发送给每位股东。该报告应当主要载明下列内容:公司配发的总股额及缴付情况;公司收取的现金情况;公司的收支情况;公司董事、债券持有人的受托人、审计师、经理及秘书的基本情况。法定报告中的有关财务状况须经审计师审查并出具相应的报告。董事会应将法定报告和审计师报告于会议7日前呈递给公司登记官。出席会议的股东可以自由地讨论公司成立以及法定报告中的有关事宜。

2. 公司年会。每家公司每年须召开一次年会,且两次年会的间隔时间不能够超过 15 个月。如果公司是在注册后的 18 个月以内召开第一次年会,那么该公司就不需要在其注册年或者注册年的次年里两次召开年会。中国《公司法》第 100 条规定股东大会应当每年召开一次年会,并规定在特殊情形下可以召开临时股东大会。《马来西亚公司法》还规定,如果注册官认为有必要的,可以接受公司的申请,将两次年会的间隔时间以及首次召开年会的规定时限进行延期。公司在向所有有权参加会议的人员发出通知的情况之下,可以随时召开年会,也可以决定将其他任何会议的内容在年会中进行讨论。

3. 公司特别大会。持有公司 1/10 以上大会投票权的股东有权向公司董事会提议召开特别大会,公司董事会应当在接到正式要求后 21 日内进行讨论,并在 2 个月内召开公司的特别大会。如果公司董事会不对该提议进行讨论,会议开销从董事的有关服务费用或薪酬中扣除。如果是由 2 名以上持有不低于1/10公司已发行股本的股东,或者不设股本公司不少于股东总人数 5% 的股东所召开的会议,也可视为公司会议。在中国,股东为了维护自身合法权益,可单独或者由合计持有公司 1/10 以上股份的股东共同提出请求,召开临时股东大会。

4. 关于公司会议的其他规定。公司不得作出限制有投票权的股东投票的规定,股东可以委托代理人投票。公司会议的主席由出席会议的股东选举产生,每位股东所持有的一股即为一票,股东亦可委托 1 名或多名有相应资格的代理人代其出席会议并投票。如果某公司是另外一家公司的股东或者债权人,该公司可以委托有关人员作为代表参加会议并投票。每位股东都有权出席公司的大会,并对决议案拥有发言权及投票权。因故导致公司会议无法召开时,法院可以根据任何董事、有投票权的股东的申请,责成公司召开会议。在有 1/20 以上有投票权的股东或者 100 名以上的股东提出正式要求的情况下,公司应当向股东发出会议决议内容以及处理意见的声明或通知。

下列重大事项只能由公司大会作出决议:(1)收购重大价值的产业、出售公司主要产业以及严重影响公司业绩或者财务状况的决定。(2)公司发行股票的决定。(3)向公司的董事及其利害关系人收购、出售非现金资产的决定。

如果全体有权出席会议及投票的股东共同签署了一项书面决议案,在这种情况下,即使没有召开公司大会,也被视为由公司大会通过的决议案或者特别决议案。公司应对大会、董事会及经理会议的全部过程进行记录,并由主持该会议的主席或主持下次会议的主席签署。会议记录是会议召开的证据,并供所有股东免费查询。

(四)年度报告

《马来西亚公司法》规定公司必须在每年的年会后向登记官呈报一份由董事、经理或者秘书签署,并附上有关法定材料的公司年度报告。年度报告的主要内容为:公司办事处的地址、股东名册的设置地址、抵押的负债情况、公司最后经审计资产负债及损益表、董事经理秘书的详情、审计师等情况。其中,设股本公司的年度报告中还应包括股东名册、股份转换为股票的情况等内容。无须向登记官呈报账目的公司,在其年度报告中应当附上审计师签署的公司账目声明,以说明公司是否保存会计记录,该账目是否经依法审核,公司是否具备支付到期债务的能力等情况。另外,股东人数超过500人的公司无须提供股东名册。

三、清盘

清盘是指公司的生产运作停止,所有资产(包括公司的厂房、办公室及物业)等在清盘期内出售、变现,收回债权,并按照法定的次序清偿公司所欠的债务,之后按照法律程序,宣布公司解散的一系列过程。《马来西亚公司法》规定的清盘与中国《公司法》所规定的清算及公司解散制度相类似,清盘程序的启动通常是因为公司资不抵债、经营状况陷入恶化、公司运行陷入僵局等,也可以由公司主动进行。

根据《马来西亚公司法》的规定,根据公司的启动主体及启动程度的不同,可以将清盘分为自动清盘和法院清盘。公司在清盘时,每一名现任股东及前任股东都必须以自己所占公司的股份比例或所负的应有责任承担公司的债务、清盘费等费用。这些规定都充分地明确了公司股东的责任。但在下列情况下除外:(1)清盘开始时已停止股东身份1年以上的前任股东。(2)前任股东无须分担其停止股东身份后公司产生的债务。(3)当现任股东足以承担时,前任股东无须承担。(4)股份有限公司的股东只按其缴付的股份承担。(5)担保有限公司的股东只承担其所担保的责任。在有限公司的清盘中,负有无限责任的现任或者前任董事,除了承担其作为普通股东的责任外,还应如同无限责任公司的股东那样进一步承担公司的无限连带责任,除非该董事在清盘开始时已停职1年以上,或者公司规章有无须承担责任的明确规定的(法院认为有必要承担的除外)。此外,前任董事也无须分担其停职后公司产生的债务。

(一)法院清盘

《马来西亚公司法》规定,法院可以训令清盘,具体包括以下几种情形:(1)公司通过特别议案申请由法院清盘的。(2)公司未呈报法定报告或者举行法定会议。(3)公司注册后1年内未开业或全年未营业。(4)公司股东人数降至2人以下。(5)公司已无偿还债务的能力。(6)董事会不顾股东利益处理公司事务或不能公平、公正对待股东。(7)检查官依法认定需要清盘的。(8)公司章程或规章规定的公司经营期限到期或公司解散情况发生的。(9)法院认定应当清盘的。(10)公司根据有关银行法取得的执照已被取消、交回或有违反银行法行为的。(11)公司从事伊斯兰教有关业务。(12)公司根据保险法取得的执照被取消或清盘。(13)公司被用作非法目的的。其中,公司无偿债能力是指:公司欠款500万林吉特以上的到期债务,且在债权人催还后3个月内依旧未偿还该债务;公司不执行法院有关该公司的判决;法院确定公司已无偿还债务能力。有权向法院提出清盘申请的主体有公司、公司的债权人、负连带偿还责任人、清算师、财政部长、银行以及登记官员。从清盘申请提出到清盘令作出前,公司、债权人或负连带偿还责任人都可以向法院申请暂停或者制止任何针对清盘公司而采取的行动或者提起的诉讼。法院清盘时,应同时考虑公司所有债权人和负连带偿还责任人的利益。开始清盘后，公司不得出售其产业或改变股东的地位，对公司产业的任何查封和扣押均属无效。当清算师已最大限度套现公司的所有产业并分配给各债权人，而且对负连带偿还责任人之间的权利作了最后一次调整后，可以向法院申请命令以解除其清算师职位及解散公司。法院下达解散公司的命令后，被清盘的公司从接到解散命令之日起即告解散。

（二）自动清盘

除法院清盘外，公司也可以依下列原因而自动进行清盘：(1)公司章程、规章规定的公司经营期限已满或者公司必须解散的情形发生。(2)公司大会通过决议案决定公司自动清盘。(3)公司的特别决议决定清盘。

公司决定自动清盘的，应在清盘决议作出后的7日内向公司注册官进行报告，并在马来西亚的全国性报刊中进行公告。当公司因负债无法继续经营而决定清盘时，应在向注册官及官方接管人报告后，立即委任1名临时清算师履行清算职责，该临时清算师的任职至正式的清算师被委托时止。自动清盘从清盘决议通过之日起，或者宣誓书呈报注册官之日起开始计算。否则，公司必须从开始清盘的时候起停止营业，除非清算师认为有利于清盘，即使公司规章有任何相反的规定，公司的企业地位及权力都必须继续至解散。清盘期间，股东的股份不能擅自转让，股东地位亦不能擅自改变，否则前述行为均属无效。决定自动清盘的公司，其董事会可以在清盘决议案讨论前发表一篇书面宣誓，说明公司在开始清盘后12个月内具有偿还其全部债务的能力。宣誓书后必须附上载有公司资产、负债、清盘预算等内容的公司状况说明书。如果宣誓书中没有合理的理由而认定公司能按时偿还其全部债务，或者到了宣誓书载明的时间公司仍不能完全偿还债务的，则作出该宣誓的董事将被追究刑事责任。

四、外国公司

《马来西亚公司法》所适用的外国公司是指在马来西亚拥有一个业务处或在马来西亚境内营业的一个外国公司。该法规定，在马来西亚成立外国公司必须向注册官呈报注册文件，这些文件具体包括：(1)在公司注册地或公司发源地相关的注册证书的副本。(2)公司设立宪章、章程、备忘录及公司设立相关文件的副本。(3)公司的董事、经理或秘书的名册。(4)如董事成员包括有马来西亚的公民时,应该说明该董事的权限。(5)公司正式委托的马来西亚代表的有关情况。公司法定代理人以规定形式作出的法定宣誓书。当外国公司满足成立的要件之后,注册官应该给公司颁发一张用于证明其已经按规定注册的证书。如果呈报给登记官的文件当中有事项发生变更的,外国公司应该在变更内容后的 1 个月内向登记官呈报具体变更内容,并且附上新的文件。注册官在接到变更呈报后,应该向外国公司颁发新的证书。而中国《公司法》第十一章则专门对外国公司的分支机构进行了规定,即如果外国公司在中国境内设立分支机构,必须向中国的主管机关提出申请,并提交章程、所属公司登记证书等文件,经过批准后,方可向公司登记机关办理登记,领取营业执照。此外,《马来西亚公司法》规定,外国公司在马来西亚境内有权持有不动产,而中国《公司法》并没有赋予外国公司的分支机构在中国可以持有不动产的权利。

外国公司每年都应该向注册官呈报公司当年的状况报告,而且还必须在召开年会后的 2 个月之内向注册官呈报下列文件:(1)该财务年度的资产负债表。(2)公司注册地或公司住所地对有关资产负债表进行规定的文件。(3)法定宣誓书。(4)经过审计师审计的公司资产以及债务的说明书。(5)经过审计的公司损益表。(6)对公司业务赢利或亏损状况的解释说明。外国公司在马来西亚境内必须设立一个住址为注册办事处,以用于给其寄发函件或通知,并且在除周末和公共假期的时间外,每天至少要对外营业 5 小时。外国公司还应该在马来西亚境内设立一个业务处,并在公司开业后的 1 个月内,将其办事处的地址和对公众营业时间向注册官进行汇报。外国公司的代理人对该公司在马来西亚境内所做出的所有活动、事项或事务负责,但法院确认其不用负责的除外。

外国公司如果要停止其在马来西亚的业务,应该在 7 日之内向注册官进行呈报。如果外国公司是公司注册地或公司住所地进行清盘或者解散,则应该在清盘或者解散开始之后的 1 个月内向注册官进行呈报。由法院所委任的清算师应该邀请外国公司的所有债权人在分配资产前向该外国公司申报债权,并且可以优先取回并套现外国公司在马来西亚的资产。注册官在收到代理人的关于外国公司解散通知时,或者经过确认该外国公司已经停止在马来西亚的业务时,有权将该公司从注册的名册上删除。

第九章　缅甸公司法律制度概述

第一节　缅甸公司的特征和分类

在历史上,缅甸长期是英国的殖民地,其法律制度也深受英国的影响,所以缅甸具有较深远的英美法传统。缅甸独立后至今,其政治制度可谓处于一种非常不正常的状态当中。在东盟各国中,缅甸的自主立法能力较弱,其法律与法律制度的建设也是最不完善的。缅甸制定的法律往往受英国法律的影响,尤其是受英国殖民者在印度制定的法律的影响,许多方面甚至是直接适用英国在印度制定的法律,《缅甸公司法》即为其中的一部法律。

一、缅甸公司的特征

根据公司法的一般理论,公司具有法定性、独立性、社团性、营利性等特征。结合缅甸公司法律制度的有关规定,缅甸公司具有以下特征:

(一)公司设立的法定性

公司的设立必须符合公司法规定的条件和程序。《缅甸公司法》第一章"初步条款"第2(2)条规定,"公司"意为根据本法成立并业已注册的任何公司或任何现有公司。"现有公司"意为根据《1866年印度公司法》……或根据《1882年印度公司法》成立并注册的公司。《缅甸公司法》第二章“公司章程和设立”、第三章“股份、注册和责任”、第七章“公司设立申请的提交和公司的注册”等进一步规定了设立公司的具体条件，包括在缅甸设立公司应符合法定的名称、章程、契约书、公司成员的人数、办理登记与注册等。

（二）公司严格的社团性

社团性又称联合性，是指公司作为社团法人是由多数人组成的法律性质。传统民商法将法人分为社团法人和财团法人两大类，而传统公司法也强调公司是社团法人的一种，即公司必须是由两个或两个以上的股东出资而组成的法人，单独一人一般不能组成公司，反映了公司是个人结合的社团。按照公司社团性的要求，公司应当是一种联合体：从联合的主体来看，公司可以是自然人与自然人之间的联合，也可以是法人与法人之间的联合，还可以是自然人与法人之间的联合；从联合的客体来看，公司可以是实物财产与货币资金的联合，也可以是工业产权、非专利技术、土地使用权等与实物财产、货币资金的联合。正是公司所具有的社团性或联合性特征，才使公司法呈现丰富多彩的内容。

随着一人公司打破传统公司法规定的约束而在实践中获得发展，其在地位上也逐渐被许多国家的法律所承认。在发达国家中，美国、德国、法国、日本的法律都允许设立独股公司。有的国家如意大利不允许设立独股公司，但在原来设立的公司股东只剩下一人时，允许公司继续存在。[①] 中国《公司法》第 57 条第 2 款规定：“本法所称一人有限责任公司，是指只有一个自然人股东或者一个法人股东的有限责任公司。”第 64 条第 2 款规定：“本法所称国有独资公司，是指国家单独出资、由国务院或者地方人民政府授权本级人民政府国有资产监督管理机构履行出资人职责的有限责任公司。”这种有限责任公司被称为国有独资公司。以上两种有限责任公司的共同点就是只有一个股东，同样突破了公司社团性的理论限制。在英国，从 1992 年 7 月 15 日开始，只有一名股东也可以按照有关法律的规定成立股份有限公司或者保证有限的私人公司。尽管《缅甸公司法》深受英国的影响，但是《缅甸公司法》至今仍

① 参见孙晓洁：《公司法基本原理》（第 2 版），中国检察出版社 2006 年版，第 72 页。

严格坚持公司的社团性特征，要求公司的成员最少为2人。这里的“人”不仅包括自然人，也包括法人。

（三）公司的独立性

公司作为企业法人是具有人格的，即公司依法享有独立的民事主体资格和地位。公司具有自己独立的财产，能够独立地作出意思表示，享有权利和承担义务，并能够以自身的财产对外独立承担责任，独立地起诉与应诉。虽然《缅甸公司法》认可了无限责任公司的存在，但在实践中最为常见的仍然是股份有限公司，其独立性表现在公司拥有自己的资产，可以产生债务，可以参加诉讼，公司股东的责任限于公司章程所载的内容，即使是出资不足的公司也只以股东各自持有的股份为限承担责任。

二、缅甸公司的分类

按照不同的分类标准，公司可以划分为不同的类型。了解与分析一个国家对公司的分类，有助于更好地理解该国公司法律制度的立法精神与要旨，明确不同类型公司的特点、公司的法律地位以及公司与股东之间的法律关系等重要问题，也有利于准确地把握与实施公司法对不同公司设置的不同规范与行为规则。在缅甸，公司一般可以作如下分类：

根据公司成立的目的不同，缅甸公司可以分为：工业、制造和建筑公司；贸易公司；服装公司；宾馆服务公司；旅游公司；宝石公司（此类公司只有缅甸的公民才能成立）；金融公司（其成立的目的主要是接受当前账户的存款或支票、汇票、付款通知单，此外还包括借款、资金筹集或承兑，授予或发行信用证，接受或执行信托财产等业务）；保险公司。[②]

根据股东对象的不同以及股票能否转让，缅甸公司可以分为私人公司和公众公司。

私人公司是由限制数以下的股东共同出资经营，其出资转让受到限制并不能公开招股的公司。而公众公司则是指可按法定程序公开招股，股东无法

② 参见申华林：《东盟国家法律概论》，广西民族出版社2004年版，第284页。

定人数限制,股票可以在证券市场上公开转让的公司。英国1980年公司法较为清晰地确立了私人公司与公众公司的分类,其对私人公司的界定是:(1)成员不超过50人。(2)对股份转让加以限制。(3)禁止向公众发行股份。可见,这里的私人公司在本质特征上与大陆法中的有限责任公司相同。其对公众公司的界定是:(1)须在公司组织大纲中明确规定其为公众公司。(2)遵守公司法上有关登记注册要求。(3)在公司名称中必须表明其为"公众有限公司"。(4)公司正式营业前必须满足法定最低资本限额要求(已发行并已实缴)。可见,这里的公众公司不同于大陆法系中的股份有限公司和上市公司,但其实质特征与公开募集成立的股份有限公司相同。[③]《缅甸公司法》有关私人公司的规定与英国公司法相类似,其第一章"初步条款"第2条(13)规定,"私人公司"意为:(a)限制股份转移的权利(如果有)。(b)将董事会成员人数限制在50人以内,这50人不包括公司所有雇用的人员。(c)禁止向公众发出任何认股,或者(如果有的话)公司债务认购邀请。对于公众公司,《缅甸公司法》则用排除法作了简明的规定:"公众公司"意为根据本法,或《1882年印度公司法》,或《1866年印度公司法》,或其他已经废止的法律成立时不被认为是私人公司的并注册的公司。

根据股东承担责任的方式不同以及是否有股本,缅甸公司可以分为无限责任公司、以股份限制股东责任的公司和以担保限制股东责任的公司。

首先,按照股东承担责任方式的不同,公司可以分为有限公司和无限公司两种形式。有限公司的股东依法对其固定投资额或者公司文件中载明的投资额承担有限责任。无限公司的股东对公司债务承担无限连带责任。《缅甸公司法》第5条将其称为"无限责任公司"。与有限公司相比较,无限公司的特点就在于股东责任的无限性和连带性。无限性指股东对公司债务所承担的责任不以其出资额为限,而是以其全部的个人财产对公司的债务承担无限责任。连带性是指每个股东对公司的债务不仅要承担无限责任,而且相互之间还要对外向公司债权人承担不分先后顺序、不分份额的清偿责任。当公

③ 参见孙晓洁:《公司法原论——基础理论与法律规则》,中国检察出版社2011年版,第72页。

司资不抵债时,公司的债权人可以就公司财产不足以清偿的那一部分债务,向无限公司的任何一个股东请求全部清偿。

其次,按照是否具有股本,有限公司又可以划分为以股份限制股东责任的公司和以担保限制股东责任的公司。前者指股东依据公司章程载明的数额各自认缴并持有股份而成立的有限公司,股东对公司债务的责任仅限于其出资范围,即一旦股东已经完全并且有效地偿付其股份,股东就没有其他责任。《缅甸公司法》第5条将其称为"责任以股份为限的公司"。以担保限制股东责任的公司是指依据股东的承诺而成立的有限公司。《缅甸公司法》第5条将其称为"责任以担保为限的公司"。此种形态的公司是英国公司法上特有的公司类型,一般适用于公益组织或者是准公益组织,多为非营利机构性团体或机构,如医院、学校、博物馆、宗教或慈善组织、科研机构、文艺团体、体育组织等。《缅甸公司法》第26条专门就此种公司的非营利性作了规定,以慈善性和其他公司名义分配"有限"权力。协会会长所履行的义务是使……其成立的目的是促进商业、艺术、科学、宗教和慈善活动,或者其他任何有用的项目并且应用或想要应用他的利润(如果有的话)或其他收入去促进这些项目,并禁止其向成员支付红利。

以担保限制股东责任的公司的主要特点有四个:一是公司在注册时不要求必须有股本。二是股东责任仅限于其承诺的范围,即股东只在其承诺出资的范围内对公司承担责任。三是只要公司存在,股东就没有责任可言;当公司发生清算时,才会发生股东责任。四是股东责任不仅在其作为股东期间有效,而且在其丧失股东资格后一年内仍然有效。[④]《缅甸公司法》第7(1)(e)条的规定鲜明地体现了此种公司的后三个特点:公司以担保承担无限责任的情况下……每名公司成员同意,如果当他还是公司成员时公司被清算,或者在清算开始后一年之内,向公司资产注资用于偿还其公司成员身份终止前约定承担的公司的债务及负债和支付清算的诉讼费、费用和开支,用于公司各股东之间权益理算,数额不应超过特定数目。

---

④　参见孙晓洁:《公司法原论——基础理论与法律规则》,中国检察出版社2011年版,第71~72页。

根据《缅甸公司法》，经过重新登记，公司种类可以相互转化。缅甸公司种类的转化，主要包括以下两种情况：

1. 无限责任公司重新登记为有限责任公司。《缅甸公司法》第67(1)条规定，任何注册为无限责任公司的可以根据本法令注册为有限责任公司……但注册的无限责任公司改为有限责任公司不得影响、改变登记前任何与公司有关的债务、负债、义务或合同，并且这些债务、负债、义务或合同可予以强制执行……这就极大地保障了公司债权人的利益，因为公司组织形态上的变化没有给与公司有关的债务、负债、义务或合同带来不利影响。此外，《缅甸公司法》第68条还允许无限责任公司在重新登记时拥有保留股本的权利。

2. 私人公司重新登记为上市公司。根据《缅甸公司法》第154条的规定，私人公司要转变为上市公司，必须满足两个条件：第一，修改公司章程，其目的是使公司不再具有《缅甸公司法》第2(13)条所规定的私人公司应具备的三项要求。第二，从公司修改章程之日起，公司必须终止其作为私人公司的资格，并从上述期限届满之日起14日内，向注册机关提交招股说明书，或者是提交在形式上能够替代招股说明书的声明，而且还要按照《缅甸公司法》中《招股说明书的规定》之要求，就公司的股本总额、红利、优先权股份的组成、董事与经理的情况等作详细的阐述。

从上述《缅甸公司法》所划分的公司类型来看，《缅甸公司法》与中国《公司法》规定的公司形式存在较大的差别，突出表现在两个方面：其一，中国《公司法》只调整有限责任公司和股份有限公司这两种法定的形式，否定无限责任公司。中国《公司法》允许一人公司的存在即一人有限责任公司与国有独资公司；而《缅甸公司法》则严格遵守传统公司法的公司社团性，没有关于一人公司的规定。其二，《缅甸公司法》不仅规定了营利性的公司，还明确规定了以担保限制股东责任的公司，并突出了此种公司的非营利性，以规范公司在从事非营利性公益性活动时的行为；而中国《公司法》只注重规范公司的营利性，没有考虑对公司的社会公益性也予以调整。

第二节 缅甸公司法的体系及结构

公司法有实质意义与形式意义之分。实质意义的公司法,也称广义的公司法,是指规范各种公司在设立、运营、终止过程中发生的对内、对外关系的法律规范的总称。形式意义的公司法,也称狭义的公司法,是指冠以"公司法"名称的法律。作为部门法意义上的公司法,既包括形式意义的公司法,也包括其他法律法规中有关公司的法律规范。⑤ 本节主要从广义的角度来阐述缅甸公司法的体系,剖析缅甸公司法的结构则从狭义的角度展开。

一、缅甸公司法的体系

缅甸调整公司的法律规范包括 1914 年的《缅甸公司法》(Myanmar Companies Act)、1950 年的《特别公司法》(Special Companies Act)、1955 年的《缅甸公司法(修正)》[Myanmar Companies(Amendment)Act]、1957 年的《缅甸公司管理条例》(Myanmar Companies Regulations)等,这些法律规范构成了现在缅甸公司法的体系。⑥

二、缅甸公司法的结构

当今,各国公司法中均由任意性规范和强行性规范两类组成,并由此组合刻画成公司法的特定结构。以规则的适用与否能否以公司参与者的意志为转移为标准,公司法中的法律规范可以分为强制性规范与任意性规范。在这种语境中,强制性规范就是指当事人不得以其意志排除适用的法律规范,禁止人们为一定行为的规范(禁止规范)和强制人们为一定行为的规范(强制规范)当然属于强制性规范。任意性规范则是指由当事人的意志排除适用的法律规范,它的典型形态就是那种当事人如若不排除即予直接适用的规范

⑤ 参见孙晓洁:《公司法基本原理》(第 2 版),中国检察出版社 2006 年版,第 16 页。

⑥ 参见申华林:《东盟国家法律概论》,广西民族出版社 2004 年版,第 284 页。

(任意规范或补充规范)。[7] 因为公司不仅关涉股东之间的利益,而且关涉公司之外第三人或债权人以及整个社会的经济利益与交易安全,所以国家必须通过法律的形式将某些涉及公司外部关系、交易行为等方面的制度法定化和强制化,以实现对公司的必要法律指导与管理控制。在《缅甸公司法》中,以强制性规范为主,国家的干预与强制性较为突出,集中表现为:(1)公司取得市场主体资格的规定。如公司的设立必须符合法定的条件与程序,对公司营业基本要素(公司办事处、名称、资本数额等)的管理。(2)对公司内部事务的干预。如对公司章程必要记载事项和内容的明确列举,公司内部治理机构的设置及职权、职责的法定,公司股东会议、董事会议等的法定要求。(3)对公司交易过程设定限制条件和管制措施。如有关公司财务与会计制度的法定要求,抵押权、债券与担保的法定要求,公司解散、破产及清偿的程序等。这些都体现了缅甸政府的有形之手、权力之手对交易当事人自由意志的约束与限制。(4)违反公司法是严格的法律责任。在《缅甸公司法》中,这些法律责任不仅有民事责任,还有行政责任与刑事责任,而且一个显著的特征是行政责任居多。其立法目的乃是补充一般民事责任的不足,强化当事人违反强行性要求时的法律责任。

除了强制性规范外,《缅甸公司法》也设定了一些任意性规范,为公司与股东保留了按照自己意愿从事活动一定的空间。例如,《缅甸公司法》第 42 条规定,只要公司认为合适,它就可以按照其章程制定保留英国登记的规定。第 50 条规定,如果公司章程有授权,有限责任公司可以……从语言表述来看,这些规定属于任意性规范。

从整体上分析,《缅甸公司法》在结构上是强制性规范居多,反映了其注重追求交易安全的价值取向与浓厚的干涉主义。

---

⑦ 参见邓辉:《论公司法中的国家强制》,中国政法大学 2003 年博士学位论文,第 32 页。

第三节　缅甸公司法律制度的主要内容

笔者认为,分析任何一个国家公司法的主要内容,需要从作为法律存在的构成要素入手。在法学理论上,有关法律的构成要素看法不一。在国外,有奥斯丁的“命令模式”论,有哈特的“规则模式”论,有庞德的“律令—技术—理想模式”论,有德沃金的“规则—原则—政策模式”论等。在中国法学理论上,一般采用的是张文显教授在综合了哈特的“规则模式”与德沃金的“规则—原则—政策模式”之后提出的“原则—概念—规则”学说。“法律主要是规则的构成”,公司法也不例外。因为法律规则之于法律制度具有重大的基础性意义,所以公司法规则是分析公司法律制度必须回归的一个原点。特定的法律规则总是针对特定的调整对象;公司法规则针对的是公司这种特定的社会事实存在,调整的是公司在设立、运营、终止过程中的行为和关系。一般来说,一个国家公司法的主要内容包括三个规则群:人格规则、内部治理规则、财务规则。它们分别调整公司人格地位与人格过程、公司内部各个主体之间的权利义务关系、公司运行过程中的资本关系与财务报告行为。[⑧] 这种规则群的分类逻辑是基于公司中的具体事务,可以更好地把握该国公司法律制度的全貌。

一、缅甸公司法律制度的人格规则

公司法的人格规则群可以从静态和动态两个方面考察。静态上的人格规则涉及公司是否具有人格以及具有什么样的人格。动态上的人格规则关注的是公司的人格是如何产生、如何变动、如何消灭的。

(一)公司人格产生

公司通过设立程序获得法人人格。公司设立的本质在于使一个尚不存

---

⑧　曹兴权:《公司法的现代化:方法与制度》,法律出版社 2007 年版,第 65 ~ 66 页。

在或正在形成中的公司雏形逐渐具备法律规定的条件并取得市场主体资格。公司设立既是一个程序问题，同时也是一个实体问题。就程序问题而言，各国或地区的公司立法均规定了公司设立的步骤及其法律效果，整个设立过程都必须符合法律规定；就实体问题而言，公司的设立是以一定的信用作为基础结合成一定的组织。⑨《缅甸公司法》主要就公司设立的程序问题作了规定，而且在内容上较为简单。《缅甸公司法》第二章“公司章程和设立”第4条侧重从公司股东人数方面为公司设立设置了两项禁止性规定：一是禁止股东成员人数多于10人的任何公司设立从事金融业务的公司。二是禁止股东成员人数多于20人的任何公司设立从事金融业务以外的其他任何由公司、机构和合伙组织，或该公司、机构和合伙组织的股东成员从事的以为其获取收益为目的的业务。对于公司的章程，《缅甸公司法》第6～8条分别对股份有限公司、以担保为限承担责任的公司和无限责任公司的章程所应记载的绝对必备事项作了规定，这些必备事项包括公司的名称、公司的注册营业地、公司的经营范围、公司成员的责任等。

公司的设立程序以设立登记结束。《缅甸公司法》第六章“公司的登记机关和相关费用”就公司的注册登记机关、公司登记的费用、公司向登记机关提交财务报表等文件、公众查阅公司档案等问题作了规定。其意义在于：一是确认公司的法人主体资格。二是将公司的基本情况向社会公众公示，以达到便利和保护与公司进行交易的第三人的目的。三是便于国家对公司的监督管理或贯彻某些导向政策。

值得一提的是，《缅甸公司法》第9条明确规定：“公司章程应该由公司的每一名股份认购人（须在签名处写明其地址以及自述内容）在至少有一名应该鉴证其签名真实有效的见证人在场的情况下签署。”而中国《公司法》第25条规定：“……股东应当在公司章程上签名、盖章。”与中国《公司法》相比，《缅甸公司法》在形式上更注重股东对公司章程认可与接受的真实有效性。这一现象可以用英美法系有关公司（法人）本质问题的主流观点中的公司契约理

⑨ 参见孙晓洁：《公司法原论——基础理论与法律规则》，中国检察出版社2011年版，第98页。

论来分析。公司契约理论认为，公司代表的是一系列复杂的由各种要素构成的签约关系，或者说公司是在组成企业的各种要素之间确定了权利和义务的一系列合约安排。[10] 法律和公司章程等正式文件构成了公司的保障，这既为公司在处理日常事务和可预见性事件时提供了可靠的依据，也有利于确保公司内部多方当事人之间关系的稳定性。无疑，《缅甸公司法》对于股份认购人签署公司章程的严格要求能够更好地产生契约必须遵守的法律效果。

（二）公司人格变动

为了理顺公司内部关系，同时基于保护其他人对有关公司人格事项的既有预期，《缅甸公司法》也对公司人格变动作了专门规范，包括公司名称变更、公司组织形态的变更及公司内部其他重大事项的变化。

公司名称是公司人格独立与特定化的体现，也是公司从事生产经营活动的基础，因此《缅甸公司法》对公司变更名称作了严格的规定。根据《缅甸公司法》第 11 条的规定，公司必须经过特别决议并且要取得缅甸联邦总统的书面批准方能变更其名称。在公司变更其名称时，公司注册官应当登记公司的新名称以取代公司的原有名称，并向公司颁发载明变更名称全部内容的公司名称变更证书。考虑到公司名称变更可能会对其有关的权利、义务及法律程序造成影响，《缅甸公司法》明确规定，变更公司名称不应影响公司的任何权利和义务，造成由公司提起或针对公司的诉讼程序出现缺陷；由于公司曾用名所引起的任何已继续或启动的针对公司的诉讼程序可以针对公司新名称继续或启动。

在公司发展的过程中，公司出于各种原因需要从现有的组织形态转变为其他的组织形态。为了使投资者能够快捷、经济地改变公司的组织形态，各国公司法均规定了公司组织形态的变更制度，使公司无须中断法人人格和生产经营活动，通过满足法定的要求和履行一系列法定程序达到变更公司形式的目的。《缅甸公司法》也确认了这一为各国公司法普遍采用的制度，其第 67

---

⑩ 参见刘坤：《意思自治视角下的公司章程法律制度解读》，中国法制出版社 2010 年版，第 64 页。

(1)条规定了无限责任公司重新登记为有限责任公司应满足的条件和程序，第154条规定了私人公司重新登记为上市公司应满足的条件和程序。

（三）公司人格终止

公司人格终止是一种事实状态或法律结果；公司人格终止制度是关于公司退出市场并消灭其主体资格的制度，是公司法的重要组成部分。综观各国公司法对公司终止原因所作的规定，共同的原因有两个：解散和破产。《缅甸公司法》第五章“公司的解散”对此作了专章规定，主要涉及解散和破产的原因、程序等内容。

1.解散。关于解散的事由，根据《缅甸公司法》第155条的规定，公司的解散事由包括三种情形：①自动解散。②由法院解散。③在法院的指导下解散。在这里，法院解散是基于法院的命令而进行的解散。根据《缅甸公司法》第162条的规定，引发法院解散的原因主要有以下七种情形：①公司通过特别决议决定由法院解散的。②没有按规定提出法定报告或者召开法定会议的。③公司成立一年后没有开展营业或者中止营业满一年的。④公司成员减少，私人公司少于2人，其他公司少于7人。⑤公司无力偿还债务的。⑥根据1952年缅甸联合银行法第55条的规定被吊销营业执照的。⑦法院有理由认为公司的解散是公平公正的。对于什么是“公司无力偿还债务”，《缅甸公司法》第163条进一步规定：①如果一债权人曾在一家公司供职，并通过分配或者其他方式使公司欠他的到期款项超过500卢比，他通过向总公司发送挂号邮件或者其他方式促使公司偿还其应支付这笔款项，而公司在此后的3个星期没有支付该笔款项，也没有提供担保或达成协议，没有让债权人获得合理赔偿的。②有利于公司债权人的法院的判决或命令的执行或其他程序，因其整体或部分不能令人满意而被驳回的。③能够向法院提供足够的证据证明公司已无力偿还债务的，在决定公司是否有偿还能力的时候，法院要考虑到公司可能的和预期的债务。

关于解散的申请，根据《缅甸公司法》第166条的规定，通过法院解散公司的，必须向法院提交解散申请。有权向法院提出解散申请的人员包括：公司自身、债权人（包括任何可能或预期成为债权人的人）、出资人和公司的注册机关。其中,出资人提出解散申请须满足两个条件:一是公司成员减少(私人公司少于2人,其他公司少于7人)。二是他持有公司股份,部分股份最初是分配给他或由他持有,并以他的名字登记注册的,且在开始解散前的18个月他至少持有这部分股份不少于6个月,或者这部分股份是通过死去的前任股东转让给他的。公司的注册机关提出解散申请也须满足两个条件:一是资产负债表揭示的公司财产状况或检查员的报告显示公司已无力偿还债务。二是获得有关部门的许可。债权人提出解散公司的申请且要得到法院的审理,其条件是债权人对有关的费用提供了法院认为合理的担保并建立了令法院满意的关于解散的表面证据确凿的案件。

关于解散命令的发布,根据《缅甸公司法》第170条的规定,在审理解散申请时,法院可以驳回该申请,也可以有条件或无条件地推迟该审理,还可以发布临时命令或其他法院认为公平的命令。但是,法院不得因为以下原因而拒绝发布解散命令,即公司用于抵押的财产已达到或超过公司资产或者公司没有资产。此外,在法院发布解散公司的命令时,法院除了要指定清算人外,还要立即将通知发送给官方接管人。

关于官方清算人和清算检查委员会,根据《缅甸公司法》第175条及第177条、第178条的规定,为了指导解散公司诉讼程序的进行并履行法院因此强加的职责,法院可以任命一个或几个非官方接管人为官方清算人。在提出解散申请之后发布解散命令之前,法院可以随时作出这样的临时任命,但一般情况下,法院应在任命之前通知公司。同时,法院还应制作一份公司事务清单交给官方清算人,该清单需由宣誓书核实并包含公司资产、欠款和债务、公司的债权及其债权人等具体事项。清算人的职责主要包括两项:第一,报告公司情况。报告的内容包括公司发行、认缴和认购的股本数量,公司破产的原因,清算人是否认为要进一步调查公司的创立、组建、经营管理等事项。第二,保管公司财产,包括公司有资格或可能有资格提起诉讼的财产请求权。

根据《缅甸公司法》第178A条的规定,在法院作出公司清算裁定后一个月内,清算人必须召集一次公司债权人会议以决定是否需要指定成立一个检查委员会与清算人一起工作;如果需要,则还要确定该委员会的组成成员。

在召集债权人会议一周内,清算人还应该召集一次负连带偿还责任人会议以权衡债权人的会议决议,对债权人会议的决议表示完全接受或予以修改。假如负连带偿还责任人完全不接受债权人会议的决议,那么清算人有义务向法院申请是否需要检查委员会介入监管。如果法院认为需要介入,那么法院需明确委员会的组成及其具体成员。检查委员会的成员不超过12人,由公司的债权人、负连带偿还责任人或接受债权人、负连带偿还责任人全权委托或特别授权的人组成。如果债权人和负连带偿还责任人对检查委员会的人员组成存在意见分歧,还可以交由法院作出裁定。检查委员会的职责主要是至少每个月召集一次会议并采取有关的行动,委员会还有权在任何合理的时候检查清算人的账目。此外,检查委员会的成员还可能被辞退或撤换。

2. 破产。关于破产的含义,在《缅甸公司法》第五章“公司的解散”中规定,破产有两种形式:一种是公司股东的自愿破产;另一种是债权人的自愿破产。股东自愿破产的具体程序是,先由公司的管理层或多数董事在董事会上发布有偿债能力的声明,然后由股东在股东大会上通过决议,并为清算和分配公司财产事务指定清算人进行清算。笔者认为,从严格意义上来说,《缅甸公司法》中的股东自愿破产程序不是一个破产程序,而是一种清算程序,因为此种程序只发生于公司有偿债能力的场合。债权人自愿破产的过程是,在公司没有发布有偿债能力声明的情况下,在公司即将举行提议自愿破产的决议大会当天或第二天,由公司召集债权人大会,债权人有权在债权人大会上表明其对公司有关事务的立场,申报对公司的债权以及推荐清算人。因为债权人的自愿破产通常发生在公司破产而不是公司有偿债能力的时候,所以它属于一种破产程序。

公司董事会是否发布有偿债能力的声明,是区别公司股东的自愿破产与债权人的自愿破产的重要标准。《缅甸公司法》第207条也明确规定:①公司被提议自行破产的,公司管理层或公司多数董事(假设公司有超过2名以上的董事)应在公司有关破产决议提议的会议通知发出之日前的公司董事会上,以宣誓书的形式对以下内容作出声明:其已对公司有关事实作详细调查,并已得出公司有能力在破产之日起不超过3年的某一具体期间之内全部偿还公司债务的相关结论。②此种声明需在公司有关事务的董事会议报告中得以证明,并且需在本条前款规定之日前提交给登记注册机关登记,否则不被本法认可。③有前款规定作出声明的并已递交登记注册机关登记的破产,本法称为“股东自愿破产”,不具有前款规定声明的破产,本法称为“债权人自愿破产”。有偿债能力的声明被发布的动因乃是公司被提议自行破产。而根据《缅甸公司法》第203条的规定,公司可自行破产的情形具体又包括:①公司章程规定的营业期限届满或者公司章程规定的其他解散事由出现,并经公司股东会决议要求公司自行破产的。②公司特别决议决定公司需要自行破产的。③因债务原因公司无法继续营业并被建议破产的,经公司非常决议决定的。如果董事会在公司有关破产决议提议的会议通知发出之日以前,以宣誓书的形式作出声明,并在公司有关事务的董事会议报告中得以证明,且将该声明提交登记注册机关登记的,那么该破产程序就是由股东主导的自愿破产。如果没有这份偿债能力的说明,则该破产程序就是债权人的自愿破产。有偿债能力声明的主要内容是:董事会已对公司有关事实进行了详细的调查和了解,并认为在破产之日起不超过3年的某一具体期间之内,公司有能力全部偿还公司债务以及相关的利息。

关于检查委员会,在债权人的自愿破产程序中,债权人在召开的债权人大会上或在之后的会议中,可以任命一个组成人员不超过5人的检查委员会。同时,为代表股东的利益,公司股东也可以在作出终结决议的会议上或者在随后的普通会议上任命组成人员不超过5人的检查委员会。但是,在债权人认为有必要时,债权人有权通过表决来否决股东任命的任何一个或所有的检查委员会成员;除非法院作出其他决定,否则债权人的否决就是有效的,即被债权人否决的委员会成员将没有资格再作为检查委员会的成员。债权人还可以向法院提交有关的申请,请求法院重新任命其他成员进入检查委员会。

二、缅甸公司法律制度的内部治理规则

公司是法律上的“组织人”;公司意志的形成、表达与实现,生产、经营活动的开展,都需要由其组织机构来完成。公司组织机构是公司成为法人组织

的必要条件，也是公司存在与运行制度的体现与保障，同时还是实现公司有效治理的基础。因此，如何设定公司内部组织机构、如何配置组织机构的权利与义务、如何规范组织机构成员的行为等，均是公司内部治理规则的调整范畴。

（一）公司股东

1. 公司股东资格的认定。股东资格是投资人取得和行使股东权利、承担股东义务与责任的前提。在公司法中，股东的权利与义务、股东之间的法律关系、公司与股东之间以及股东与公司各组织机构之间关系的确定，都源于股东的资格。[11] 目前，确定公司股东资格的标准有二：实质要件说和形式要件说。[12] 形式要件说是指以股东是否被记载于出资证明书、股东名册、公司章程及工商登记等形式要件作为确定股东资格的标准。满足在股东名册记载这一形式要件的人，首先被确认为公司股东，英美法系国家多以此为标准。[13]《缅甸公司法》也采纳了形式要件说的做法。在缅甸，股东名册非常重要，它是为了体现股东及股票的现状而由公司依法制作并置备的簿册。《缅甸公司法》第30条与第31条规定，公司契约书的签署者应被视为已经同意成为公司的成员，并且应当在注册登记中将其记入公司成员登记簿，每一个其他经同意成为公司成员的人以及其名字被记在成员登记簿上的人，都是公司的成员。每个公司必须在一本以上账簿中登记自己公司的成员，并登记以下事项：①成员的名字以及地址、职业。在有股份资本的公司中，每一个成员持有的通过数量来区分股份的股份报表以及每个成员的报酬，或经同意被当成对股份的支付。②每个人被登记为公司成员时的日期。③被取消公司成员资格的日期。第40条规定："成员登记簿将成为法案指示或授权的任何事项的初步证据。"可见，在缅甸，股东名册具有股东资格的推定效力，公司以股东名

---

⑪ 参见孙晓洁：《公司法基本原理》（第2版），中国检察出版社2006年版，第166页。

⑫ 实质要件说又可以分为两种观点：一是以是否履行出资义务作为确定股东资格的标准，即只有实际履行了出资义务的人才能获得股东资格。二是以是否获得公司股份作为确定股东资格的标准，即只有获得公司股份的人才能获得股东资格。

⑬ 参见孙晓洁：《公司法基本原理》（第2版），中国检察出版社2006年版，第170页。

册上的股东为公司股东并准予其行使股东权。公司保存的股东名册是法院确认股东身份的推定证据。这样能够较好地避免类似于在中国发生的公司章程记载、股东名册和工商登记等形式要件之间的冲突问题。

与股东名册的重要地位相一致,《缅甸公司法》对于股东名册的置备、变更与查阅等问题作了严格的规定,并设置了严格的行政责任。例如,《缅甸公司法》第36条规定了成员登记簿的审查:(1)从公司注册成立之日起,成员登记簿及成员索引都应保存在公司的登记办公室里,它们将在营业时间里(每天不少于2小时)对任何成员的审查而免费开放,并且对其他任何支付了1卢比或公司规定更少金额的人进行审查而开放。任何这些成员或其他人都可以制作相应的摘要。(2)任何成员或其他人都可以要求得到一份登记簿的副件或其中的任何部分。(3)如果审查被拒绝或需要的副件没有在合理的时间内发出,公司及有过错的公司职员应对每一个过错不承担超过20卢比的罚款,并受到从违法之日起每日不超过20卢比的罚款。并且法院还可以强制获得登记簿或索引的立即审查,或者命令将副件发给需要的人。如此详细而严格的法律规定既从源头上减少了股权争议,也保证了公司行为的规范性。

2. 公司股东的权利与义务。与大多数国家或地区的公司立法一样,《缅甸公司法》没有明确具体地列举股东的权利,股东的权利分散在其有关的条款中。就《缅甸公司法》赋予和确认的股东最为核心的权利而言,股东主要享有以下权利:(1)参加股东(大)会权。参加股东(大)会的权利,是股东行使管理权的一种先决性权利。例如,《缅甸公司法》第76条规定,每一个公司的股东大会应当在公司设立之日起18个月内召开,之后一个日历年至少召开一次,并且与上次股东大会。除了年度股东大会以外,股东还可以参加法定会议、特别股东会议等。(2)表决权。股东表决权是股东基于其股东地位而享有的就股东(大)会议案作出某种意思表示的权利,因此它是股东管理权中最重要的一项权利。出于获得决策效率的考虑,资本多数决是股东(大)会进行决议的一般规则。在该规则下,股份有限公司的股东所持一股份就拥有一个表决权。对此,缅甸公司法中的《股份有限公司管理条例》第60条也规定,举手表决时,每个在场股东有一个投票权。在投票选举时,每一股份或每100卢比股份拥有一个投票权。为保障股份有限公司的股东更好地行使表决权，很多国家或地区的公司法设立了表决权代理制度，即股东参加股东(大)会，不以亲自参加为限，股东可以依法由他人或委托他人代理出席会议并行使表决权。股份有限公司股东的表决权代理制度也为缅甸公司法有条件地予以肯定，其《股份有限公司管理条例》第 61 条规定，在联名股东中，高级股东的投票权可以自己行使，也可以由其代理人行使。第 62 条规定，心智不健全的人或者被法院鉴定为精神病人的人也可以行使表决权，但是应由他的……指定监护人或法定监护人行使代理权。至于有限责任公司的股东表决权能否代理行使，缅甸公司法未作规定。(3)知情权。股东的知情权是指股东获得有关公司生产经营重要信息的权利。知情权是保障股东获得必要资讯以顺利进行管理、监督和救济的必要手段，它主要表现在股东有权获取、查阅公司相应的文件方面。例如，《缅甸公司法》第 131 条规定：①每一公司的董事会应在公司合并之后不晚于 18 个月以及至少在每一年度，在公司的全体大会上公布其资产负债表和损益表……②资产负债表、损益表和收支平衡表应……在公司股东大会召开前供股东阅读并可供公司其他成员公开查阅。③除了私营公司，应在股东大会召开至少 14 日前，将已审计的资产负债表、损益表、收支表及其审计报告的所有副本寄送至公司每一股东的登记地址……第 135 条规定，每一位公司成员均有权获得公司的资产负债表、损益表、收支平衡表以及审计报告副本。(4)股利分配权。股东分配权是股东权的核心，因此各国公司立法中都有关于股利分配权的规定，涉及股利分配的对象、股利分配的程序、股利分配的限制等内容。《缅甸公司法》第 101 ~ 104 条也对股利分配的限制与分配的程序作了严格的规定，同时还明确了不合常规分红的后果，如分红归于无效、有关董事必须对公司与分红者承担赔偿责任等。

根据“无救济便无权利”的法谚，当上述股东享有的管理监督权和收益性权利遭受侵害时，股东应有权行使公司法赋予的救济性权利如危害行为停止请求权、股东收购请求权、股东诉权等；而《缅甸公司法》没有明确规定股东享有的救济性权利，这不能不说是《缅甸公司法》的一大缺漏。

权利与义务总是相对的，股东享有权利的同时也要履行一定的义务。对

此,《缅甸公司法》也有所规定和体现。股东应有以下义务:

(1)向公司出资的义务。股东的出资义务即股东应按照其承诺的出资额或所认购的股份金额,向公司缴纳股款。从出资义务与股东资格的关系来看,承担出资义务是取得股东资格的前提条件。[14] 根据《缅甸公司法》第6条和第7条的规定,如果公司是股份有限公司或以担保为限承担责任的公司,股票认购人不得认购少于一股的股票。对于股份有限公司的股东出资义务,《股份有限公司管理条例》第12条以及第24条至第30条进一步规定,如果股东尚未付清的股款数额不超过股票票面价格的1/4,或距上次催缴日期已经超过一个月,董事会可以随时向股东催缴,股东须在规定的时间内缴纳股款。如果股东没有在规定的时间内缴纳股款,经董事会依法定程序通知后仍不缴纳的,股东所应缴纳股款的股份将被没收,更严重的还将被停止其相应的股东身份。

股东不履行出资义务还将影响其表决权的行使。《股份有限公司管理条例》第63条规定,除非……已付到期应付的股款,否则股东在全体会议中无权行使投票权。这是股东表决权被法律施加相对性限制或剥夺的体现。

(2)遵守公司章程的义务。公司章程是规范公司组织机构及其行为的基本自治规则。根据《缅甸公司法》第21条的规定,章程约束公司及其成员的行为,如同公司和它的每个成员均已在章程上签字盖章,并能约束各方的各个成员、成员的继承人和诉讼代理人。这就十分明确地规定了公司章程的约束范围,同时也表明遵守公司章程是股东应履行的最基本义务。

(二)公司的管理和行政

公司的管理和行政在《缅甸公司法》中设有专章规定,其第四章"管理和行政办事处及名称"中的"管理与行政"称谓可以说是《缅甸公司法》的一大特色。《缅甸公司法》第四章的内容主要包括:对公司营业基本要素的管理;对董事和管理人员的管理;对公司会议及程序的规范;对公司合同、招股说明书、股份证书、回扣和折扣的管理等。此处主要介绍前两块内容的规定。

---

⑭ 参见孙晓洁:《公司法基本原理》(第2版),中国检察出版社2006年版,第185页。

1. 对公司营业基本要素的管理。包括对以下三个要素的管理:(1)公司注册办事处管理。根据《缅甸公司法》第72条的规定,公司应从它开始营业之日起或从设立后28日内具有一个注册的办事处以便进行通信和发布声明。已注册的办事处有情况告知及发生任何相关改变的,应在公司设立之后或改变发生之后起28日内由登记官做相应的记录。(2)公司名称管理。根据《缅甸公司法》第73条的规定,每一个有限责任公司的名称应标示在其开展业务的地方的每一个办公室或营业场所外面,在突出的位置使用清晰的文字并使用英文字符;应用清晰的字符将公司的名称刻在公司的印章上;应用清楚的缅文在所有票据的抬头、信纸,所有通告、广告和公司的其他正式出版物注明公司名称;在以公司名义或代表公司签署的所有汇票、本票、背书、支票和金钱或货物订单和在所有的包裹、发票、收据和信用证的公司票据,也应用清楚的缅文注明公司名称。(3)公司资本数额管理。根据《缅甸公司法》第75条的规定,在包含公司核定资本声明的任何公告、广告和公司其他正式出版物,公司应在显著位置用明显的字符标明捐助的和已支付的资本数额。

2. 对董事和管理人员的管理。在英国,公司组织机构的设置及其制度安排采用的是单轨制模式。即公司机关由股东会与董事会构成,股东会之下设立董事会。在这种结构中,股东会是公司的权力机关,股东会选任董事,再由董事组成的董事会负责公司的业务经营与事务管理。董事会聘任经理,并同时负有监督公司经理层业务执行的职能。公司不单独设立监督机构,具体由独立董事组成专门委员会专司监督。此外,英国公司法还要求公司设置专门的审计员,负责监管公司的财务。[15]《缅甸公司法》完全吸收了英国公司法的立法规定,以股东会、董事会、经理、代理人、审计员以及其他管理人员作为公司组织机构的基本要素。其中又以对公司董事的规定为核心。关于董事有以下规定:(1)董事的任命、罢免。根据《缅甸公司法》第83条的规定,公司的董事由股东大会任命。根据《缅甸公司法》第86G条的规定,公司可以通过决议罢免任何董事;在董事的任期届满之前,可以通过决议委任另一人代替。

⑮ 参见孙晓洁:《公司法基本原理》(第2版),中国检察出版社2006年版,第369页。

被任命的董事的任职期限由前任董事的任职期限所决定;期限届满后,由董事会重新任命。(2)董事的登记。按照《缅甸公司法》第 87 条的规定,每个公司都必须在其注册办事处登记其董事的情况并妥善保存该登记。董事是自然人的,登记的内容包括董事的全名、曾用名、常住地址、国籍和董事职位;董事是公司的,则需登记其法人名称、注册办事处或主要办事处的全称、地址、国籍及其所有的董事;董事是企业的,则需登记企业的全称、合伙人的地址与国籍、合伙人加入企业的日期。(3)董事的义务。为了体现激励和约束共存的原则,《缅甸公司法》也规定了董事的义务。公司法中的董事义务主要包括忠实义务和勤勉义务。忠实义务即董事应毫无保留地为公司最大利益而努力工作,当出现自身利益与公司整体利益冲突时应以公司利益为先。《缅甸公司法》只明确规定了忠实义务的两种具体情形。根据《缅甸公司法》第 86E 条和第 86F 条的规定,除了公司的董事长、总经理或法律技术顾问,任何董事或董事合伙的企业或兼任私营公司的董事,在公司大会上不得获取职权利益。除非征得本公司董事的同意,本公司的董事作为该董事合伙人的企业或本人同时兼任私人企业的董事不得参与本公司的有关采购、销售或货物材料供应的合同。(4)董事职权的取消。根据《缅甸公司法》第 86I 条的规定,当出现以下八种情形时,董事的职权将被取消:①未能在指定的时间内获得代表公司或出席相关会议的资格,或者是被停止担任董事。②被有司法管辖权的法院认定为精神失常的。③被裁定破产的。④未能在规定期限内支付与其持有股票相应的征缴的。⑤没有得到股东大会的批准接受或把持有收益的职位。⑥连续 3 个月缺席董事会议或连续 3 次缺席董事会的。⑦违反法律规定接受公司贷款或担保的。⑧没有经过本公司董事的批准而参与本公司的有关采购、销售或货物材料供应的合同。此外,《缅甸公司法》还肯定了公司章程可以设置某些特殊的条款来解除董事的职权。

关于审计员有以下规定:(1)审计员的资格与任命。根据《缅甸公司法》第 144 条的规定,除了不属于国有公司子公司的私有公司,只有持有联盟主席授予担任公司审计员的认可证书,才能被任命或担任公司的审计员。这是《缅甸公司法》关于审计员资格的明确规定。从《缅甸公司法》第 138 条和第

142条的规定来看,任命审计员有两种情形:一是联盟主席任命。二是公司通过一项特别决议委任。同时,《缅甸公司法》第144(5)条还明确规定了以下人员不得任命为审计员:公司董事或高级职员;公司董事或高级职员的合伙人;受雇于董事或高级职员的人员(国有公司子公司的私有公司除外);公司的债务人。(2)审计员的基本职权与职责。根据《缅甸公司法》第145条的规定,审计员的基本职权与职责主要包括:第一,有权在任何时候查阅公司的账簿、财务报表和凭证,并有权要求公司董事和职员提供对其审计工作所必需的该公司的有关资料和说明。第二,在其任职期间、公司股东大会召开之前,向公司董事提交一份有关公司账簿、所有资产负债表、损益表和由其编制的会计说明的报告,以说明审计员是否得到了所需的信息、资料和说明,这些信息、资料和说明是否反映了资产负债表的真实情况和公司事务的恰当观点,资产负债表与损益表的编制是否符合法律的规定,是否妥善保存其所做的报表。第三,有权得到参与公司股东大会的通知,参与股东大会且提交已审计过的报表,由其编制的报告及有关报表的说明与解释。

三、缅甸公司法律制度的财务规则

公司的财务规则群主要包括资本与财务报告两大类。

(一)公司资本

公司资本规则涉及公司成立时资本缴纳规则以及资本三原则,后者是公司财务规则最集中的反映。

1.公司资本形成制度。公司资本形成制度是指关于公司资本形成方式的一系列规则的总称。不同的国家基于不同的资本理念、立法宗旨、法律传统和现实需要等多方面的因素,设计了不同的资本形成方式,制定了相应的法律规则,由此产生了各国相对稳定的资本形成制度,并在立法中予以体现。对此可归纳为法定资本制、授权资本制和折中资本制三种类型。[16] 授权资本制是英国和美国公司法长期发展的产物,其内容可概括为:(1)公司在设立时

---

⑯ 参见孙晓洁:《公司法基本原理》(第2版),中国检察出版社2006年版,第230页。

必须在其章程中载明资本总额。(2)公司章程所确定的资本总额不必在公司设立时全部发行而只需认足或募足其中的一部分。如在英国,只要求每个发起人至少认购并缴纳一股。(3)公司成立后如因经营或财务上的需要欲增加资本,董事会可以在授权资本数额内通过决议发行新股,而无须通过股东会决议和变更公司章程。[17]《缅甸公司法》遵循的也是授权资本制,其第6条规定,股份有限公司章程应载明以下内容:公司用于注册的股份资本数额及其拆分为定额股票的情况;所有公司章程下的股票认购人不得认购少于一股的股票……第7条规定,以担保为限承担责任的公司,如果公司持有一份股本,公司章程应载明公司用于注册的股份资本数额及其拆分为定额股票的情况;所有公司章程下的股票认购人不得认购少于一股的股票……第105C条规定了董事会决定通过进一步发行股份来增加公司资本的条件。从理论的角度看,《缅甸公司法》遵循授权资本制是利弊兼有。其优点有三:一是公司不必一次发行全部资本或股份,减轻了发起人或股东的出资负担,由此减轻了公司设立的难度。二是董事会直接在公司章程授权内自行决定资本发行事宜,不再经股东会决议和修改公司章程,由此简化了增资程序。三是公司设立时仅仅按照实际需要发行一部分资本,其余资本可以由董事会视具体情况发行,由此适应了公司经营活动的需要,又避免了公司资金的闲置,能充分发挥财产的效益。采纳授权资本制的弊端是:因为公司章程中的资本仅是一种名义上的数额,同时又没有对公司首次发行资本的最低限额及发行期限作出规定,所以极易造成公司实缴资本与其实际经营规模和资产实力的严重脱节,发生欺诈性的商业行为,并对债权人的利益构成风险。

2. 资本三原则。公司资本原则形成于大陆法系国家,同时也为英美法系国家在不同程度上吸收与采纳。资本三原则即资本确定原则、资本维持原则和资本不变原则,是大陆法系国家公司资本立法的核心原则。在英美法中,并未抽象出像大陆法那样完整、系统的资本三原则,却对公司资本的维持给予了充分的关注,并在法律实践中形成了丰富、细致的关于资本维持的法律

---

[17] 参见孙晓洁:《公司法基本原理》(第2版),中国检察出版社2006年版,第233页。

规范和判例。《缅甸公司法》对资本维持的关注主要体现在其关于禁止回购本公司的股份、关于减少股份资本的严格规定与限制。

《缅甸公司法》第54A(1)条明确规定,股份有限公司不能购买本公司或其附属的公益公司的股份……对于减少股份资本,按照《缅甸公司法》第55条至第65条的规定,股份有限公司的减资必须符合下列条件和程序:第一,在公司章程有授权并得到法院批准的前提下,公司通过减少资本的特别决议。第二,履行保护债权人的特别程序。债权人可以在法院指定的日期前主张其债务和有证据支持的请求,反对公司减资。法院可视具体情况要求公司向债务人清偿债务或提供相应的担保。第三,公布减资的原因。为了向公众传达正确的信息,法院可要求公司公布减资的原因或其他有公布价值的信息。第四,办理减资登记手续。登记机关必须依法登记公司改变的股本、股本的总额、股份数额、每股的价值等。公司减少股本的决议被法院确认并登记后方可生效。

(二)公司财务报告

公司财务报告规则主要包括公司财务会计报告的制作和披露规范。

1. 公司财务会计报告的制作。关于公司财务会计报告,有以下要求:(1)公司财务会计报告的制作要求。公司财务会计报告是反映公司财务状况和经营成果的书面文件,一般须遵循客观性、相关性、规范性和及时性等原则。例如,《缅甸公司法》第132条规定:"(1)资产负债表应包含财产和资产的摘要和公司资本与负债的摘要,以披露资产和负债的一般性质以及固定资产的实际价值……(3)损益表应包括无论是以费用、百分比还是其他方式,显示分别支付给代理人(如果有的话)、董事的劳动报酬。……"这体现了相关性原则的要求。第131条规定:"(1)……公司合并的第一个账簿的编制日期……为12个月。特殊原因可以延长期限,但不得超过3个月……(3)除了私营公司,应在股东大会召开至少14日前,将已审计的资产负债表、损益表、收支表及其审计报告的所有副本寄送至公司每一股东的登记地址,并在股东大会召开前14日内,将副本存放至公司的审计部门以进行审核。"这是及时性要求的反映,因为只有会计报表能够及时编制与报送,才能使投资者与债权人及时了解公司的经营状况,使公司及时了解自身的经营业绩并及时调整生产经营方针。(2)公司财务会计报告的制作负责人。通常认为,制作公司财务会计报告应属于公司业务执行范围的事情,而董事会是公司的业务执行机关,因此可以认为董事会是公司财务会计报告制作的负责人,董事会成员应就会计表册的真实性、准确性及全面性对公司负责。董事会也可以授权公司经理直接负责财务会计报告的制作工作,即由公司经理直接领导和组织公司的财会人员完成财务会计报告。[18] 如《缅甸公司法》第130条“妥善保存账簿和对未妥善保存账簿的处罚”规定:“……(2)公司的账簿应存放于该公司的审计部门,或存放于董事会认为合适的其他地方,并且该账簿应在营业时间可公开供董事查阅。”第133条“资产负债表的确认”规定:对于公司的资产负债表、损益表和收支表,如果是银行公司,应由经理或经理代理人签署,如果公司的董事超过3人,需至少3人以上董事签署;如果公司董事少于3人,则由所有董事签署。如果是其他公司,在董事少于2人时,由公司的2位董事签署或由公司唯一的董事签署,或由公司的经理或经理代理人(如果有的情况下)签署。

2. 公司财务会计报告的披露。公司财务会计报告的披露是指公司根据法律规定向社会公开其财务会计报告。设置公司财务会计报告规则是公司制度的内在要求;这些规则有利于保护股东、公司债权人、交易关系人的利益,确保社会公众利益,维护交易安全和社会经济秩序。各国或地区的公司法对公司财务会计报告的披露范围与方式设置了不同的要求。在缅甸,公司主要通过以下四种方式披露其财务会计报告:

第一,将财务会计报告置备于本公司供股东查阅或送交股东。股东作为公司的投资者,公司生产经营的好坏直接影响到经济利益,因此股东最为关注公司的财务状况。了解公司的财务状况既是股东应享有的一项权利,同时也是其行使权利的前提。所以,公司应依法按期向股东提供财务会计的相关信息。《缅甸公司法》第131条规定:“……(2)资产负债表、损益表和

---

[18] 参见孙晓洁:《公司法基本原理》(第2版),中国检察出版社2006年版,第389页。

收支平衡表应……在公司股东大会召开前供股东阅读并可供公司其他成员公开查阅。(3)除了私营公司,应在股东大会召开至少 14 日前,将已审计的资产负债表、损益表、收支表及其审计报告的所有副本寄送至公司每一股东的登记地址……”

第二,向公司债权人提供信息。《缅甸公司法》第 137(6)条规定,如果连带债权人或债权人以书面形式向注册机关指明公司欺骗债权人或与公司业务有关的个人,或有欺骗意图,注册机关可以用书面命令的方式给予债权人一次听证的机会,要求公司在规定期间内提供信息,作出解释。

第三,向注册机关报送相关的财务会计报告。《缅甸公司法》第 134(1)条与 134(2)条规定,在公司股东年度大会召开前提交已经编制好的公司资产负债表和损益表之后,一份由经理或公司秘书签名的资产负债表副本及年度股东名单和总结应同时在注册登记机关归入档案。如果公司股东大会召开前未能呈上资产负债表或大会没有采纳所呈资产负债表,一份事实与原因说明文档需附随资产负债表及副本由注册登记机关存档。第 137 条“注册机关有权请求获得信息和解释”(1)与(2)规定,对于公司须依法提交的文件,如果注册机关认为有任何资料或解释是必要的,为确保该份文件能够对相关事项负责,注册机关可以书面命令该公司在限定的时间内提交书面资料解释的文件。公司在收到书面命令后,其员工均有责任尽最大力量提供资料和解释。

第四,向社会披露公司的财务会计报告。《缅甸公司法》第 136 条规定,每一有限责任银行、保险公司、储蓄所或慈善团体,应在其开展正式业务前,在每年 2 月第一个周一和 8 月第一个周一开展业务期间,依法做一声明或以社会承认的其他方式公开报告书。在公司大会由公司全体成员审查通过的公司收支表需与报告书一起在公司显著位置、分公司办公室或公司营业场所进行公示,直到下一份报告公示。

第十章　印度尼西亚公司法律制度概述

第一节　印度尼西亚公司的特征和分类

印度尼西亚作为一个亚洲群岛国家，有其复杂特殊的地理环境和历史背景。从15世纪起，遭葡萄牙、西班牙、英国、荷兰先后入侵，并于20世纪遭日本侵占。由于荷兰殖民统治时间最长（达350年），所以独立后的印度尼西亚在政治法律体系上依然留下了荷兰殖民统治的烙印。不仅如此，它还是世界上最大的伊斯兰国家，伊斯兰教是印度尼西亚最主要的宗教，印度尼西亚文化、风俗深受伊斯兰教的影响。除了伊斯兰教，官方还承认天主教、基督教、印度教和佛教，印度尼西亚全民信教。

这么一个历史渊源复杂、宗教信仰众多的国家，注定有一套不寻常的法律制度。

印度尼西亚的法律制度立足于罗马—荷兰法，由于荷兰是大陆法系国家，所以印度尼西亚的法律体系总体上属于大陆法系，并融合了当地的习惯法和伊斯兰法。其法律体系有三方面：一是由习惯法、伊斯兰法和荷兰法三者融合而成的刑法体系。二是以习惯法和伊斯兰法为主的民法体系。三是以荷兰法为基础的商法体系。[1]

---

① 参见杨眉：《印度尼西亚共和国经济贸易法律指南》，中国法制出版社2006年版，第22页。

在公司法方面，印度尼西亚于 1995 年颁布第 1 号法律《有限责任公司法》。该法规定了有限责任公司的组织形式，当时具有很鲜明的公有性质：有限责任公司全部资产或者 51% 的资产由国家所有。1998 年颁布了《有限责任公司条例》。《有限责任公司条例》也是建立在 1995 年公司法的基础上，承认有限责任公司本身具有的商业性，认为其可以从事社会公用事业方面的经营业务，但依旧严格将它控制在公有性质的范畴里。

为了顺应经济全球化的发展，完善现有经济组织，保证良好的商业氛围，同时 1995 年第 1 号关于有限责任公司的法律已不符合经济、社会发展的需要，因此印度尼西亚于 2007 年出台了新的《有限责任公司法》，在公司资产、公司结构、公司章程等方面作了新的规定。

一、公司的特征

印度尼西亚对公司这一现代社会常见的经济组织并未作出统一的界定，使某些实际性质上是有限合伙、隐名合伙的企业也能够被冠以公司的头衔。无论是 1995 年、2007 年颁布的两部法律，还是其他与公司相关的法律条例，都未对“公司”这一概念有清晰的描述，只有在不同类别公司的规定中介绍了各种类别公司的具体特征。

二、公司的分类

（一）有限责任公司

2007 年《有限责任公司法》“总则”第 1 条第 1 款规定，“有限责任公司，以下简称公司，指一个由资金的集合构成，基于一项协议建立法人实体，以开展商业活动，其公司的法定资本划分为股份，并且满足本法及其实施细则的规定”。第 3 条第 1 款规定，“公司的股东不对代表公司签署的协议负有个人的责任，并且不对公司中超过其相应股权份额的损失负责”。

（二）公共公司

公共公司，英文译为“public corporation”，按照印度尼西亚公共公司条例

(第13/1998号政府法规)的规定,是指全部资本归国家所有,其国家财产可以分开但不能划为股份的公司。[②] 实际上"公共公司"是国有独资公司。按要求,每年根据公司的财务状况评定一次公司的稳固水平。

(三)服务公司

服务公司,英文译为"service company",按照印度尼西亚服务公司条例(第6/2000号政府法规)的规定,是指全部资产由政府所有,其国家财产不能分开、不能划为股份的公司。[③] 服务公司与公共公司一样资本都归国家所有,不同之处在于资产是否能划分为股份。它的前身是一些政府服务机构,进行公司制改造后能够优化结构和提高服务质量。

(四)合股股份公司

按照商业法及破产法手册的规定,合股股份公司的每一股东毫无例外地有权采取行动,有权以股份公司的名义出资或者接受资金,有权代表股份公司与第三方缔约或者自己与第三方缔约,即每一股东都有权代表公司。该手册还规定,在合股股份公司内,各股东相互负责,对股份公司的所有合约完全负责,即股东对公司债务承担无限连带责任。从这些规定来看,所谓的"合股股份公司",实际上相当于《民法典》中规定的合伙以及合伙企业法中规定的合伙企业。[④]

(五)放债式股份有限公司

放债式股份有限公司相当于有限合伙或者股份两合公司。根据商业法及破产手册的规定,放债式股份公司又称为合伙出资股份公司,表现为一人或多个股东相互负责组建,向一方完全负责,一人或多人向其他方放债的公司。[⑤]

(六)股份有限公司

股份有限公司本质上是一种普通的有限责任公司。但它与上文中提到

② 参见杨眉:《印度尼西亚共和国经济贸易法律指南》,中国法制出版社2006年版,第86页。
③ 参见杨眉:《印度尼西亚共和国经济贸易法律指南》,中国法制出版社2006年版,第91页。
④ 参见杨眉:《印度尼西亚共和国经济贸易法律指南》,中国法制出版社2006年版,第95页。
⑤ 参见杨眉:《印度尼西亚共和国经济贸易法律指南》,中国法制出版社2006年版,第96页。

的有限责任公司有所区别：前者可适用于非国有资本；后者只能是国有资本。

第二节　印度尼西亚公司法律制度的体系及结构

一、印度尼西亚公司法律制度的体系

印度尼西亚关于公司的法律规定除了2007年颁布的《有限责任公司法》，还散见于其他法令、条例中，但最主要的内容依旧在《有限责任公司法》，它是目前印度尼西亚最新也是最完整的一部公司法。

《有限责任公司法》，共14章161条，分为总则和附则。总则是《有限责任公司法》的正文部分，包括对公司的一般规定和具体规定。

总则分为十一章：第一章是对有限责任公司的一般规定，规定了有限责任公司的定义、结构、公司章程的要求等。第二章的内容是公司设立、章程及其修订、公司登记和公告。第三章规定了资本和股份。第四章规定了工作规划、年度报告和利润分配。第五章规定了社会和环境责任。第六章规定了股东大会。第七章规定了董事会和监事会。第八章规定了合并、解散、接管和分离。第九章规定了公司的检查。第十章规定了公司的解散、清算。第十一章规定了费用。

总则之后是其他事项、其他规定和附则。

二、印度尼西亚公司法律制度的结构

从体系上看，这部印度尼西亚《有限责任公司法》的结构主要包括以下内容：关于有限责任公司的一般性规定；包括公司的性质、目的，并从总括的角度介绍了公司的机构和组成人员；关于有限责任公司的具体规定，对公司设立、公司资本、公司机构、公司运作、公司责任、公司解散和清算的详细介绍。相比于1998年的《有限责任公司条例》，这部新的《有限责任公司法》在结构和内容上有了许多进步，如在第二章设置了公司章程、公司设立的相关规定；

第三章设置了资本和股份的规定,处理了公司资本及增资、减资等关键性问题;第四章处理公司运作和管理的问题;第五章还与时俱进地提到了公司的社会责任……以上内容都是《有限责任公司条例》所没有的,比起旧条例中连同附则也才仅仅八章、主要内容仅有总则和公司机构的情况,这部2007年的《有限责任公司法》可以说是有了一个极大的飞跃。

此外,关于公司的法律规定还散见于印度尼西亚商业法、破产法、外资法的文件中,不成体系。从国内外环境看,从社会发展趋势上看,印度尼西亚都有必要制定一部完整的公司法。

第三节　印度尼西亚公司法律制度的主要内容

一、有限责任公司

(一)关于公司的一般规定

印度尼西亚《有限责任公司法》第1条第1款规定,有限责任公司,以下简称公司,指一个由资金的集合构成,基于一项协议建立法人实体,以开展商业活动,其公司的法定资本划分为股份,并且满足本法及其实施细则的规定。

《有限责任公司法》第5条第1款规定,公司应当拥有名称和在印度尼西亚境内的住所,列明于公司章程中。

第2款规定,公司应当依据其住所确定其详细的地址。

第3款规定,公司发布的所有往来函件和公告、印刷材料、公司作为当事方的凭证中,必须注明公司的名称和详细地址。

(二)资本和股份

1. 出资数额。注册资本金应不少于5000万Rp(当地币——印度尼西亚卢比)。法律可以确定从事特定营业活动的公司的资本金的最小数额高于第1款中所述的注册资本金。注册资本金中的25%必须被发行并全部实缴。已发行并实缴的资本金应被有效支付凭证所证实。

2. 出资方式。出资可以以现金或其他方式。实缴股本金的价值应当由基于市场价格或由独立专家确定的合理价值为依据；以不动产形式作为股本金出资的，必须在股东大会通过该决议后或设立凭证签署后，14 日内在一张或更多的报纸上进行公告。

3. 资本的保护与公司资产。《有限责任公司法》第 37 条规定，公司回购已发行的股份时，需满足下列条件：第一，股份回购将不会导致公司净资产少于已发行资本金加上已经预留的法定储备金。第二，公司或其他直接或间接拥有公司回购的股份或者抵押的股份或者持有的在股份上设立的信托证券的票面价值的金额，不超过公司已发行资本金的 10%，资本市场相关的法律另有规定的除外。公司对回购股份的持有期间不得超过 3 年。

《有限责任公司法》第 47 条规定，减资应通过减少股份或减少股票价值等形式来实现。对于没有对价而减少股票票面价值的操作必须针对所有类别的所有股票公平进行，假如有多于 1 种的股票类别，则股东大会所作决议需经各类股票价值减损的股东的提前批准。

4. 股票与股权。公司股票的发行须以其所有者的名义进行。在公司章程中，股票所有权的规定和条件要考虑到政府当局的有关要求，且这些要求与法律的规定一致。

《有限责任公司法》第 49 条规定，股票的价值应以卢比写明，不得发行没有票面价值的股票。《有限责任公司法》第 50 条规定，公司董事会有义务制作股东登记簿，其登记内容至少应有以下内容：董事会有义务对于董事会和监事会成员的股票持有情况制作一份特别登记簿，包括其家庭、所在公司及购得股票日期等内容。股东登记簿和特别登记簿，应置于公司里，以便股东们查阅。这两类文件发生的任何变更都应记录在案。

如果相关的股东不同意如下的行为时，每个股东都有权要求公司以合理的价格回购其股权：第一，公司章程的修订。第二，公司的净资产的 50% 以上价值被转让或担保。第三，并购、合并、收购或分立。

《有限责任公司法》第 53 条规定，股票的类别应在公司章程里确定。相同类别的股票持有人享有其相对应的权利；如果存在多种类别股票，公司章程需确定其中一种作为基本股票。

《有限责任公司法》第 56 条规定，股权转让应当以权利转让契据的形式进行，股权转让的事实应以书面形式报告至公司。公司董事会有义务将股权转让的日期及交割日等记载于股东登记簿和特别登记簿，并在股权变更登记日期后 30 日内向部长通报股东变更情况。

（三）利润分配

1. 储备金。《有限责任公司法》第 70 条规定，每个会计年度公司应从净利润中留存一定的金额作为储备金。如果公司利润的净额是正值，则留存储备金是强制性要求。从净利润中留存的储备金，储备金总额至少达到总认缴和总认购股本金的 20%；如果达不到，则可能被用来弥补其他储备金不能弥补的损失。

2. 净利润的使用、分红。净利润的使用应由股东大会决定。分红必须在净利润已经扣除了储备金之后。公司的利润结余是正值时，红利才可以进行分配。

公司可以在章程里规定，在某一财年结束前，公司可进行中期的红利分配。如果公司的总净资产不少于已发行并实缴的资本金加上强制性储备金，可进行公司的中期红利分配。公司中期分红应由公司董事会决议确定，不得扰乱和导致公司不能履行它的向债权人还款义务或者扰乱公司的业务活动。

在会计年度结束后，如果公司发生了亏损，则已经分配的中期红利必须由各个股东返还给公司。如果股东未能退回的话，公司董事会和监事会应当对公司的损失承担连带责任。

自红利决定分配之日起 5 年后，仍未分配的红利应纳入特殊储备金内；特殊储备金中红利如果 10 年内没有支付，将变成公司的权利。

（四）社会和环境责任

《有限责任公司法》第 74 条规定，开展自然资源业务或者相关的公司必须履行环境和社会责任。这个环境和社会责任应当作为公司的义务，纳入公司运行的成本应计算和编制预算，预算的计算和编制还应适当考虑它的合情合理。未能履行义务的公司，根据国家法律法规之规定，将受到制裁性处罚。关于环境和社会责任等进一步的规定和要求将遵循政府制定的法律法规进行。

（五）董事会和监事会

1. 董事会。关于董事会的职能和组成，《有限责任公司法》规定，董事会有义务在为实现公司的目的和目标的基础上，为了公司利益对公司进行运营。公司董事会应有1名以上成员组成。从事公共基金流转、信贷工具发行或单独作为发行人的公司董事会至少应有2名成员。如果公司董事会成员超过2名，其内部职权划分应根据股东大会决议进行。

关于董事会成员资格的丧失，《有限责任公司法》规定，自然人在任命为董事会成员的前5日内，如果发生以下情形则资格丧失：（1）被宣告破产；（2）被裁定因作为董事会或监事会的成员而导致公司破产；（3）因对国家或金融机构造成损失而被判决刑事处罚。

关于董事会成员的任命，《有限责任公司法》第94条规定，董事会成员由股东大会任命。董事会成员的任命应由发起人进行，董事会成员应有一段任期并可以被重新任命。

公司章程应规定董事会成员的任命、接替、解雇的程序，且应对董事会成员的提名程序、生效期作出规定。如果股东大会未能就董事会成员的任命、接替、解雇的生效期作出规定，则上面提及的内容应在股东大会结束时生效。

关于董事会成员的薪酬，董事会成员的薪酬总额的确定应在股东大会决议基础上确定。这项权力可以移转至监事会；当转至监事会时，则应根据监事会会议的决议来确定。

关于董事会及成员的责任，董事会负责公司日常运营，各董事会成员应诚实、负责任地履行义务。董事会成员如果因为自身失误和疏忽履行职责导致了公司的损失，则应对此损失完全承担个人责任。如果董事会有2名以上成员组成，出现了失误和疏忽的情形，则各董事会成员承担连带责任。如果损害由以下情形引起，董事会成员无责：(1)损失并非由其失误或疏忽造成。(2)为实现公司的目标和目的，为公司的利益忠诚、勤勉地履行自身职责。(3)在导致损失的管理上没有直接或间接的利益冲突。(4)采取预防措施来避免此项损失。

公司1/10以上有表决权的股东可以以公司名义向地方法院提起诉讼，控告因失误或疏忽引起公司损失的董事。

如果由于董事会的失误或疏忽导致了公司的破产，在公司破产后，资产不足以清偿所有债权人债务时，所有董事会成员对于未清偿的债务承担连带责任。该责任同样适用于在公司发布破产声明前5日内，因为自身失误或疏忽仍然作为董事会成员的人。

关于董事会及其成员的权力，《有限责任公司法》第98条规定，司法程序内外，董事会都应代表公司。如果公司董事会成员多于1名，除非章程另有规定，任何一名成员都有权代表公司。除非法律、公司章程或股东大会决议另有规定，否则董事会成员代表公司的权力是无限制、无附加条件的。

以下情形中，董事会成员无权代表公司：公司和董事会成员之间存在未决的诉讼。相关董事会成员与公司存在利益冲突。此时，由下列人员代表公司：与公司无利益冲突的其他董事会成员。在所有董事会成员均与公司有利益冲突时，由监事会代表公司。在所有监事会和董事会成员均与公司有利益冲突时，由股东大会任命的第三方代表公司。

关于董事会及其成员的义务，《有限责任公司法》第100条规定，董事会的义务有：建立和维护股东登记簿、特别登记簿、股东大会会议纪要、董事会会议纪要；准备年报，根据法律和公司文件要求，准备公司财务文件；维护公司所有清单、纪要和财务文件。

董事会成员有义务向公司提供报告，报告本人及家庭成员持有本公司和其他公司股票情况，此类情况应在特别登记簿中作出登记。任何董事会成员若未能履行该义务而导致公司损失的，应对此损失承担责任。

董事会有义务请求股东大会同意转移或保护公司资产（这类资产在独立或关联交易中、单次或多次的交易中超过公司净资产50%）。董事会为履行公司商业活动所做的转移或保护公司资产的行为不适用以上规定。

关于董事会成员的解雇,《有限责任公司法》第105条规定,股东大会可在明确原因之后以决议的形式随时解雇董事会的任何成员。在解雇董事会成员之前,应给予相关人员自我辩护的机会。如果未能在解雇董事会成员前召开股东大会,应首先通知相关的人员解雇的计划,且应在解雇决议作出之前给予该人员自我辩护机会。自我辩护在相关人员对于解雇决议无异议时不视为必需程序。

解雇董事会成员自以下时间开始生效:(1)股东大会结束之时;(2)解雇决议作出且无异议之时;(3)股东大会确定的其他日期;(4)解雇决议确定的其他日期。

此外,《有限责任公司法》规定,监事会可以在说明原因后对董事会某一成员采取暂时停职的处理方式,并应书面通知被暂时停职的董事会成员。自暂时停职日起30日内应召开股东大会,被暂时停职的董事会成员在股东大会中有权作自我辩护。股东大会应当撤销或者确认暂时停职的决定。如果股东大会确认暂时停职的决定,那么被暂时停职的董事会成员将被永久解雇。如果股东大会未能召开或者股东大会未能通过任何决议,则暂时停职即告无效。

2. 监事会。关于监事会的职能和组成,《有限责任公司法》第108条规定,监事会应对公司的运营政策、运营整体情况进行监督,并向董事会提出建议,监督和建议应考虑公司利益,并应与公司的目的和目标相一致。监事会应有1名以上成员。超过1名成员的监事会应组成委员会,根据监事会的决议,监事会成员不得单独行事。从事公共基金流转、信贷工具发行或单独作为发行人的公司监事会至少应有2名成员。

《有限责任公司法》还规定了回教监督委员会。如果公司基于回教原则进行商务活动,除了一名监事会成员外,公司有义务确立一个回教监督委员会。回教监督委员会至少应包括1名由印度尼西亚乌里玛理事会推荐的回教专家。回教监督委员会有义务向董事会提供意见和建议,且监督公司的行为依照回教原则进行。

关于监事会成员资格的丧失,《有限责任公司法》规定,自然人作为监事会成员的资格在任命之前5日内因以下情形丧失:(1)被宣告破产;(2)被裁定因作为董事会或监事会的成员而导致公司破产;(3)因对国家或金融机构造成损失而被判决刑事处罚。

关于监事会成员的任命,《有限责任公司法》规定,监事会成员由股东大会任命。监事会成员的任命应由发起人进行,应有一段任期并可以被重新任命。公司章程应规定监事会成员的任命、接替、解雇的程序,且应对监事会成员的提名程序、生效期作出规定。如果股东大会未能就监事会成员的任命、接替、解雇的生效期作出规定,则上面提及的内容应在股东大会结束时生效。

关于监事会成员的薪酬,《有限责任公司法》规定,监事会的薪酬总额由股东大会确定。

关于监事会及成员的责任,监事会负责对公司进行监督。为了公司的利益,各监事会成员应诚实、负责任地履行监管职责并提出建议。监事会成员如果因为自身失误和疏忽履行职责导致了公司的损失,则应对此损失完全承担个人责任。如果监事会有2名以上成员组成,出现了第3款提及的情形,则各监事会成员承担连带责任。如果损害由以下情形引起,监事会成员无责:(1)为实现公司的目标和目的,为公司的利益忠诚、勤勉地履行自身职责;(2)在导致损失的管理上没有直接或间接的利益冲突;(3)采取了预防措施来避免此项损失。

公司1/10以上有表决权的股东可以公司名义向地方法院提起诉讼,控告因失误或疏忽引起公司损失的监事会成员。

由于监事会的失误或疏忽导致公司破产,在公司破产后,资产不足以清偿所有债权人债务时,所有监事会成员对于未清偿的债务承担连带责任。该责任同样适用于在公司发布破产声明前5日内因为自身失误或疏忽仍然作为监事会成员的人。

如能证明存在以下情形,该监事会成员不用承担破产后的责任:(1)破产并非由其失误或疏忽引起;(2)为了实现公司的目的和目标,忠诚、勤勉地履行自己的职责;(3)在导致损失的管理上没有直接或间接的利益冲突;(4)此项损失发生前提出过建议。

(六)合并与分立

1.合并。关于并购,《有限责任公司法》第123条规定,并购公司和存续公司的董事会应当准备并购方案,并购方案应当包括如下的内容:(1)每个公司的名称和住所;(2)准备进行并购的公司董事会作出的原因和说明以及并购要求;(3)财务报告,包括每个被合并公司前三个会计年度的报表;(4)存续公司依据印度尼西亚当前的会计准则指定的试算资产负债表;(5)被并购公司的董事会成员、监事会成员和雇员的状态、权利和义务的安置程序;(6)将要和第三方进行并购的公司的权利和义务的解决程序;(7)不同意公司并购的股权权利的解决程序;(8)存续公司董事会和监事会成员的名称,其薪金、酬劳和报酬;(9)履行并购的每个公司制作的关于条件、进度和完成情况的报告;(10)履行并购的每个公司的主要营业活动以及在当前会计年度发生的任何变化等。

并购方案在获得每个公司监事会的批准之后,应当提交各自的股东大会批准。如果并购依据相关的规定需要事先获得相关机构的批准,则应先获得相关机构的批准。

关于收购,《有限责任公司法》第125条规定了收购的条件:收购应当以从公司董事会或者直接从股东处收购公司已发行或者拟发行股票的形式进行。收购的主体可以是法人或个人。如果收购以作为法人实体的公司进行,该种收购应当基于股东大会的决议,并且决议符合股东大会决议通过的相关规定和法定人数的要求。如果收购通过董事会进行,则收购方应当向目标公司提交其关于收购的意图。

已经获得其各自的监事会批准的目标公司的董事会和收购公司董事会应当准备一份收购方案,该收购方案至少包含以下内容:(1)收购公司和目标公司的名称和住所;(2)拟进行收购的公司的董事会和目标公司作出的理由和说明;(3)收购公司和目标公司当前年度的财务报告;(4)被收购的股份的数额;(5)资金准备;(6)目标公司估算的合并的资产负债表,如果潜在的收购依据为印度尼西亚当前的会计准则;(7)不赞成收购的股权权利的处置程序;

(8)目标公司的董事会成员、监事会成员和雇员的状态、权利和义务的安置程序;(9)与收购相关的时间预估,包括从公司股东向董事会进行股份转让的期限;(10)由于收购导致的公司章程的修订方案等。

2. 分立。分立可分为单纯的分立与非单纯的分立。单纯的分立应当导致公司所有的资产和负债依法转移至两个或者两个以上的公司,并且进行分立的公司应当依法解散;非单纯的分立应当导致公司的部分资产和负债转移至一个或者以上的公司,并且进行分立的公司仍然存在。

3. 合并与分立的注意事项。并购、合并、收购和分立应当尊重以下各方的利益:第一,公司、少数股东、公司雇员;第二,公司的债权人和其他的商业合作伙伴;第三,社区和开展业务中的公平竞争。

4. 公司合并与分立的程序。关于决议的形成,如果关于公司并购、合并、收购和分立的股东大会决议是达到法定人数的股东依法表决通过的,则该决议是有效的。

对于公告债权人,《有限责任公司法》规定,拟进行并购、合并、收购和分立的公司的董事会有义务在至少一份报纸上对方案的摘要进行公告,并且应当在股东大会通知前30日之内向公司的员工进行书面公告。公告应当包含一份通知,以便相关方自股东大会日开始可以在公司办公场所获得并购、合并、收购和分立的方案。

债权人可以在公告日开始14日内就并购、合并、收购和分立的方案向公司提出异议。如果债权人没有提出异议,债权人应当被视为同意并购、合并、收购和分立。如果董事会一直到股东大会召开日仍未解决债权人异议,该异议应当在股东大会上进行宣告,以便寻求解决方案。解决方案未获得前,公司的并购、合并、收购和分立不得进行。

另外,对契据的生成,《有限责任公司法》规定,股东大会已经通过的并购、合并、收购和分立方案应当在公证前以印度尼西亚语列明于并购、合并、收购和分立契据中,以作为起草由于合并而新设立的公司设立契据的依据。直接从股东处进行的股权收购的契据应当以印度尼西亚语列明于公正契据之中。

公司并购契据的副本应当附在下列文件之后：(1)对公司章程特定事项的修改获得部长批准；(2)对公司章程特定事项以外的修改需要通知部长。

并购契据的副本应当附同在获得批准的部长令的申请及部长通知的后面。

关于公告结果，《有限责任公司法》规定，存续、合并公司的董事会，自并购或者合并的生效日后30日内，应当在至少一份报纸上公告并购或者合并的结果。

(七)公司的解散、清算

1. 解散。关于解散的事由，《有限责任公司法》第142条规定，公司因下列原因解散：公司章程规定的营业期限届满；法院裁决解散；根据商事法院的命令作出的破产声明被撤回，公司的破产财产不足以支付破产费用；根据破产法公司已经资不抵债，暂停偿还债务；公司被吊销营业执照。

股东大会决议解散的，董事会、委员会或者代表1/10以上投票权的股东可以向股东会提出解散公司的提议，公司解散的决议自股东会通过之日起生效。公司章程规定解散的，营业期限届满则公司应当解散。在公司章程规定的营业期限届满后30日内，股东会应当确定清算人。

地方法院可以应以下主体的要求解散：有理由认为公司违反了公共利益或者公司具有违反法律的行为的检察院；发现公司设立的协议存在缺陷的相关方；认为公司不具有运营可能的股东、董事会、委员会。

如果公司是由于股东会决议解散或者公司章程规定的营业期限届满而解散或者法院裁决解散，股东会没有指定清算人，则董事会为清算人。

另外，兼并与整合会导致公司的解散。如果公司解散发生在清算之前，则发生如下法律后果：被兼并、整合公司的资产的责任依法转移至并购后存续的公司。被兼并的公司的股东依法成为并购后公司的股东。在此次兼并、整合正式生效的日期开始，被并购、整合的公司依法解散。

公司的解散并不导致公司失去法人资格，直到清算结束，清算报告获得股东会或者法院的认可。

2. 清算。关于清算，《有限责任公司法》规定，清算人的义务有：登记整理公司的资产和债务；在报纸或者印度尼西亚国家公报公告财产分配计划、清算结果；向债权人清偿债权；向股东分配剩余财产。

如果清算人认为公司的债务大于公司的资产，则应当向法院提交破产申请，除非法律另有规定，且所有已知身份和地址的债权人一致同意在法庭外解决。公告财产公告日期之日起60日内债权人可以提交一份反对分配方案的提议；如果债权人提交的反对提议被清算人拒绝，则债权人可以自提议被拒之日起60日内向地方法院提起诉讼。

如果清算人不能履行义务，依据相关方的请求或者检察官办公室的请求，地区法院院长可以指定新的清算人，并且更换当前的清算人。

清算人应当对股东大会或者指定其作为清算人的地区法院和负责公司清算监督的法官负责。清算人应当在股东会完全清偿、解雇清算人后或者在法院收到指定的清算人的报告后，通知部长并在报纸上公告清算的最终结果，部长应当注销公司的法人资格并从公司登记册中删除公司的名称，并在印度尼西亚国家公报上公告公司法人地位的终止。

二、其他类型的公司

（一）公共公司

1. 公司的经营目标　其经营目标是以公共利益为目标，从事商业活动，为公众提供高质量的商品和服务，并实现公司利润的增长。

2. 利润分配　每个财政年度公司应从净利润中留出一部分资金，用于公司经营目标有关事项、折旧以及其他合理的开支。这部分资金的45%应用于以下项目：(1)总储备金；(2)社会和教育基金；(3)产品的返修；(4)养老金；(5)捐赠及赔偿金。

（二）服务公司

1. 经营目标　其经营目标主要是为大众谋福利，提供高质量的服务，不仅仅是追求利润。

2. 章程　公司章程包括以下内容：(1)服务公司的名称和所在地；(2)经

营目标;(3)经营期限;(4)董事会和监事会的人数及结构;(5)董事会和监事会的工作程序。

3. 服务公司的资产　资本不能划分为股份,可以从政府预算中以资金或者物品的形式接收补助和补贴,可以接受赠与和外国援助。经财政部长批准,可以向银行贷款。

4. 服务公司的组织结构　服务公司的组织包括股东大会、执行董事会、董事会、内部审计机构等相关组织。

第十一章　中国公司法律制度概述

第一节　中国公司的概念、特征和分类

中国的公司法律制度始见于清末,1904 年清政府颁布了《钦定大清商律·公司律》《公司注册试办章程》等相关法律法规。这些法律法规不仅开创了中国公司立法的先河,还确立了公司平等、股权平等等一系列原则,使中国的经济法律中出现了平等、自由的理念。但由于辛亥革命爆发,这些法律法规并未得到很好的施行就随着清政府的灭亡而废止。民国时期也分别在 1914 年、1929 年和 1946 年出台了公司法。

新中国成立后,在社会主义改造时期分时段分别出台了《私营企业暂行条例》《公私合营工业企业暂行条例》《关于在公私合营业中推行定息办法的规定》《关于对私营工商业、手工业、私营运输业的社会主义改造中若干问题的指示》等法律及相关政策,推动中国的企业全部转为国营和集体性质。党的十一届三中全会召开后,中国开始推行改革开放,经济也进入体制改革时期。在这个阶段,我国进入经济体制改革时期,《中外合资经营企业法》、《外资企业法》、《中外合作经营企业法》和《私营企业暂行条例》等法律法规相继出台,为中国制定公司法起巨大的推动作用。先前的法律法规

施行经验结合社会发展需要,1993 年出台了《公司法》,这是新中国的第一部公司法。这部公司法在 1999 年、2005 年、2013 年分别作了较大的修改,适应了中国公司现实需求,推动了中国经济制度的发展。

一、公司的概念

《公司法》第 2 条规定,本法所称公司是指依照本法在中国境内设立的有限责任公司和股份有限公司。第 3 条规定,公司是企业法人,有独立的法人财产,享有法人财产权。公司以其全部财产对公司的债务承担责任。有限责任公司的股东以其认缴的出资额为限对公司承担责任;股份有限公司的股东以其认购的股份为限对公司承担责任。根据《公司法》的上述规定,中国公司制度中的公司是指以出资方式设立,股东以其认缴的出资或认购的股份数为限对公司承担责任,公司以其全部财产对外承担责任的企业法人。

二、公司的特征

根据《公司法》的规定,中国公司的特征主要有以下几个方面:

1. 公司是法人,具有独立的地位。根据《民法典》第 57 条的规定,法人是具有民事权利能力和民事行为能力,依法独立享有民事权利和承担民事义务的组织。公司作为一个法人,必须取得民事权利和承担民事义务的能力,并能以自己的名义参与到民事诉讼中来。故此,一个公司,必须具备一些重要条件:第一,公司必须拥有独立的财产。公司能否拥有独立的财产是一家公司能否独立承担义务的重要标志,也是公司能否独立开展经营的重要保障。对于公司的财产权,长期以来中国的法律制度的界定都比较含糊,特别是对于国有类型的公司财产所有权的归属问题,一直比较尴尬。在 2005 年修改《公司法》时,明确树立了公司对其财产独立享有法人财产权的理念。第二,公司要有独立的组织机构。在中国,公司是一个独立法人,它必须比其他组织要求更为严格和规范。根据《公司法》的规定,有限责任公司设股东会,可以根据需要设立董事会或监事会。股份有限公司设股东大会、董事会和监事会。

2. 公司是以营利为目的设立的社团法人。所谓营利就是以合法经营而获得利润。营利是任何一家公司设立之根本；不营利，企业就根本无法生存。与此同时，公司还是社团法人的一种。根据传统民商法理论，法人分为社团法人和财团法人两种类型。社团法人是以社员权为基础而设立的人的集合体，如各种协会、学会等。财团法人与社团法人不同，财团法人是以一定的目的财产为成立基础的法人，所以财团法人也称为财产的集合体。例如，基金会等慈善机构就是常见的财团法人。按照社团法人理论，公司股东应该在2人以上，这也导致在中国的公司法律制度中一人公司制度的设立存在障碍。但随着国际上一人公司逐步被越来越多的国家承认，一人公司理论也得到了长足的发展。故此，中国在2005年修改《公司法》的时候，承认了一人公司，并专节予以规定。

3. 公司是依照法定条件和法定程序设立的企业法人。《公司法》第6条规定，设立公司，应当依法向公司登记机关申请设立登记。符合本法规定的设立条件的，由公司登记机关分别登记为有限责任公司或者股份有限公司；不符合本法规定的设立条件的，不得登记。同时，《公司法》第23条和第76条分别规定了有限责任公司和股份有限公司的具体设立条件，包括股东和发起人的要求、章程制定要求、名称和组织机构等。另外，《公司登记管理条例》还规定了公司设立的具体程序。

三、公司的分类

《公司法》第2条规定，本法所称公司是指依照本法在中国境内设立的有限责任公司和股份有限公司。由此可见，中国公司法律制度是将公司分为有限责任公司和股份有限公司两种类型。

（一）有限责任公司

有限责任公司指由50个以下股东组成，每个股东以其所认缴的出资额为限对公司承担责任，公司以其全部资产对其债务承担责任的企业法人。中国的有限责任公司具有以下几个特征：

1. 股东人数的限制性。根据《公司法》第 24 条的规定，有限责任公司由 50 个以下股东出资设立。《公司法》的立法采取的限制形式，与大多数国家的立法中采用的形式大致一样。但是，凡是对于一人公司仍没有承认的国家，最低人数要求一定是 2 人。《公司法》已承认一人公司，所以并未对有限责任公司的股东人数下限作出规定。

2. 股东责任有限性。根据《公司法》第 3 条第 2 款的规定，有限责任公司的股东以其认缴的出资额为限对公司承担责任。故此，有限责任公司的股东只要出资完成，不会再对公司债权人承担任何出资责任。

3. 出资的非股份性。由于股份公司不发行股份，所以股东出资时，只能从公司领取出资证明书，证明自己的出资情况和股东身份，这也是有限责任公司与股份有限公司的重要区别。

4. 组织机构的灵活性。根据《公司法》第 50 条的规定，股东人数较少或者规模较小的有限责任公司，可以设 1 名执行董事，不设董事会。执行董事可以兼任公司经理。再据《公司法》第 51 条的规定，有限责任公司设监事会，其成员不得少于 3 人。股东人数较少或者规模较小的有限责任公司，可以设 1～2名监事，不设监事会。

（二）股份有限公司

股份有限公司，简称股份公司，是指由两人以上的股东组成，每个股东以其认购或持有的股份数为限对公司承担责任，公司以其全部资产对外承担责任的企业法人。中国的股份有限公司具有以下几个特征：

1. 资本募集公开性。股份有限公司可以采取募集设立方式来设立公司。根据《公司法》第 84 条的规定，以募集设立方式设立股份有限公司的，发起人认购的股份不得少于公司股份总数的 35%；但是，法律、行政法规另有规定的，从其规定。据此，采取募集设立的股份有限公司资本募集的广泛性也造就了公司股东的广泛性，其会计账目也就必须公开。

2. 股东出资的股份性。股份性是股份有限公司与有限责任公司的重要区别，股份有限公司的资本要均分为等额股份，每股的金额必须相等。股东出资时，就实施购买股份的方式予以进行，并以持有股份的数额行使股东权利。

3. 发行股票的流通性。股份有限公司发行的股票是一种有价证券，可以在法定的证券交易场所自由进行交易。股票的自由流动，也使股东的身份频繁变换。

第二节　中国公司法律制度的体系及结构

一、中国公司法律制度的体系

中国调整公司的法律规范包括《公司法》《破产法》《保险法》《商业银行法》等众多法律，中国采取的立法模式是公司法典模式，即以单行《公司法》为核心法律，调整所有类型的公司，以其他特别领域法律为辅助。另外，《公司法》经过多次修改，司法实践中的可诉性已大大增强，基本体现了司法最终解决的立法理念。但是，在法条中仍然存在一些概括性和原则性的规定；为了指导地方法院审理公司诉讼案件，最高人民法院相继出台《关于适用〈中华人民共和国公司法〉若干问题的规定（一）》《关于适用〈中华人民共和国公司法〉若干问题的规定（二）》《关于适用〈中华人民共和国公司法〉若干问题的规定（三）》以统一《公司法》的适用。

二、中国公司法律制度的结构

现行有效的《公司法》共 13 章 218 条。第一章为总则，主要规定公司的概念、公司法定分类、股东的基本权利等。第二章为有限责任公司的设立和组织机构，主要包括四项内容：设立、相应的组织机构、一人有限责任公司的特别规定及国有独资公司的特别规定。第三章为有限责任公司的股权转让，主要规定有限责任公司的股权转让中的相关问题。第四章为股份有限公司的设立和组织机构，主要包括两个方面的内容，分别为股份有限公司的设立条件和组织机构。第五章为上市公司组织机构的特别规定，是专门针对上市的股份公司作出的规定，包括独立董事、董事会秘书。第六章为公司董事、监事、高级管理人员的资格和义务。第七章为公司债券,规定了债权的发行的条件、程序及相关事宜。第八章为公司财务、会计,规定了财务报告的制作、公积金的提取等相关事宜。第九章为公司合并、分立、增资、减资。第十章为公司解散和清算,规定公司解散的条件、公司解散的程序、清算组的组成和清算程序等。第十一章为外国公司的分支机构,规定了外国公司在中国境内设立分支机构的程序、地位等内容。第十二章为法律责任,主要规定了违反公司法行为的法律责任。第十三章是附则,主要规定特定用语的解释、法律适用、施行问题。

第三节　中国公司法律制度的主要内容

一、公司设立制度

公司设立制度是《公司法》一项重要内容。公司设立制度具体包括四个方面:

(一)公司设立原则

纵观不同时代,公司制度中曾经有四种设立原则:第一,自由主义原则。所谓自由主义原则就是公司完全由当事人自由设立,国家不予干涉和限制。第二,特许主义原则。所谓特许主义原则是指公司的设立必须由国家元首或议会以特别法令的形式予以许可。第三,核准主义原则。核准主义原则也称为审批主义原则,是指公司设立除要符合法律规定的条件外,还必须经过政府审批。第四,准则主义原则。准则主义原则是指公司只需符合法律规定的条件即可成立。20 世纪后,准则主义发展成为严格的准则主义,也就是公司设立除须符合法律规定的条件外,要在政府的主管机关进行登记。根据《公司法》第 6 条的规定,设立公司,应当依法向公司登记机关申请设立登记。符合本法规定的设立条件的,由公司登记机关分别登记为有限责任公司或者股份有限公司;不符合本法规定的设立条件的,不得登记为有限责任公司或者股份有限公司。法律、行政法规规定设立公司必须报经批准的，应当在公司登记前依法办理批准手续。由此可见，中国《公司法》对于公司设立的原则采取的是以严格准则主义为主，核准主义为辅。

（二）发起人制度

发起人制度与公司设立息息相关。由于《公司法》明确了中国的有限责任公司采取发起设立，股份有限公司可以选择采取发起设立和募集设立，所以发起人制度对于公司设立非常重要。《公司法》对于发起人制度的规定主要在两个方面。第一，人数限定和住所要求。如《公司法》第 78 条规定，设立股份有限公司，应当有 2 人以上 200 人以下为发起人，其中须有半数以上的发起人在中国境内有住所。第二，发起人的权利和义务。如《公司法》第 79 条规定，股份有限公司发起人承担公司筹办事务。发起人应当签订发起人协议，明确各自在公司设立过程中的权利和义务。《公司法》第 89 条规定，发行股份的股款缴足后，必须经依法设立的验资机构验资并出具证明。发起人应当自股款缴足之日起 30 日内主持召开公司创立大会。创立大会由发起人、认股人组成。

（三）公司瑕疵设立制度

所谓瑕疵设立是指在公司设立过程中，存在违反《公司法》规定的法律处理。如《公司法》第 198 条规定，违反本法规定，虚报注册资本、提交虚假材料或者采取其他欺诈手段隐瞒重要事实取得公司登记的，由公司登记机关责令改正，对虚报注册资本的公司，处以虚报注册资本金额 5% 以上 15% 以下的罚款；对提交虚假材料或者采取其他欺诈手段隐瞒重要事实的公司，处以 5 万元以上 50 万元以下的罚款；情节严重的，撤销公司登记或者吊销营业执照。由此可见，《公司法》明示了撤销公司登记主体是工商行政机关，并规定纠正和处罚机关也是工商行政机关。

（四）一人公司制度

一人公司制度是 2005 年修改《公司法》的一个重大亮点。一人公司制度对推动中国公司制度发展和社会经济发展起到相当大的作用。《公司法》专节对一人公司作出了规定,内容包括五个方面:第一,一人公司设立的限制。如《公司法》第58条规定,一个自然人只能投资设立一个一人有限责任公司。该一人有限责任公司不能投资设立新的一人有限责任公司。第二,载明公示。如《公司法》第59条规定,一人有限责任公司应当在公司登记中注明自然人独资或者法人独资,并在公司营业执照中载明。第三,一人公司的组织机构。如《公司法》第61条规定,一人有限责任公司不设股东会。股东作出本法第37条第1款所列决定时,应当采用书面形式,并由股东签名后置备于公司。第四,一人公司的财务会计制度。如《公司法》第62条规定,一人有限责任公司应当在每一会计年度终了时编制财务会计报告,并经会计师事务所审计。第五,一人公司的特殊责任。如《公司法》第63条规定,一人有限责任公司的股东不能证明公司财产独立于股东自己的财产的,应当对公司债务承担连带责任。

二、公司组织机构与治理

(一)公司组织机构

公司作为法人组织,具有权利能力和行为能力。其能力行使的载体就是组织机构。《公司法》立法中采取的治理模式主要是将公司的权力分设三个机关行使:股东(大)会作为公司的权力机关行使重大事项决策权及选择管理层的权利;董事会(执行董事)作为公司的执行机关行使经营决策权和执行权;监事会(监事)作为公司的监督机关行使监督权。对于有限责任公司,由于规模可大可小,《公司法》对于其组织机构,采取了灵活的方式来规定。如《公司法》第50条规定,股东人数较少或者规模较小的有限责任公司,可以设一名执行董事,不设董事会;执行董事可以兼任公司经理。《公司法》第51条规定,有限责任公司设监事会,其成员不得少于3人;股东人数较少或者规模较小的有限责任公司,可以设1~2名监事,不设监事会。股份有限公司由于规模比较大,属于开放式公司;故此,《公司法》对其组织机构的要求比较严格,人数要求也比有限公司多。如《公司法》第98条规定,股份有限公司股东大会由全体股东组成。股东大会是公司的权力机构,依照本法行使职权。

《公司法》第 100 条规定,股东大会应当每年召开一次年会。有下列情形之一的,应当在两个月内召开临时股东大会:(1)董事人数不足本法规定人数或者公司章程所定人数的 2/3 时;(2)公司未弥补的亏损达实收股本总额 1/3 时;(3)单独或者合计持有公司 10% 以上股份的股东请求时;(4)董事会认为必要时;(5)监事会提议召开时;(6)公司章程规定的其他情形。《公司法》第 108 条规定,股份有限公司设董事会,其成员为 5 人至 19 人。董事会成员中可以有公司职工代表。董事会中的职工代表由公司职工通过职工代表大会、职工大会或者其他形式民主选举产生。《公司法》第 117 条规定,股份有限公司设监事会,其成员不得少于 3 人。监事会应当包括股东代表和适当比例的公司职工代表,其中职工代表的比例不得低于 1/3,具体比例由公司章程规定。监事会中的职工代表由公司职工通过职工代表大会、职工大会或者其他形式民主选举产生。监事会设主席 1 人,可以设副主席。监事会主席和副主席由全体监事过半数选举产生。监事会主席召集和主持监事会会议;监事会主席不能履行职务或者不履行职务的,由监事会副主席召集和主持监事会会议;监事会副主席不能履行职务或者不履行职务的,由半数以上监事共同推举 1 名监事召集和主持监事会会议。董事、高级管理人员不得兼任监事。

(二)公司人格否定制度

公司人格否定制度,又称为揭开公司面纱制度。设立此制度的目的是防止公司独立人格被滥用,针对具体法律关系中的特定事实,否定公司的独立人格和股东的有限责任,责令公司股东对公司债权人直接承担责任。《公司法》第 20 条规定,公司股东应当遵守法律、行政法规和公司章程,依法行使股东权利,不得滥用股东权利损害公司或者其他股东的利益;不得滥用公司法人独立地位和股东有限责任损害公司债权人的利益。公司股东滥用股东权利给公司或者其他股东造成损失的,应当依法承担赔偿责任。公司股东滥用公司法人独立地位和股东有限责任,逃避债务,严重损害公司债权人利益的,应当对公司债务承担连带责任。

(三)公司董事、监事、高级管理人员的资格和义务制度

公司治理中,股东往往是远离公司日常事务的。在这种所有权与经营权

分离的状态下，为了避免董事、监事、高级管理人员利益与公司利益不一致的出现，《公司法》立法中设计了若干条款来降低这种代理成本。例如，《公司法》第 146 条第 1 款规定，有下列情形之一的，不得担任公司的董事、监事、高级管理人员：(1)无民事行为能力或者限制民事行为能力；(2)因贪污、贿赂、侵占财产、挪用财产或者破坏社会主义市场经济秩序，被判处刑罚，执行期满未逾五年，或者因犯罪被剥夺政治权利，执行期满未逾五年；(3)担任破产清算的公司、企业的董事或者厂长、经理，对该公司、企业的破产负有个人责任的，自该公司、企业破产清算完结之日起未逾三年；(4)担任因违法被吊销营业执照、责令关闭的公司、企业的法定代表人，并负有个人责任的，自该公司、企业被吊销营业执照之日起未逾三年；(5)个人所负数额较大的债务到期未清偿。公司违反前款规定选举、委派董事、监事或者聘任高级管理人员的，该选举、委派或者聘任无效。董事、监事、高级管理人员在任职期间出现本条第 1 款所列情形的，公司应当解除其职务。又如，《公司法》第 147 条规定，董事、监事、高级管理人员应当遵守法律、行政法规和公司章程，对公司负有忠实义务和勤勉义务。董事、监事、高级管理人员不得利用职权收受贿赂或者其他非法收入，不得侵占公司的财产。

(四)公司合并、分离和组织形式变更制度

1. 公司合并。公司合并是指两个或两个以上的公司归并成一个公司的法律制度。《公司法》第 172 条规定，公司合并可以采取吸收合并或者新设合并。所谓吸收合并是指一个公司吸收其他公司，被吸收的公司解散。而新设合并是指两个以上公司合并设立一个新的公司，合并各方解散。另外，《公司法》第 173 条明确规定了公司合并的程序，具体为：公司合并，应当由合并各方签订合并协议，并编制资产负债表及财产清单。公司应当自作出合并决议之日起 10 日内通知债权人，并于 30 日内在报纸上公告。债权人自接到通知书之日起 30 日内，未接到通知书的自公告之日起 45 日内，可以要求公司清偿债务或者提供相应的担保。《公司法》第 174 条则明确了公司合并时，合并各方的债权、债务，应当由合并后存续的公司或者新设的公司承继。

2. 公司分立。公司分立是指一个公司分立成两个或两个以上的公司的法律行为。《公司法》并未明确规定公司分立的形态，只是重点规定了分立的程序和法律责任。例如，《公司法》第175条规定，公司分立，其财产作相应的分割。公司分立，应当编制资产负债表及财产清单。公司应当自作出分立决议之日起10日内通知债权人，并于30日内在报纸上公告。又如，《公司法》第176条规定，公司分立前的债务由分立后的公司承担连带责任。但是，公司在分立前与债权人就债务清偿达成的书面协议另有约定的除外。

3. 公司组织形式变更。公司组织形式变更是指在保持公司人格的前提下，将公司从一种形态转变成另一种组织形态的法律行为。如《公司法》第9条规定，有限责任公司变更为股份有限公司，应当符合本法规定的股份有限公司的条件。股份有限公司变更为有限责任公司，应当符合本法规定的有限责任公司的条件。

三、公司资本及其他制度

（一）公司资本制度

“资本三原则”作为一个经典的资本原则，对中国《公司法》影响是巨大的，《公司法》的规定比较完整地体现了资本三原则的规定。

1. 资本确定原则。如《公司法》第26条规定，有限责任公司的注册资本为在公司登记机关登记的全体股东认缴的出资额。《公司法》第28条规定，股东应当按期足额缴纳公司章程中规定的各自所认缴的出资额。股东以货币出资的，应当将货币出资足额存入有限责任公司在银行开设的账户；以非货币财产出资的，应当依法办理其财产权的转移手续。股东不按照前款规定缴纳出资的，除应当向公司足额缴纳外，还应当向已按期足额缴纳出资的股东承担违约责任。

2. 资本维持原则。如《公司法》第27条规定，股东可以用货币出资，也可以用实物、知识产权、土地使用权等可以用货币估价并可以依法转让的非货币财产作价出资；但是，法律、行政法规规定不得作为出资的财产除外。对作为出资的非货币财产应当评估作价，核实财产，不得高估或者低估作价。法律、行政法规对评估作价有规定的，从其规定。如《公司法》第30条规定，有限责任公司成立后，发现作为设立公司出资的非货币财产的实际价额显著低于公司章程所定价额的，应当由交付该出资的股东补足其差额；公司设立时的其他股东承担连带责任。如《公司法》第35条规定，公司成立后，股东不得抽逃出资。

3. 资本不变原则。如《公司法》第177条规定，公司需要减少注册资本时，必须编制资产负债表及财产清单。公司应当自作出减少注册资本决议之日起10日内通知债权人，并于30日内在报纸上公告。债权人自接到通知书之日起30日内，未接到通知书的自公告之日起45日内，有权要求公司清偿债务或者提供相应的担保。

（二）异议股东退股制度

异议股东退股制度是2005年修改《公司法》时增加的；立法目的是保护中小股东在公司中无法表达自己意志，无法实现自己股东权利时，允许他们在特定情况下要求公司以合理的价格回购其股份，从而使自己可以退出公司。如《公司法》第74条规定，有下列情形之一的，对股东会该项决议投反对票的股东可以请求公司按照合理的价格收购其股权：（1）公司连续5年不向股东分配利润，而公司该5年连续盈利，并且符合本法规定的分配利润条件的；（2）公司合并、分立、转让主要财产的；（3）公司章程规定的营业期限届满或者章程规定的其他解散事由出现，股东会会议通过决议修改章程使公司存续的。自股东会会议决议通过之日起60日内，股东与公司不能达成股权收购协议的，股东可以自股东会会议决议通过之日起90日内向人民法院提起诉讼。

下　篇

中国－东盟国家
公司法律制度比较研究

第十二章　有限公司比较研究

第一节　概　　述

有限公司，即有限责任公司，是出资者以所出资的金额为限对外承担经济责任的一种公司组织形态。一些国家区分有限公司与股份公司两种类型：有限公司相对适用于中小型企业组织，股份公司则相对适合大型企业组织。也有一些国家无论公司大小，最常见的都是股份公司。个别国家一般称为有限责任公司。有限公司的概念出现较晚，一些地方的法律则没有关于有限公司的界定。比较中国和东盟有关有限公司法律制度的内容，有必要先了解这些国家针对公司类型的划分，是否承认有限公司这一公司组织形式。

关于公司类型的划分，纵观东盟各国公司立法，依公司法立法体例的不同，公司类型的划分存在较大差别，具体的规定也存在明显区别。比如，在缅甸主要的经济企业形式有个体商业、合伙企业、有限公司、私营公司、外资公司、公有公司和咨询公司等；在柬埔寨可以采用的商业单位形式有商业合伙、有限责任公司、个人有限责任公司、匿名公司、国有公司、混合公司、国有企业；在泰国公司设立形式主要有无限公司、两合公司和有限公司三种形式；根据新加坡和马来西亚有关规定，公司划分为股份有限公司、担保有限公司和无限公司三类;中国和越南则仅规定了有限责任公司和股份公司两种;印度尼西亚专门规定了关于有限责任公司的法律。部分国家公司法专门规定了一人有限公司和国有独资公司作为特殊的有限公司类型,而个别国家公司法则没有单独对它们进行区分和专门进行规定。大部分国家公司法没有对公司的类型进行具体的规定;一些国家则区分了不同的公司类型,对其进行了专门规定,如中国和越南在公司法对有限责任公司和股份有限公司专章进行了规定。

针对有限公司这一公司类型,尽管中国与东盟大部分国家在公司类型的划分上存在较大的差异,但是大多数国家都对有限公司这一公司组织形式进行了规定。一些国家针对有限公司作了专门的规定。比如,印度尼西亚《有限责任公司法》对有限责任公司的设立、登记、资本、股份和组织机构等内容进行了详细的规定;2005 年《越南企业法》在第三章规定了有限责任公司的成立和组织活动等内容。一些国家虽然区分了公司的不同类型,但是没有针对不同的类型单独进行规定。比如,《缅甸公司法》统一规定了设立公司的步骤和程序;而一些没有区分公司类型进行规定的国家则将有限公司适用于一般公司的规定,比如,《新加坡公司法》规定了公司的设立、登记和公司的治理。可见,中国和东盟对于有限责任公司具体规定的内容存在明显差别,但也存在共同之处。中国现行《公司法》通过借鉴国外立法和国际惯例的经验,在第二章专门对有限责任公司的设立和组织机构专章进行规定,相对系统地规范了有限公司这一法律制度。

有限公司的概念,中国和东盟一些国家称为有限公司或有限责任公司,个别国家称之为责任有限公司,大多数国家只是对公司在类型上进行划分,没有对有限责任公司进行明确的界定,当然也有少数对公司的概念进行了具体规定。比如印度尼西亚《有限责任公司法》第 1 条则将有限责任公司作为专业术语对其含义进行了明确界定:有限责任公司,指一个由资金的集合构成,基于一项协议建立法人实体,以开展商业活动,其公司的法定资本划分为股份,并且满足本法及其实施细则的规定。《老挝企业法》第 45 条规定,有限公司是由 2 个以上公司创始人利用把资金分为每股具有相同价值的方式设立的一种公司形式。中国《公司法》对有限公司没有明确的界定,该法第3条规定的“有限责任公司的股东以其认缴的出资额为限对公司承担责任”,在实质上只是宣示“股东有限责任”。学界通说认为,有限责任公司是指由不超过法定人数的股东依照条件和程序设立的,股东以其出资额为限对公司承担责任,公司以其全部财产对公司债务承担责任的企业法人。①

综上所述,中国和东盟大部分国家对于有限责任公司都有具体而明确的规定。当然,各国在法律传统上和社会制度上存在的差异,导致在有限责任公司法律制度的内容安排有较大差别,中国和东盟各国立法针对有限公司规范的具体内容各有不同。总体来说,虽然东盟各国很少单独规定有限责任公司的概念或者在公司法中专门针对有限责任公司进行界定,但是大多数国家均承认有限公司这一公司组织类型,并基本规定了其适用的法律制度。本章将结合中国有限公司制度的内容,对东盟各国规定的有限公司的设立、组织机构、一人公司及国有独资公司等内容进行比较和阐述。通过比较和分析,可以明确中国和东盟各国有限责任公司的法律地位不同,了解公司与股东之间的关系在法律制度上的差异,有利于各国在公司实务中充分利用这一组织形式进行投资经营活动,促进中国与东盟各国之间经济贸易合作与交流,同时也有利于各国公司法律制度的借鉴和完善。

第二节　有限公司设立比较研究

公司设立制度是公司人格形成的基础。有限公司作为企业法人,必须经过公司设立登记这一过程。它是发起人在公司成立之前依法为组建公司进行的旨在取得法律主体资格的活动,在现实中表现为一系列法律行为。基于公司的设立登记直接决定了公司法人资格的取得,各国公司立法对此均有明确的界定,因各国公司法律规定和公司种类不同而呈现不同的表现方式。有

① 参见叶林:《公司法原理与案例教程》,中国人民大学出版社2010年版,第305页。

的东盟国家不仅专节或专条明确界定了公司的设立，而且具体规定了设立公司应具备的条件、方式和程序。各国公司法对有限公司设立的规定不同，设立有限公司需要满足的条件和要求也各不相同，当然，其中也包含了一些相同的条件和内容。中国《公司法》虽然没有界定有限责任公司的设立方式，但是该法第二章专节规定了有限公司的设立，明确规定了设立条件和要求，针对特殊有限公司还规定需要具备相关法律法规规定的一些特殊的条件。笔者将依据这些内容对有限责任公司设立的原则、方式、条件和程序依次进行比较，同时对一些国家比较特殊的规定进行分析。

一、有限责任公司的设立原则比较

公司的设立原则，是公司设立的基本依据和准则，是国家对公司设立所采取的基本立法态度。公司的设立原则随着发展演变，经历了一个从自由主义到特许主义，进而到核准主义，最后到准则主义的历史过程。[②] 目前，东盟各国对有限公司实行的设立原则各不相同。一些国家的有限责任公司设立仍然实行的是核准主义。例如，《老挝企业法》第 16 条规定，设立企业须经过贸易部门和有关部门的迅速审议，应属于核准主义。又如，印度尼西亚《有限责任公司法》第 7 条第 4 款规定，公司在关于公司法人实体批准的部长令签发之日获得法律地位。再如，《越南公司法》第 14 条第 1 款规定，公司成立之前，创办者必须向省、中央直辖市人民委员会或公司设立办公地点所在地相当一级行政单位递交成立公司申请书。在越南，公司进行“经营登记”之前，都要由人民委员会进行审批。一些国家有限责任公司设立实行的是准则主义。如新加坡公司法就采用准则设立原则，只要提交了相应的文件，缴纳规定的费用，任何人都可以在新加坡通过登记设立公司。由于准则主义虽然方便了设立，却容易造成滥设；因此通过规定严格的公司设立程序，并加重设立人的责任，又形成了“严格准则主义”，作为公司立法的基本原则，已经被许多国家和地区采用。

---

② 参见赵旭东：《公司法》（第 2 版），中国政法大学出版社 2013 年版，第 56 页。

中国《公司法》在总结公司司法实践和借鉴国外立法经验的基础上,采取了统一的以"严格准则主义为主,核准主义为补充"的设立原则。根据中国《公司法》第6条的规定,设立公司应当依法向公司登记机关申请设立登记。符合本法规定的设立条件的,由公司登记机关分别登记为有限责任公司或者股份有限公司;不符合本法规定的设立条件的,不得登记为有限责任公司或者股份有限公司。同时还规定法律、行政法规规定设立公司必须报经批准的,应当在公司登记前依法办理批准手续。这一规定的公司设立原则,可以定性为一般公司的严格准则主义与特殊公司的核准主义。对于一般的有限公司适用严格准则主义,只要符合法定的设立条件和程序,即可向登记机关申请设立登记,无须事前审批程序。对于法律、行政法规规定的特殊有限公司则适用核准主义,即行业准入的主体资格事前审批制度,申请人申请公司设立登记前需要取得主管机关的行政审批手续,主要是针对金融行业和外商投资企业。中国《公司法》采取的以"严格准则主义为主,核准主义为补充"的设立原则,适应了现代公司设立的要求,也符合当前中国现阶段的实际需求。

二、有限责任公司的设立方式比较

公司设立方式是公司设立人创办公司所采取的形式。从世界各国的公司立法来看,大多数国家都确立了发起设立和募集设立两种方式。这两种方式的区别在于:发起设立由发起人共同出资认购全部资本;而募集设立是发起人只认购公司股份或首期发行股份的一部分,其余部分对外募集而设立公司。有限公司只能采取发起设立的方式设立,募集设立是股份有限公司普遍存在的设立方式。东盟一些国家对公司的设立只是作了笼统的规定,没有对不同种类公司作单独的划分。中国《公司法》规定了公司设立包括发起设立和募集设立两种方式;尽管并未没有明确有限公司必须采取发起设立,但是从设立的规范内容上看,显然只能采取发起设立。

三、有限责任公司的设立条件比较

公司的设立条件,是公司法规制公司设立行为的主要体现,各国公司法对此都有详细的规定。比较中国和东盟各国公司法的相关规定,有限公司的设立均对人的要件、资本要件、组织要件和行为要件等方面作出了要求。

(一)人的要件

有限公司设立中,人的要件是指有限公司的股东人数及股东资格要符合法律的规定。在股东人数方面,由于有限公司是一种封闭性公司,具有一定的人合性,一般都对有限公司股东人数进行了限制。但是具体规定的股东人数限制不同,针对人数上限或者下限的规定差别较大,大致存在三种模式:一是大多数国家采取单重限制的模式,即只对股东人数的最高额或者最低额作出限制。比如《泰国公司法》规定,股东名额及发起人的人数均不得少于7人;印度尼西亚《有限责任公司法》第7条第1款规定,公司应当由2个或者以上的人基于一份以印度尼西亚语起草的经公证的凭证设立;《老挝企业法》第45条规定,有限公司的全部股东人数不超过20人;《马来西亚公司法》规定,私人有限公司成员人数最多为50人,但是雇员及某些已离职的雇员除外。二是个别国家采取双向限制的方式,即存在限制股东人数的上限的规定,同时又存在限制股东人数的下限的规定。比如缅甸公司立法规定民营公司股东人数为2～50;《柬埔寨商业企业法》规定私人有限公司股东的人数是2～30;《文莱公司法》规定设立公司必须要有两个或者两个以上的主体;菲律宾公司立法规定公司设立的发起人应是5～15个达到法定年龄的自然人;2005年《越南公司法》在第27条和第28条则分别规定了在公司不超过11名成员和公司有12名成员以上的情况下,公司的成立和活动组织必须遵循不同的规定。三是完全不对股东人数作出上限和下限要求。如根据《新加坡公司法》在第17(3)条的规定,拥有20名以上成员的经营组织都必须设立为公司,说明在新加坡对设立公司的股东人数没有上限和下限要求,而是限制了对经营组织在达到一定人数规模的情况下必须设立公司这一组织形式。中国《公司法》第24条则规定,有限公司由50个以下股东出资设立。该法仅明确规定了有限公司股东上限人数,属于单重限制的模式;同时又承认一人有限公司作为一种特殊的有限责任公司。因此,在中国事实上设立有限公司的股东人数要求为上限50人,下限1人。

所谓有限公司股东资格,是指国家法律、法规和政策规定的可以作为有限公司股东的资格。东盟一些国家公司法对于股东的资格明确加以限制,包括作为有限公司的股东如果是自然人要具有完全行为能力,如果是法人需在法律上没有特别的限制。比如,2005 年《越南企业法》不仅从正面规定了股东资格为年满 18 周岁的越南公民、属于各种经济成分、社会团体具有法人资格的越南经济组织(第 1 条);而且该法从反面对股东资格进行了限制,规定严禁国家机关、军事单位使用国家财产和公款投资或参与成立旨在为本单位谋利的公司,国家机关在职人员、人民武装力量中的现役军官不允许参加成立或管理公司,丧失理智者、被追究刑事责任者和服刑者不准参与成立或管理公司(第 6~7 条)。一些国家公司法对于股东的资格则没有明确规定。比如根据《新加坡公司法》的规定,只要提交相应的文件并缴纳规定的费用,任何人都可以在新加坡通过登记设立公司。根据中国《公司法》的规定,自然人和法人都可以成为有限公司的股东,对于作为股东的自然人和法人的资格则没有进行明确规定。同时,《公司法》对股东的行为能力并未作出要求,股东可以是限制行为能力人或无行为能力人。但是就设立行为属于法律行为而论,应当适用《民法典》关于自然人民事行为能力的规定。否则,如果法律对于法人股东的行为能力没有要求,那么进入清算阶段的公司能够从事与公司清算相关的事务,仍具有主体资格,也可以成为股东设立公司。因此,中国《公司法》对于作为股东的自然人和法人的资格的问题有待法律进一步明确。

(二)资本要件

有限公司设立必需的资本要件,是指设立有限公司所必需的基本的财产条件,主要表现在法律对有限公司的注册资本要求。公司立法规定有限公司注册资本最低限额目的是提高公司设立门槛,防止公司滥设。东盟有部分国家公司法规定了注册资本最低限额。例如,印度尼西亚《有限责任公司法》第 32 条第 1 款规定,公司注册资本金应不少于 5000 万 Rp(当地币——印度尼西亚卢比);还规定法律可以确定从事特定营业活动的公司的资本金的最小数额高于第 1 款中所述的注册资本金,第 1 款中所述的公司注册资本金的变更由政府规章进行规范。又如,《老挝企业法》第 48 条规定,有限公司的最低注册资金不得少于500万基普,政府关于某些经营范围的最高规定除外。比如,2005年《越南公司法》规定了法定资金是由法律规定的对每个部门、行业成立公司应具备最低的资金数额。

当然,现代许多国家基本上取消了资合公司的最低注册资本要求。比如《文莱公司法》对设立公司没有规定最低股份的要求;《泰国公司法》要求资本应能满足业务运作和发展需要,也没有明确规定最低资本金额;《菲律宾公司法》也规定除特别法有要求外,没有最低股本要求。中国《公司法》在2013年修正时在第26条第1款已经取消了注册资本最低限额的要求,规定有限责任公司的注册资本为在公司登记机关登记的全体股东认缴的出资额。根据中国《公司法》第26条第2款的规定,法律、行政法规以及国务院决定对有限责任公司注册资本实缴、注册资本最低限额另有规定的,从其规定。目前,中国仅对法律、行政法规以及国务院有特别规定的金融等极个别的行业成立的公司保留注册资本最低限额的要求。

(三)组织要件

有限公司的组织要件是指有限公司要有符合法律规定的名称、章程、住所,并建立相应的组织机构。中国和东盟大多数国家都要求设立公司需要具备一定的组织条件,当然各国公司法对有限公司的名称、住所和组织机构的具体要求则有所区别。

1.有限公司的名称。公司名称是公司用以进行生产经营活动,并区别于其他公司的标志。中国和东盟大多数国家不仅对公司名称有具体的规定,而且要求公司名称必须包含注明公司性质的文字,比如《老挝企业法》第48条规定,有限公司的名称可以根据公司的宗旨命名或者根据公司的经营部门命名,但必须冠以“有限公司”字样。《越南公司法》第26条规定,有限责任公司可按经营活动目的或公司成员的名字命名。公司的招牌、发票、广告、报告、材料和其他交易证书上必须标明公司名称,并附上“责任有限”字样和公司的条例资金。印度尼西亚《有限责任公司法》第5条和第16条分别规定,公司应当拥有名称和在印度尼西亚境内的住所,列明于公司章程中。公司的名称必须有“有限公司”字样,如果是上市公司,还应当具有“Tbk.”字样。当然,各国对有限公司名称标注的具体规定则有较大差别。比如,《文莱公司法》对各类公司名称的构成作了具体要求,当公司是私人有限公司时,公司名称应当将“Sendirian”或其缩写“Sdn.”作为公司名称的一部分,插在“Berhad”或者其缩写“Bhd.”之前。柬埔寨有限公司所用企业名称则可以在其先或紧随其后有“有限联合股份公司”或者“SARL”、“LTD”的大写词首字母,并且有公司资金的声明。

此外,大多数国家公司立法还对公司名称作出了一些限制性规定;由于各国的国情不同,对公司名称的限制的内容也各不相同。2005 年《越南企业法》规定企业名称应符合下列规定:不得与已经登记的其他企业名称重复或容易造成误解,不得违反国家历史传统、文化、道德和民族良俗。《缅甸公司法》规定公司名称中不得含有国家、总统、政府、缅甸联邦等字样;不得与已合法注册的公司名称重复或相似;不能用与宗教有关的名称;也不得与国营企业的名称重复。印度尼西亚《有限责任公司法》规定了公司名称不得存在的六种情形:已被另一个公司合法使用或者与另一个公司的名称基本相同;违反公共利益;与国家机构、政府机关或者国际组织的名称相同或者相似,但是获得这些机构许可的除外;与公司的设立目标和经营范围不相符或者仅表明了公司的设立目标而没有自己独立的部分;仅有数字或者数字的组合,字母或者没有形成有效文字的字母组合;仅表达了公司、合法实体或者人民团体的意思。个别国家公司法不仅规定了公司名称不能存在的禁止性条款还规定了限制性条款。比如,在文莱,将与根据《文莱公司法》已经登记存在的公司名称、非文莱公司但在文莱从事业务的公司名称以及根据有关成文法已经登记存在的公司名称相同或者十分相似的 3 种情形认定为欺诈,登记官认为公司名称可能使公众对公司性质和经营项目产生误解、包含“商会”或“建筑业协会”字样的名称均为公司名称的禁止性规定;还规定了除非有苏丹陛下的同意,登记的名称不能存在的情形为限制性规定。

在中国,对于公司名称主要在《公司法》、《公司登记管理条例》(已失效)和《企业名称登记管理规定》等法律文件中加以明确规定。针对有限公司名称对公司性质的标识,《公司法》第 8 条同样也规定了公司名称应当明确标识企业形态，要求必须在公司名称中标明“有限责任公司”或者“有限公司”字样。对公司名称作出了一些限制性规定，应当符合国家有关规定。③ 依此规定，对公司名称的限制适用《企业名称登记管理规定》对企业名称的有关具体要求。④

2. 有限公司的住所。公司需要有自己的生产、营业场所，才能开展业务活动。经公司登记机关登记的公司住所只能有一个，并且应当是在为其登记的公司登记机关的辖区内。根据中国《公司法》第 10 条的规定，公司以其主要办事机构所在地为住所。该法第 23 条将公司住所列为有限公司设立必须具备的条件之一。东盟大多数国家对公司住所这一要件作出了相应的规定。根据 2005 年《越南企业法》第 15 条的规定，公民、团体有权参加成立公司，但必须具备交易地点，才能发给成立公司许可证。2005 年《越南企业法》明确规定企业的主体机关应设在越南领土上，应具备确定的地址。印度尼西亚《有限责任公司法》第 5 条和第 17 条规定，公司应当拥有名称和在印度尼西亚境内的住所，列明于公司章程中。公司的住所应当是公司章程中规定的印度尼西亚共和国范围内的城市或者其他领域，该住所应当同时是公司的总部所在地。《菲律宾公司法》规定，所有依法设立的公司应当提交公司章程，在章程中应当包括公司在菲律宾境内有主营业地。《文莱公司法》要求从公司开展业务之日起、公司成立之日起 28 日内，应当在文莱境内设立经过登记的办公室。另外，也有个别国家对于公司的住所没有提及。比如《新加坡公司法》规定，只要提交相应的文件，缴纳规定的费用即可以通过登记设立公司，未提及住所要求。

3. 有限公司的组织机构。公司作为法人，法律赋予其人格，需要有相适应的组织体制和管理机构，使之具有决策能力、管理能力，行使权利，承担责

③ 根据《公司登记管理条例》（已失效）第 11 条的规定，公司名称应当符合国家有关规定。公司只能使用一个名称。经公司登记机关核准登记的公司名称才受法律保护。

④ 《企业名称登记管理规定》明确了有关对企业名称的具体要求：企业不得使用对国家、社会或者公共利益有损害的名称；外国国家（地区）名称；国际组织名称；以外国文字或汉语拼音字母组成的名称；以数字组成的名称等。

任。[⑤] 依公司治理结构理论，为保证公司目标的实现，建立了由股东会、董事会、经理和监事会相组合的一种制度安排执行公司事务，对外代表公司。中国和东盟大多数国家都没有明确规定公司成立必须建立符合法定要求的组织机构。[⑥] 一些国家虽然规定了有限公司的组织机构，但是没有在设立条件中明确哪些是公司的必设机构。比如印度尼西亚《有限责任公司法》第 1 条阐明了公司机构作为术语具有的含义：公司机构指股东大会、董事会以及监事会。[⑦] 中国公司法为公司设计了三种管理机构，包括决策机关的股东会、业务执行机构的董事会和监督机构的监事会。这种相互制衡的机构设置及相应的职权设计，从理论上来看，能够保障公司运行和决策的正常、高效及风险的规避。从实践来看，监事会的作用没有得到很好的发挥，这是将来立法上要解决的问题之一。[⑧]

（四）行为要件

有限公司的行为要件是指公司的设立行为必须符合法律要求，主要是有限公司股东依法制定公司的章程。中国和东盟大多数国家都对公司的章程进行了规定，大多数国家都要求将制定章程作为公司成立的条件之一。比如印度尼西亚《有限责任公司法》第二章详细地规定了公司的章程及其修订，该法明确规定设立的凭证列示章程和其他公司设立相关的信息。关于公司章程的内容，部分国家明确规定了章程的绝对必要记载事项，一般包括公司的名称、经营范围、注册资本、章程签署人等基本情况。一些国家规定了章程的任意记载事项，在公司章程中还可以规定上述所列以外的事项，但不能违反法律的相关规定。个别国家还规定了公司章程不能规定的事项，如印度尼西

---

⑤ 参见吕天奇：《公司法人制度新论》，四川大学 2004 年博士学位论文，第 14 页。

⑥ 根据《越南公司法》第 15 条规定，公民、团体有权参加成立公司，但必须具备相应条件才能发给成立公司许可证，该条第 3 款仅提及从事管理、调度经营活动者必须具有法律对具体行业所要求的相应的专业水平。

⑦ 中国《公司法》第 23 条明确规定，设立有限责任公司，应当有公司名称，建立符合有限责任公司要求的组织机构。根据该法的规定，有限责任公司的组织机构一般由股东会、董事会和监事会组成。对于股东人数较少或者规模较小的有限责任公司，可以设 1 名执行董事，不设董事会；可以设 1 ~ 2 名监事，不设监事会。

⑧ 参见隋彭生：《公司法》，中国人民大学出版社 2011 年版，第 6 页。

亚《有限责任公司法》规定，公司章程不能规定的内容包括固定股息收入、对创立人或其他人员给予个人利益。大部分国家对于公司章程的修改都作了严格的限制。另外，个别国家在公司设立时必须提交的重要文件除了公司章程，还有组织规章，即公司的规章制度，如《新加坡公司法》规定如果公司章程和组织规章有冲突，前者有优先效力。中国《公司法》明确了公司章程作为公司成立的条件之一，对公司章程的订立、内容、约束力及其变更均作出了具体的规定。⑨

四、有限责任公司的设立程序比较

公司设立是指公司设立人依照法定的条件和程序，为组建公司并取得法人资格而必须采取和完成的法律行为。从中国和东盟各国公司法法律规范的规定来看，这些规范不仅规定了公司设立均须具备人的要件、资本要件、组织要件和行为要件等方面的实质性要求，而且对公司的设立程序均有严格的限制和详细的规定。

根据中国《公司法》和《公司登记管理条例》（已失效）的规定，有限责任公司设立程序分为八个步骤：(1)订立公司设立协议（发起人协议）；(2)签署公司章程；(3)认缴并及时缴纳出资；(4)聘请验资机构出具验资证明；(5)确定公司机关及其组成人员；(6)办理登记前置的行政审批程序；(7)前往公司登记机关办理公司设立登记；(8)公司登记机关颁发企业法人营业执照。东盟各国对设立有限公司一般要履行的程序各不相同，详尽不一。新加坡对公司设立的程序要求较为简单，仅规定符合设立条件要求。⑩而柬埔寨规定了有限责任公司的注册程序，要求组织起草章程，股东作出已正确遵守现行法律规定的建立程序和其他要求的一致证明，由公证人、董事

---

⑨ 中国《公司法》第11条明确规定，设立公司必须依法制定公司章程。公司章程对公司、股东、董事、监事、高级管理人员具有约束力。第23条明确规定的设立有限责任公司应当具备的条件列明了股东共同制定公司章程。第25条还规定了有限责任公司章程应当载明的记载事项，股东应当在公司章程上签名、盖章。

⑩ 《新加坡公司法》第16条规定，只要提交相应的文件，缴纳规定的费用，任何人都可以在新加坡通过登记设立公司。设立公司时，必须提交的最重要的文件是公司章程和组织规章；公司章程一经登记，登记官便签发设立通知，宣布公司成立并在通知中载明成立的日期。

或公司代理人公布组织章程;还规定了办理商业注册的登记程序,公司设立后的手续和许可。2005 年《越南企业法》则规定,成立公司必须向主管的行政单位递交成立公司申请书,必须进行经营登记。《文莱公司法》明确要求公司成立,必须提交公司章程、大纲以及经由注册代理确认符合公司法要求的证书。总体来说,中国与东盟国家的公司法律对公司名称均作出了一些限定,必须按照法定的设立条件提交相应的材料并向登记机关提出申请,履行相应的程序或办理相关手续,公司才能够成立。

第三节 有限公司组织机构比较研究

公司组织机构是公司存在和运行的制度体现与保障,是公司成为法人组织的必要条件,也是公司实现有效治理的基础。[11] 公司组织机构通常由权力机构、决策机构、监督机构、业务执行机构等构成,一般包括股东会、董事会、监事会及经理。中国和东盟各国因公司法律制度和公司类型的不同,即使是同一种公司类型,公司组织机构也因公司大小而在设置上、制度安排上均有所区别。

在有限公司中,大多数国家规定股东会是公司的权力机关,而且权力相对广泛。但也有个别国家规定可以不设股东会。针对组织机构的规定,各国要求宽严不一。中国《公司法》以设立董事会为原则,不设董事会为例外。[12] 至于监事会是否设立,以公司经营规模大小为标准。[13] 中国《公司法》所规定的组织机构主要有股东会、董事会、经理、监事会,该法对各机构的职权作了全面的规定,其内容规范且有条理性。

东盟国家公司法大都规定股东会是权力机构,明确规定股东会的会议制

---

⑪ 王学君:《公司组织机构立法完善研究》,郑州大学 2004 年硕士学位论文,第 1 页。

⑫ 中国《公司法》第 50 条规定,股东人数较少或者规模较小的有限责任公司,可以设 1 名执行董事,不设董事会。

⑬ 中国《公司法》第 51 条规定,有限责任公司设监事会,其成员不得少于 3 人。股东人数较少或者规模较小的有限责任公司,可以设 1 ~2 名监事,不设监事会。

度和职权内容。至于董事会和监事会的规定,则各国有所差异。个别国家规定设立三大组织机构为公司成立的条件,如2005年《越南企业法》规定拥有两个以上成员的有限责任公司应设有公司股东会、股东会主席、经理。具有11个人以上成员的有限责任公司应设有监事会。监事会和监事长的权利、义务和工作制度由公司章程规定。大多数国家要求设立董事会,不要求设立监事会。如《新加坡公司法》中以股东大会、董事会、经理、秘书以及其他管理人员作为公司组织机构的基本要素,其中以对董事的规定为核心,规定了对董事和高级管理人员的管理。《文莱公司法》规定公司会议包括三种:年度会议、法定会议和股东特别会议,公司至少有两名董事,而且应当不少于一半的董事是文莱公民。《菲律宾公司法》规定董事会是由公司董事组成的负责公司经营管理的决策机构,董事会由股东会选举产生并对股东负责,公司的一切权力、经营、财产由董事会控制,董事会是对内执行公司业务、对外代表公司的常设机构。泰国有限责任公司由股东大会推选公司董事负责管理公司的业务及推选出执行董事代表公司处理一切事务。个别国家则规定了经理的职权,对设立董事会或监事会未作要求。如《老挝企业法》规定了有限公司经理的任免、职权和责任,没有对董事会的相关规定。

第四节　一人有限公司比较研究

一人有限责任公司简称一人有限公司,是指由一名自然人或法人股东持有公司的全部出资的有限责任公司。一人有限公司实际上也是一种有限公司,但是股东只有一个,不具有社团性,各国立法所持的态度有所不同。中国现行公司法对有限公司人数进行了限制,同时承认一人有限公司的合法地位,而且在《公司法》第二章第三节还专门规定了一人有限公司的特殊条件和要求。

相对而言,东盟各国公司法基于对有限公司的股东人数的限制,对一人有限公司的态度有所不同。一些国家对于股东人数下限作出规定。比如,

《泰国公司法》规定,股东名额及发起人的人数均不得少于7人;印度尼西亚《有限责任公司法》第7条第1款规定,公司应当由2个或者以上的人基于一份以印度尼西亚语起草的经公证的凭证设立;缅甸公司立法规定民营公司股东人数为2~50;《文莱公司法》中没有规定一人公司的形式,设立公司必须要有2个或者2个以上的主体;菲律宾公司立法规定公司设立的发起人应是5~15个达到法定年龄的自然人。可见,东盟大多数公司立法不鼓励设立一人有限公司。

只有少数国家没有限制一人有限责任公司,如2005年《越南企业法》在第27条和第28条分别规定了在公司不超过11名成员和公司有12名成员以上的情况下,公司的成立和活动组织必须遵循不同的规定。只有一位股东的有限责任公司是指企业资产所有人就是一个组织,公司所有人在公司章程资本的范围内对公司各项债务及其他财产义务负责的经济组织。具有一位成员的有限责任公司不得发行股票。该法对一个股东的有限责任公司所有人的权利和义务、内部管理组织机构以及增减章程资本作出了一定的限制。《新加坡公司法》第17条规定任何人可以单独设立公司,第20条规定公司至少应有1名成员。

第五节 国有独资公司比较研究

国有独资公司是一种特殊的有限责任公司,其特殊表现为该有限责任公司的出资主体是国家。国有独资公司是指由国家单独出资,依法按照法定的条件和程序设立的企业法人。国有独资公司的唯一出资人是国家。国有独资公司是单一投资主体的国有企业,是国家授权投资的机构或者国家授权的部门单独投资设立的有限责任公司。[14] 国有独资公司是公司制的国有企业,基于其出资的特殊性,有必要单独进行区分,中国《公司法》第二章第四节对

[14] 刘延龄:《我国国有企业公司治理研究》,中共中央党校2005年博士学位论文,第105页。

国有独资公司的章程和组织机构等内容作出了特殊的规定。

东盟国家公司法只有少数对国有独资公司作出了专门的规定,个别国家对国有独资公司进行严格的限制。如印度尼西亚大致把公司分为国有制公司和非国有制公司两大类。对国有公司,分门别类地制定了一些专门的法律和政府法规,如新加坡公司整体为政府所有,并以国民利益为出发点,由财政部长公告认可为豁免公司的,这样的私人股份公司为豁免私人公司。印度尼西亚的《有限责任公司法》等法律和政府法规从内容上较为全面和严格地作出了规定。对于严格的国有公司,印度尼西亚法律多不允许外资或者民间资本介入。印度尼西亚有限责任公司全部资产或者51%以上的资产由国家所有,法律规定由财政部长作为有限责任公司中国家股的股东,由其代表国家行使股东权利,对于公司的一切重要事务的决定权都掌控在国家政府手中。有限责任公司因为具有国有制属性所以很多方面都由国家制定法律或者行政法规进行专门的规定。如有关国有资产参股的数额和目标、变更国有资产份额的规定由行政法规作出。印度尼西亚《有限责任公司条例》还特别规定有限责任公司可以从事一些社会公共事务和社会事务的职能,体现了国有公司的不同之处。

部分国家对国有独资公司没有明确的界定和限制,仅在有关的企业法律规范中提及。如缅甸制定了《国营企业法》,规定了企业财产归国家所有,企业独立承担民事责任。企业依法对占有的国家财产行使经营管理权。《老挝企业法》第77条规定,国有企业是国家独资设立或和其他企业合资,但国有资金占51%以上的经营单位。国有企业或国家可以是有限公司和大众公司两种形式的出资人。第78条规定,国家100%投资的企业是国家企业;国家和其他种类企业合资,但国家资金占51%以上不到100%的企业,是国家联营企业。国有股份和其他种类企业合资时,其股份不得低于50%。这一规定足以保证国家在相关的投资中处于绝对的优势地位。

第十三章　股份公司比较研究

第一节　概　　述

股份公司是指以公司的全部资本作为股份，股东认购公司股份并以此为限对公司承担责任的企业法人。股份公司与合伙企业、有限公司等其他企业或者法人的形式一样，有其相同之处，但也有其独特性，最主要体现为股份公司的所有权与经营权分离程度较高。合伙企业、有限公司很大程度上依赖于股东之间的信任，体现为“人合性”，而股份公司并不依赖于股东之间的信任，更突出体现为“资合性”。东盟各国公司法的立法，都有关于股份公司的规定，本章所称股份公司，是指体现“资合性”的公司，无论其名称如何。各国在结合本国国情的基础上，界定股份公司时，不同程度借鉴了英美法系公司分类制度和大陆法系公司分类法制度。

大部分的国家则是将股份公司名称界定为“股份公司”或者“股份有限公司”，如越南、文莱、新加坡、马来西亚、缅甸等国为代表的东盟国家。2005 年《越南企业法》将公司分为有限责任公司和股份公司，2005 年《越南企业法》第 2 条规定，有限责任公司和股份公司总称为公司、企业，其中各成员共同投资，共同分享利润和分担与投资资金相应的亏损，并且只负责本人投资范围内的公司债务。第 3 条规定，“企业”

是指以实行各种经营活动为主要目的而成立的经营单位。《文莱公司法》中所指的股份有限公司是指公司的股东以其所持股份对公司承担责任，如果公司股东各自持有的股份的应付资本还未付清，公司成员的责任按照备忘录中确定的数额确定责任的公司。《新加坡公司法》是依据股东对公司的责任将公司划分为两合公司、股份两合公司、股份有限公司、有限责任公司和无限责任公司，其中股份有限公司的特征是公司股东所承担的责任以其所拥有的、已经出资或者尚未实际出资但已经认缴了股份为限度的公司，股份有限公司包括公开公司与私人股份公司。《马来西亚公司法》第 14 条规定，任何两名以上的人可以为任何合法目的而签署公司章程并遵照注册规定后成立公司法人。① 该法将公司分为股份有限公司、担保有限公司、股份及担保有限公司、无限公司。每类公司的特征不尽相同，其中股份有限公司的责任形式为股东以其认购的公司股份为限对公司承担责任，而公司则以全部财产对公司债务承担责任。②《缅甸公司法》第 5 条规定，任何 7 人或 7 人以上人员（如果是成立私营公司，任何 2 人或 2 人以上人员）根据合法之目的，通过在公司章程上签署其姓名并遵照本法规定之要求完成注册，可以成立承担或者不承担有限责任的股份有限公司，或者成立其成员以公司章程所载内容为限承担责任，出资不足的公司股东以他们各自持有的股份为限承担责任的公司（本法称此类公司为责任以股份为限的公司）。③《印度尼西亚公司法》第 1 条规定，有限责任公司，指一个由资金的集合构成，基于一项协议建立法人实体，以开展商业活动，其公司的法定资本划分为股份，并且满足本法及其实施细则的规定的组织。第 3 条规定，公司的股东不对代表公司签署的协议负有个人的责任，并且不对公司中超过其相应股权份额的损失负责。印度尼西亚的股份公司，是一种普通的有限责任公司。④

部分国家虽然将公司命名为“股份公司”，但其本质却是“人合”，相反地，

① 参见《马来西亚公司法》第 14 条。
② 参见《马来西亚公司法》第 14 条。
③ 参见《缅甸公司法》第 5 条。
④ 参见《印度尼西亚公司法》第 1 条、第 3 条。

将公司命名为“有限公司”,实则体现“资合”。如老挝和柬埔寨,就采用这种形式。《老挝企业法》第 38 条规定,股份公司是指以股东之间的互相信任为基础而设立的一种公司形式。每位股东均具有经营者地位并且对公司的全部债务承担无限责任。根据《老挝企业法》第 60 条的规定,老挝还有一种单独形式的“大众公司”,是指把资本分成等额股份,每一股具有相同价值、并由 7 个以上公司发起设立的一种公司形式。大众公司对公司债务承担责任,但不超过自己的出资。大众公司的本质也是“资合”,《老挝企业法》将大众公司作为单独的一种公司形式。下文所称老挝的有限公司,即本章所称的老挝的股份公司。《柬埔寨商业企业法》第 87 条规定:“公共有限公司指根据该法可以向公众发行有价证券的有限公司。”

中国在股份公司名称上,采用的是“股份有限公司”表现形式。中国《公司法》第 2 条规定,本法所称公司是指依照本法在中国境内设立的有限责任公司和股份有限公司。第 3 条规定,公司是企业法人,有独立的法人财产,享有法人财产权。公司以其全部财产对公司的债务承担责任。有限责任公司的股东以其认缴的出资额为限对公司承担责任;股份有限公司的股东以其认购的股份为限对公司承担责任。

总的来说,东盟各国虽然在股份公司的名称上各有不同,但基本体现“资合性”的公司模式。

第二节 股份公司设立比较研究

股份公司的设立,各国规定有不同的条件。只有条件成就,股份公司才真正意义上拥有法人资格,受国家法律的保护。公司法人资格的取得,应当具备一定的条件,根据《民法典》《公司法》的规定,中国公司法人要取得资格,必须依法成立,有自己的名称、组织机构、住所、财产或者经费,能够独立承担民事责任。[⑤] 股份公司属于公司类型中的一种，也应具备上述条件。当然，股份公司的设立，也应有与其他公司类型不同之处，还要具备一些特殊的条件，比如，股份公司设立对发起人的要求，对股本或者股份的要求，对股份发行等的要求，对公司名称、组织机构和住所的要求等，我们通过上述要件对中国及东盟各国的股份公司进行归类比较的同时，一并对一些东盟国家某些特殊的设立条件进行分析。

一、股份公司设立对发起人的要求

在中国，股份有限公司的设立，其发起人应当符合法定的人数，《公司法》第78条规定，设立股份有限公司，应当有2人以上200人以下为发起人，其中须有半数以上的发起人在中国境内有住所。本条就规定了设立股份有限公司发起人所需要的人数，且该发起人须有半数以上在中国境内有住所。东盟各国对股份公司的发起人也有类似的规定。2005年《越南企业法》规定，在整个经营活动中，要求被称为公司股东的成员至少要有7名。老挝的大众公司由7个以上公司发起设立。大众公司对公司债务承担责任，但不超过自己的出资。新加坡私人股份公司是指在新加坡本地注册的人数不超过50人的公司。公开股份公司是指在本地成立的成员在50人以上的公司。柬埔寨的有限公司（股份公司）的人数满足下列要求，公司应有2～30名股东。一个人也可成立个人私人有限公司。对个人私人有限公司的要求除股东之间的关系外，其他与私人有限公司一样。《缅甸公司法》第5条规定，任何7人或7人以上人员（如果是成立私营公司，任何2人或2人以上人员）根据合法之目的，通过在公司章程上签署其姓名并遵照本法规定之要求完成注册，可以成立承担或者不承担有限责任的股份有限公司。

二、股份公司设立对股本或者股份的要求

对股本或者股份有严格的要求，是股份公司区别于其他公司类型的重要

⑤ 参见《民法典》第三章。

内容之一。中国《公司法》第 76 条第 2 款规定,股份有限公司需有符合公司章程规定的全体发起人认购的股本总额或者募集的实收股本总额。同时,对于股份有限公司的设立,中国《公司法》规定了两种设立方式:发起设立和募集设立。发起设立要求注册资本为在公司登记机关登记的全体发起人认购的股本总额,在发起人认购的股份缴足前,不得向他人募集股份;募集设立则要求注册资本为在公司登记机关登记的实收股本总额,发起人认购的股份不得少于公司股份总数的 35%,但是,法律、行政法规另有规定的,从其规定。[⑥]对于股份公司股本或者股份的细致规定,东盟各国的法律中都有体现。2005年《越南企业法》第 30 条规定,公司条例资金平分成若干份,称为股份。每一股份的价值称为股票价。每个股东可以购买一份或多份股票。《文莱公司法》要求股份资本公司在计划登记注册时要明确资本数额并划分成等额股份的股份数,而且每个认购者认购的股份不能少于一股。也就是说,股份资本公司发起人认购的股份不能少于一股。该法称的"股份"是指股份资本公司中的股份,也包括股票。《泰国上市有限公司法》规定,认购股份及全部认购的股份必须是现金支付的,总共不得低于全部注册资本的 5%。第 50 条规定,公司的每一份股份必须是等价的,每一股的金额相等。该法同时规定,在满足一定条件的情况下,公司可以超过股票票面金额或者低于股票票面金额发行股票。根据《老挝企业法》第 60 条和第 61 条的规定,大众公司是把资本分成等额股份,每一股具有相同价值,大众公司的股本可以用货币缴纳,也可以用实物缴纳。用货币出资的股本,必须在公司设立之日至少缴清所认缴的25%。剩余部分,根据董事会的规定自公司进行企业登记之日起 3 年内缴清。用实物出资的,必须由出资检查组或创立大会进行评估作价,并且在股份认缴时移交给公司。公司原始股的每股最高价值不得超过 1 万基普。

三、股份公司设立需要的其他条件

除了上述条件,部分东盟各国也根据本国的实际情况进行了调整,如越

⑥ 参见《公司法》第 84 条。

南股份公司的成立,还要具备其他的条件,《越南公司法》第32条规定,公司各创始人要共同登记至少购买20%公司预定发行的股票、领取了公司成立许可证的公司创立人要向颁发经营登记证明书的机关和经济仲裁组织递交公司条例草案文本和创立人的花名册以及他们的常住地址和职业,他人集资要公开通报等。⑦

第三节 股份公司组织机构比较研究

股份公司成立之后,便可以法人的名义进行民事活动,其产生的民事责任由法人承担。而股份公司内部的组织机构如何设置,对于股份公司的运行起着至关重要的作用。不同的国家都会对股份公司的组织机构有不同的具体要求,但总体而言,基本都会存在公司权力部门、经营管理部门、监督部门这三大机构。《公司法》就是以上述三大机构为基础,设置股份公司的组织机构。

一、股份公司的权力部门

中国的股份有限公司,其权力部门为股东大会。《公司法》第98条规定:"股份有限公司股东大会由全体股东组成。股东大会是公司的权力机构,依照本法行使职权。"⑧有权力召集股东大会的为公司董事会,符合一定条件下的监事会也可以召集股东大会。同时,对股东大会的表决事项、表决方式都有明确的规定,如《公司法》第105条就规定了股东大会决议的方式,即股东大会选举董事、监事,可以依照公司章程的规定或者股东大会的决议,实行累积投票制。⑨ 2005年《越南企业法》规定股份公司的股东大会是公司最高的决定机关,其权力包括:召开公司成立大会,办理各种成立手续,讨论和通过

⑦ 参见2005年《越南公司法》第32条。
⑧ 参见《公司法》第98条。
⑨ 参见《公司法》第105条。

公司条例,大会要有公司条例资金中至少 3/4 的股东代表参加,并按过半数以上的多数票表决;召开公司修改公司条例的特别大会;大会于每年年底或是董事会、检查员认为必要的时候召开,以解决条例范围内公司经营活动的各项工作。[10] 文莱的权力部门为公司会议,公司会议包括三种:年度会议、法定会议、股东特别大会,这三个会议召开的时间和期限都不一样。新加坡公司的组织大纲对公司、股东、董事、监事、高管均具有约束力。印度尼西亚的股份公司则合理地考虑本法或公司章程的规定,公司股东大会可以不授予公司董事会或公司监事会的特定的权利。

二、股份公司的经营管理部门

股份公司的经营管理部门,顾名思义,是指负责公司的日常管理、业务经营的部门。《公司法》规定的股份有限公司的经营管理部门为董事会和经理。董事会由股东大会选举产生,其成员为 5 人至 19 人。[11] 经理由董事会决定聘任或者解聘。董事会的职权主要是负责公司重大事项的决策,经理则主要是负责执行董事会的决议。2005 年《越南企业法》规定,董事会是公司的管理机关,有 3 ~ 12 名成员。除公司大会权限范围内的问题外,董事会可以公司名义全权决定有关公司目的、权利的所有问题。文莱股份公司的董事至少需要 2 名,经过一定程序后,由章程任命。同时董事和经理必须经过登记后其任职才具备合法性。泰国股份公司董事会有权按公司的宗旨、公司的章程和股东大会的决议来经营公司。《老挝企业法》规定,股份公司的所有股东可以共同担任经理,公司章程有其他规定的除外;经理不是股东的,在章程未作其他规定的情况下,公司管理人员的任命须获得全部股东的一致同意。为了公司的利益,经理有权开展一切业务,除非章程另有规定。大众公司的管理工作由董事会进行,董事会成员由 5 人至 11 人组成。董事长是公司代表,并且有权以董事会的名义开展活动。董事会可以根据董事长的提议任命总经理。总经理可以从各董事中挑选也可以对外招聘。根据董事会的决定,董事长也可

---

⑩ 参见《越南公司法》第 37 条。

⑪ 参见《公司法》第 108 条。

以兼总经理,称之为“总裁”。总经理在公司宗旨范围内以公司的名义领导公司工作,开展经营活动。《柬埔寨商业企业法》规定,私人有限公司应设至少1名董事,公共有限公司应设至少3名董事,股东应根据具有投票表决权股东的普通决议选举董事。[12] 如果章程未对任期进行规定,董事的任期为2年,可连选连任。[13] 如有必要,董事会可设立委员会,推动事务的开展。[14] 印度尼西亚公司的董事会应由1名以上成员组成。从事公共基金流转、信贷工具发行或单独作为发行人的公司董事会至少应有2名成员。如果公司董事会成员超过2名,其内部职权划分应根据股东大会决议进行。

三、股份公司的监督部门

股份公司的监督部门,主要是监督经营管理部门是否依公司章程进行经营管理或者执行权力部门的决议。《公司法》规定,股份有限公司设监事会,其成员不得少于3人。同时,对监事会的职权、人员组成、任期、表决方式均有规定。关于监事会重要的一点内容是,董事、高级管理人员不得兼任监事。[15] 越南股份公司中的监事部由检查员组成,公司大会选出2名检查员,其中1名检查员必须具有会计专业知识,其职权为在认为必要时,检查公司的会计账本、财产、各种财政年度总结表以及召开大会;向公司大会报告审查公司年度财政的情况;报告公司所发生的财政特别事件和董事会在财政管理中的优缺点。[16]《老挝企业法》第42条规定,股份公司可以设立监事会。监事会有责任监督检查公司财务状况,并根据实际情况提供证据,根据财务规章的规定,向股东大会提出报告。监事由股东大会任命。《柬埔寨商业企业法》对董事规定很多,对股东大会规定很少。印度尼西亚公司的监事会应有1名以上成员。超过1名成员的监事会应组成委员会,根据监事会的决议,监事会成员不得单独行事。从事公共基金流转、信贷工具发行或单独作为发行人的公司监事会

---

[12] 参见《柬埔寨商业企业法》第118条。
[13] 参见《柬埔寨商业企业法》第121条。
[14] 参见《柬埔寨商业企业法》第131条。
[15] 参见《公司法》第117条。
[16] 参见2005年《越南企业法》第41条。

至少应有2名成员。

第四节　上市公司比较研究

本章所称上市公司,主要指其股票、证券等可以在证券交易机构或者部门进行公开交易的股份公司。上市公司有股份公司的一般特点,如股东大会权力和责任等都基本一致。就上市公司而言,最重要的就是股份的发行和转让。上市公司股份的发行需要具备哪些条件,其转让如何进行,各国均有规定。

一、上市公司股份的发行

中国的上市公司,指其股票在证券交易所上市交易的股份有限公司。[17] 股票的发行需要很多要素和条件,其中,对于股份有限公司申请股票上市的条件,《证券法》有专门的规定,这里只比较上市公司股份形式和发行价格。中国上市公司将资本划分为股份,每一股的金额相等,公司的股份采取股票的形式。[18] 股票的发行可以按票面金额,也可以超过票面金额,但不得低于票面金额。[19] 对于上市公司股份的形式和发行价格,东盟各国也有自己的规定。2005年《越南企业法》规定,股份公司经公司总部所在的省、中央直辖市人民委员会或相当一级行政单位批准,可以发行股票或债券。[20] 公司资金平分成若干份,称为股份。每一股的价值称为股票价。每个股东可以购买一份或多份股票。[21] 越南的股票分记名股票和不记名股票,不记名的股票可以自由转让,记名的股票除本法第39条的规定外,必须经过董事会同意方可转让。[22]

---

⑰ 参见《公司法》第120条。
⑱ 参见《公司法》第125条。
⑲ 参见《公司法》第127条。
⑳ 参见2005年《越南企业法》第34条。
㉑ 参见2005年《越南企业法》第30条第2项。
㉒ 参见2005年《越南企业法》第30条第4项。

《泰国上市有限公司法》规定认购股份及全部认购的股份必须是现金支付，总共不得低于全部注册资本的5%。第50条规定，公司的每一份股份必须是等价的，每一股的金额相等。该法同时规定，在满足一定条件的情况下，公司可以超过股票票面金额或者低于股票票面金额发行股票。《老挝企业法》第28条规定，只有大众公司才有权公开向社会以发行股票的形式募集资金。大众公司把资本分成等额股份，每一股具有相同价值，公司原始股的每股最高价值不得超过1万基普。新加坡的公开公司，即依据新加坡公司法律制度的规定，向新加坡金融管理局登记公开说明书，并且有权公开发行股票的公司。《柬埔寨商业企业法》第143条规定，每股股份均采用记名式并均有面值。公司不得发行比面值低的股份。各类股份所赋予的权利、特权、限制和条件应在章程内加以规定。第144条规定，如果章程未对股份的数量和价格进行规定，公司应至少发行1000份股份，每股面值不低于4000瑞尔。第146条规定，根据章程、内部管理规则和股东优先权等现定，可由董事决定股份和证券发行的时间以及授予的个人。董事应决定所发行股份或证券的价格。未以货币、实物或已有劳务形式全额支付股份前，不得发行股份。实物支付可包括商标、版权、专利以及无形财产或商标许可证的使用。董事决定实物或已有劳务的价位，如未发现实际欺诈，其决定为最终总结性的决定。以劳务形式购买的股份不适合公共有限公司。

二、上市公司股份的转让

中国《公司法》允许上市公司股东持有的股份依法转让，但其转让是有条件的。《公司法》第138条规定："股东转让其股份，应当在依法设立的证券交易场所进行或者按照国务院规定的其他方式进行。"[23]对记名股票，由股东以背书方式或者法律、行政法规规定的其他方式转让；转让后由公司将受让人的姓名或者名称及住所记载于股东名册。[24] 对于无记名股票，由股东将该股

㉓ 参见《公司法》第138条。

㉔ 参见《公司法》第139条。

票交付给受让人后即发生转让的效力。[25]《公司法》还对发起人持股转让、公司董事、监事、高级管理人员进行了一定的限制。2005 年《越南企业法》规定，越南的股票分记名股票和不记名股票，不记名股票可以自由转让，记名股票除该法第 39 条的规定之外，还必须经过董事会同意方可转让。[26] 如前文章节所述，《文莱公司法》除了要求转让股份不能存在虚假、欺诈和伪装等行为之外，对于股份转让在条件上没有更多的限制性规定，但清楚地规定了转让的程序要求。泰国上市公司在转让股份过程中，公司不得指定任何章程来禁止股份的转让，为维护公司利益或者维护泰国人和外国人的持股比例的规章除外。公司发起人，在自公司登记成立之日起两年之内，不得转让按照《泰国上市有限公司法》第 17 条规定购买的股票，得到股东大会同意的除外。《老挝企业法》规定，大众公司的股份既可在内部转让，也可以转让给他人。股份转让给公司外的人时，必须在转让之前 7 日内通知董事会。大众公司的股票可以转让。《柬埔寨商业企业法》第 151 条规定，如果章程对某一等级股份的优先权进行规定，除非该等级股份具有优先权，股东优先认购后，不得再发行该等级的股份。在同等价格和条件下，股东比其他第三人具有按照所持股份登记的比例优先认购股份的权利。第 154 条规定，根据该法及章程的限制，股份可以转让。经转让人和受让人要求，公司转让股份时应在账簿和记录上详细记载。[27]

㉕ 参见《公司法》第 140 条。
㉖ 参见 2005 年《越南企业法》第 30 条第 4 项。
㉗ 参见《柬埔寨商业企业法》第 151 条、第 154 条。

第十四章　公司人格制度比较研究

第一节　概　　述

一、公司人格的法律含义

从法学角度看,“人格”一词中的“人”指法律上的人,包括自然人和法人;“格”指主体资格。所以,人格是作为法律上的人的资格。作为一个组织体,具有法律人格,也就成为法律上的主体,即法人。公司人格是法人人格的典型形式,是对公司在法律上主体资格的一种抽象称谓。现代人格法律制度通常与法律主体地位、能力等紧密联系在一起。公司存在的基础是独立的名称、住所、资本、组织机构等,在此基础上具有相应的权利能力和行为能力。例如,《菲律宾公司法》第2条规定,公司是指根据法律创立的有继承权和法律明确授权或伴随其存在的能力、特征、财产的虚拟人。

公司要获得法律人格,除了应当完成一系列的设立程序外,首要的问题是其应当具备法律规定的法人的一般条件,即:(1)公司必须依法成立。在《文莱公司法》中,其开篇对公司的定义就是“指根据该法组成和登记的公司”。(2)公司必须具有独立的财产。公司最初的财产源于股东的投资。公司的全部财产不仅包括由股东出资形成的公司的全部资本,而且还包括资本在运营的过程中所形成的增值。公司对于其全部财产享有法人财产权。(3)公司必须具有健全的组织机构、固定的住所和名称。健全的组织机构是公司开展活动的保证。公司的组织机构按照分工与制衡的原则设置,通常包括决策机构(公司的股东会)、执行机构(公司的董事会)以及监督机构(公司的监事会)。公司名称是区别不同的经营主体的标志。公司的住所是公司作为市场主体从事市场活动的主要基地和中心场所。(4)公司能够独立地承担民事责任。公司能够以其全部财产对公司的债务承担责任,这是公司法人独立性的集中表现。在中国,公司要取得公司法上的法人资格,不仅必须具备《民法典》第 58 条规定的条件,而且必须具备公司法规定的条件并依公司法规定的程序成立。

二、公司人格的特点

1. 法定性。公司人格的法定性指公司人格是按照法定程序由法律赋予的。这是公司人格的首要特征,这一点决定了公司的设立和经营都应依法而为,否则就可能导致法律对其有效人格的否定。

公司人格法定性具体表现在:首先,公司只有通过法律的认可才能取得法律上的人格,从而转化为"法律人"。所以公司人格的取得与自然人人格的自然取得不同,只有在履行了法定的注册登记程序后,公司才能取得法律人格。其次,公司是一种组织体,不像自然人那样具有生理机能,其内部的组成与自然人不同,是根据法律规定而建立的。公司必须通过公司机关来形成意志、进行决策、从事行为。由于按照法律规定设立和组织是公司获得独立人格的基本条件,因此中国与东盟各国的公司法都对设立与组织公司规定了若干的条件。例如,《老挝企业法》第 26 条规定,公司自注册登记之日起即具有法人地位,具有法人地位的公司必须具备以下条件:(1)有公司名称,要明确是哪一类型公司。(2)有公司住所。(3)具有独立财产。(4)具有权利能力和行为能力,可以像自然人一样成为原告或被告。

2. 独立性。公司人格的独立性是指公司人格独立于公司股东和内部管理人员。公司人格独立是公司最为本质的特征之一,也是法律将公司作为独立法人的目的。公司人格的独立主要体现在:第一,财产独立。指公司拥有与其成员财产相区别的、权利界限清晰的、可以独立支配的财产。公司财产归公司所有,非其成员所有。公司独立拥有的财产是公司人格存在的物质基础和必然要求。第二,责任独立。指公司以其财产对公司债务独立承担责任,而不应承担股东的债务,也不应使股东对公司债务承担责任。公司责任独立是有限责任制度的内涵之一,是整个公司制度存在的根源。第三,存续独立。指公司人格的生命周期不受其成员人格周期的影响。这一点是由公司的资合性决定的,公司股权的可转让、可继承使公司可以不会因其股东人格的丧失而影响自身存续。第四,诉讼主体资格独立。指公司可以以自己的名义起诉、应诉,这是公司人格独立在程序法上的体现。除此之外,公司人格的独立性还表现在公司可以拥有自己的名称、住所、印章,能以自己的名义对外经营、进行交易,有自己独立的利益等。[①]

《新加坡公司法》第19(5)条规定了公司成立的一般效力,即公司作为一个法人组织,拥有此类实体的全部权利能力。公司可以自己的名义起诉或应诉,并且可以永久存续直至公司解散。公司还可以拥有土地,在公司解散时,其成员承担的是有限责任。同时,新加坡的法律还强调:公司作为法人组织,拥有法律承认的独立身份,这一原则已经得到了判例法的确认。也就是说,公司具有独立于其成员之外的地位和身份。[②] 上述原则最重要的意义在于,公司承担的债务及义务都属于其自身的债务及义务,其成员并不承担公司的责任。公司债权人只能指望公司自身来清偿其债务。如果公司破产且无力清偿债务,无论公司的成员个人是否有清偿能力,债权人都只能自己承担损失。公司成员的全部义务仅为缴清其已经认购但尚未缴纳的股本。这一义务是对公司的义务,而非对公司债权人的义务。因此,如果公司股份在发行时已缴清,或在其后缴清,公司成员则不再对公司负有责任。可见,在讲到有限责任时,必须注意的是,它并非指公司的责任是有限的,而是指其成员对公

① 参见孙晓洁:《公司法基本原理》(第2版),中国检察出版社2006年版,第131~132页。

② 参见 Salomon v. A. Salomon & Co. Ltd. (1897) AC 22 案及 Lee v. Lee's Air Farming Ltd. (1961) AC 12 案。

司的出资义务是有限的,即以他们同意认购的股份所代表的资本总额为限。

第二节　公司名称、住所和章程比较研究

一、公司的名称

(一)公司名称及其法律意义

公司名称是公司依法专有的、标明和区分公司法律人格的一种文字符号。它是公司成立条件之一,是公司人格独立和特定化的体现,从而使公司能够以自己的名义独立参加民事活动,享有权利和承担义务。正是基于以上原因,各国公司法都对公司名称作出了相应的规定。

公司名称的法律意义主要表现在:第一,公司名称是区别不同的经营主体的标志。公司名称最重要的职能就是在营业交易上明确表现它的主体。公司名称是区别于其他公司的标志,公司只有使用自己的名称,才能使自己的人格特定化,也才能以自己的名义享受权利和承担义务。第二,公司名称是公司"商誉"的重要组成部分,属于公司的无形资产,也是《保护工业产权巴黎公约》所确认的工业产权的保护对象之一。公司名称不单纯具有区别经营主体的功能,它还往往与特定的经营者的经营活动相联系,是构成公司形象的主要因素。即公司名称与公司实体紧密结合,具有很强的依附性。正因这种依附性,大多数国家公司法都要求公司名称的转让应当随公司本身的全部或一部分转让,而不允许公司名称的单独转让。③

由于公司名称对社会经济生活的影响重大,为了保障公司及交易对方的合法权益,维护社会交易秩序,中国与东盟各国的法律对公司名称都作了相应规定。因此,公司名称制度是其一项重要的公司制度。

---

③　参见孙晓洁:《公司法基本原理》(第2版),中国检察出版社2006年版,第124~125页。

(二)公司名称的构成

从中国与东盟各国法律对公司名称的规定来看,它们都非常重视公司名称的规范问题,而且有不少规定是基本相同的。这些相同点可归纳如下:

1. 名类基本相同。这里所说名类相同指要求表明公司种类的做法相同。对属于私益性质的公司,也就是具有营利性或者是以资产保值增值为目的而设立的公司,中国与东盟各国都要求其名称中必须表明公司的种类,以明示公司承担责任的限度,防止第三人产生误解而蒙受损害。例如,中国《公司法》第8条规定:“依照本法设立的有限责任公司,必须在公司名称中标明有限责任公司或者有限公司字样。依照本法设立的股份有限公司,必须在公司名称中标明股份有限公司或者股份公司字样。”2005年《越南企业法》第31条对“企业名称”作了规定,企业名称应以越文书写,得附带数字及记号,以拼读方式命名并具备下列两要素:(1)企业类型;(2)专有名称。《老挝企业法》第35条规定,个人公司的名称可以按本企业业主的名字或按经营行业及其他名称命名,在该企业的营业执照上,必须注明“个人公司”字样。第39条规定,公司可以用一位或者多位股东的名字或者其他名称来命名公司,但公司的名称中必须有“股份公司”字样。第48条规定,有限公司可根据公司的经营范围命名或公司的经营部门命名,但必须有“有限公司”字样。第63条规定,大众公司的名称可以根据经营行业、公司宗旨进行命名,但必须有“大众公司”字样。《柬埔寨商业企业法》第92条(公司名称)规定,私人有限公司名称末端应包括“私人有限公司”的字样或相关缩写词。公共有限公司名称末端应包括“公共有限公司”的字样或相关缩写词。《泰国民商法典》第1098条规定,预设立的公司名称,名称的末尾必须有“有限”字样……《新加坡公司法》第27条(公司名称)规定,有限公司名称的末尾应当有“有限”或“公司”的字样。私人公司应该把“私人”或“私人公司”作为名称的一部分,插入“有限”或“公司”之前;如果是无限公司,则放在其名字的末尾。

对于公益性质的公司,如为促进文学、艺术、慈善事业等发展而设立的公司,则允许不表明公司的类型。《文莱公司法》第21条规定,对于被证明将要设立的有限公司是为了艺术、科学、宗教、慈善或其他有用的项目,并意图将产生的利润和其他收入用于促进这些项目而不是将股息分配给公司股东，可以许可该公司被登记为有限责任公司，并且不加“有限”在其名称中。《新加坡公司法》亦有类似的规定，其第 29 条规定，如果部长确信拟组建的有限公司是以提供消遣、娱乐、工业、艺术、科学、宗教、慈善、养老金、退休金及其他有益于社会的目标为其目的，公司以国家或公众的利益为基础，并且公司具有一定的金融地位以实施公司组建的目标，将公司的利润（如果有）或其他收入用于促进公司的目标，并禁止将盈余分配给公司的成员，部长可以许可该公司作为有限公司登记，而不用在其名称中加“有限”或“公司”的字样，公司可以进行相应的登记。

2. 防范基本相同，即规定公司名称中不得有容易被人误解的与其他公司“相同”、“相似”或者“类似”的字句，以防范第三人受损。在这方面，越南和文莱的规定较为具体，以强化公司名称的标示性，避免冲突和混淆。例如，2005 年《越南企业法》第 34 条（企业名称与其他业者名称相同或造成混淆误认者）规定，企业名称与其他企业相同者，系指其申请注册名称之越文书写与发音与另一家已注册企业名称相同者。企业名称被视为会造成混淆误认之情况如下：(1)企业申请注册要求之越文名称，与另外一家已注册企业之越文名称发音完全相同者。(2)企业申请注册要求之越文名称，仅在“&”记号上与另一家已注册企业有差异者。(3)企业申请注册要求之缩写名称与另一家已注册企业缩写名称相同者。(4)企业申请注册要求之外文名称与另一家已注册企业外文名称相同者。(5)企业申请注册要求之专用名称，仅在其名称后之自然号码、排序码号或越文字母上（A、B、C……）与另一家已注册企业者有所差异者。唯其乃另一家已注册企业之子公司者不在此限。(6)企业申请注册要求之专用名称与另一家已注册企业之差异仅在其名称前之“tan”及名称后之“moi”等字眼者。④ (7)企业申请注册要求之专用名称仅在“mien bac”、“mien nam”、“mien trung”、“mien tay”以及“mien dong”等字眼⑤或其他含义

④ tan = moi = 新。——译者注

⑤ mien bac = 北部，mien nam = 南部，mien trung = 中部，mien tay = 西部，mien dong = 东部。——译者注

相近词汇上与另一家已注册企业有差异者。《文莱公司法》第 20 条规定，公司登记的名称不能存在下列情形：(1) 与根据该法已经登记存在的公司名称相同或者十分相似以致被认为欺诈，除非存在的公司正在解散的过程中，并且以登记官要求的方式表示同意。(2) 与非文莱但在文莱从事业务的公司名称相同或者在登记官看来十分相似而可能被认为是欺诈，除非上述公司将停止在文莱从事业务，并且以登记官要求的方式表示同意。(3) 与根据有关成文法规定登记的企业名称相同或者在登记官看来十分相似，而被认为会产生欺诈。《缅甸公司法》第 11 条规定，任何公司不得使用和业已注册的公司名称相同的名称，或与该公司名称近似的很可能带有迷惑欺骗性的名称进行注册，除非该公司正处于被解散的程序中并根据注册官的要求表明允许此种行为。如果某公司由于粗心大意或其他原因，在未得到上文所述允许的情况下，使用和业已注册的公司名称相同的名称，或与该公司名称近似的很可能带有迷惑欺骗性的名称进行了注册，前述公司应该在经过注册核准后更改其名称。

3. 禁用基本相同，即在公司名称中不得使用有损于国家、国际组织、社会公共利益、政治和军事等方面的内容。在这方面，柬埔寨、中国、越南、缅甸和文莱均有相关的规定。《柬埔寨商业企业法》第 92 条规定，公司监督人⑥应检查公司提议的名称，可拒绝与之前注册名称相似或违反社会秩序、庸俗、不道德或其他不适当的名称。公司监督人对公司名称的决定具有约束力且为最终决定。2005 年《越南企业法》第 32 条（企业名称违规事项）规定了企业名称违规事项：(1) 企业名称与其他已注册企业名称近似者或与其他已注册企业名称混淆者。(2) 沿用国家机构、人民武装力量所属单位、政治团体组织、社会团体组织以及社会职业组织之名称为企业全名或部分名称者，除非取得该等机关、单位或团体组织之同意，否则不得注册。(3) 采用违反民族历史、文化、道德以及传统风俗之词汇与符号者。《文莱公司法》第 20 条规定，除非有苏丹陛下的同意，否则登记的公司名称不能具备下列情形：(1) 包含“皇家”

---

⑥ 指由商务部任命的执行公司法的官员。

或“Di-Raja”字样,或者登记官认为公司名称暗示或被认为暗示是苏丹陛下的保护人或者与文莱政府及其部门有联系。(2)登记官认为暗示或被认为暗示与任何市政府或地方当局有关。(3)包含“由现任委员投票而获选的”字样。(4)包含“文莱”。(5)包含“储蓄”字样。(6)包含“信托”或“信托人”字样。《缅甸公司法》第 11 条(公司名称及公司名称的变更)规定,除非经缅甸联邦总统的书面许可,任何公司都不得以下述名称进行注册:(1)包含下列文字的名称:“皇冠”“皇帝”“帝国”“皇后”“联邦”“国王”“女王”“皇家”“国家”“储备银行”,或其他任何暗示或很有可能暗示国王陛下庇护之意或与王国政府有关联的文字。(2)包含“市政的”或“特许的”,或任何暗示或很可能暗示与直辖市或其他地方政府或任何由皇家特许成立的团体或机构有关联的文字的名称。

根据中国《企业名称登记管理规定》第 6 条至第 10 条以及第 12 条至第 14 条的规定,企业名称由行政区划名称、字号、行业或者经营特点、组织形式组成。企业名称中的行政区划名称应当是企业所在地的县级以上地方行政区划名称。市辖区名称在企业名称中使用时应当同时冠以其所属的设区的市的行政区划名称。企业名称中的字号应当由两个以上汉字组成。县级以上地方行政区划名称、行业或者经营特点不得作为字号,另有含义的除外。企业名称中的行业或者经营特点应当根据企业的主营业务和国民经济行业分类标准标明。国民经济行业分类标准中没有规定的,可以参照行业习惯或者专业文献等表述。企业应当根据其组织结构或者责任形式,依法在企业名称中标明组织形式。企业名称冠以“中国”“中华”“中央”“全国”“国家”等字词,应当按照有关规定从严审核,并报国务院批准。企业名称中间含有“中国”“中华”“全国”“国家”等字词的,该字词应当是行业限定语。使用外国投资者字号的外商独资或者控股的外商投资企业,企业名称中可以含有“(中国)”字样。企业分支机构名称应当冠以其所从属企业的名称,并缀以“分公司”“分厂”“分店”等字词。境外企业分支机构还应当在名称中标明该企业的国籍及责任形式。企业集团名称应当与控股企业名称的行政区划名称、字号、行业或者经营特点一致。控股企业可以在其名称的组织形式之前使用

“集团”或者“(集团)”字样。因此，如在中国境内设立公司，公司名称的构成必须遵守以上规定。此外，中国《企业名称登记管理规定》第11条采用列举方式规定了公司名称不得有下列情形：(1)损害国家尊严或者利益；(2)损害社会公共利益或者妨碍社会公共秩序；(3)使用或者变相使用政党、党政军机关、群团组织名称及其简称、特定称谓和部队番号；(4)使用外国国家(地区)、国际组织名称及其通用简称、特定称谓；(5)含有淫秽、色情、赌博、迷信、恐怖、暴力的内容；(6)含有民族、种族、宗教、性别歧视的内容；(7)违背公序良俗或者可能有其他不良影响；(8)可能使公众受骗或者产生误解；(9)法律、行政法规以及国家规定禁止的其他情形。

二、公司的住所

(一)公司住所及其法律意义

公司作为法人，与自然人一样应当具有住所。公司的住所是公司章程的必要记载事项，也是公司设立注册登记的内容之一，同时也是众多法律关系的连接点，因此大多数国家的法律都不允许当事人随意变更。

公司住所是公司开展经营活动的主要基地和中心场所，因而是确定许多与公司相关的法律关系的基础，如履行合同、接受政府管理、参加诉讼等。就公司住所的法律意义而言，中国与东盟各国是基本相同的。

第一，公司住所是确定合同履行地的重要标志。合同履行地可以由当事人在合同中明确约定，在当事人没有约定时，按照《民法典》的规定，履行地点不明确的债务：给付货币的，在接受货币一方所在地履行；交付不动产的，在不动产所在地履行；其他标的，在履行义务一方所在地履行。在涉及公司的合同中，义务履行地由公司住所地确定。因此，确定了公司的住所，对于相对人而言，也就等于为自己确定了债务人的履行地。《越南民法典》第403条(民事合同成立的地点)规定，民事合同成立的地点由各方约定；如果没有约定，则要约方个人或法人的住所地为民事合同的成立地点。

第二，公司住所是诉讼中确认地域管辖和诉讼文书送达地的依据。中国《民事诉讼法》规定，对法人或其他组织提起的民事诉讼，由被告住所地人民法院管辖;因合同纠纷、票据纠纷或者侵权行为等提起的民事诉讼,可以由被告住所地人民法院管辖。因此,在涉及公司的民事诉讼中,住所就成为确定法院地域管辖的重要因素之一。诉讼中涉及法律文书的送达,根据我国《民事诉讼法》规定,公司住所也是法律文书的送达处所。对于公司而言,无论是法律文书的直接送达、委托送达、邮寄送达还是留置送达,均以住所地为送达地。因此,明确公司的住所地,既有利于人民法院及时、迅速地将法律文书送达当事人,保障当事人的权利,也有利于公司与外界的交流和联系,对于解决纠纷、维护社会经济秩序、保障当事人合法权益,有着重要意义。

第三,公司住所是涉外民事法律关系中确定准据法的依据之一。在涉外民事关系中出现法律冲突时,准据法的确定具有重要意义,而当事人的住所是确定准据法的标准之一。比如,依属人法原则适用当事人本国法时,一般按公司住所地确定所适用国家的法律。⑦

(二)公司住所的确定

在公司住所的确定标准方面,各国或地区的法律规定不尽相同,大致有下列三种做法:一是管理中心主义,即以登记时的常设管理机关所在地为住所。二是营业中心主义,即以公司的业务执行地为住所。三是由公司的章程确定。

中国《公司法》第10条规定采纳了世界大多数国家的立法例,公司以其主要办事机构所在地为住所。⑧ 这一规定与《民法典》第63条的规定也是一致的。也就是说,中国对公司住所采取了管理中心地标准。同为大陆法系国家的越南亦采用此标准:2005年《越南企业法》第90条(法人的住所)规定,法人的管理机关所在地是法人的住所。法人的联络地址是法人的住所。法人可选择其他地点作为法人的联络地址。2005年《越南企业法》第35条(企业总办公处所)进一步规定,总办公处所乃企业商务联络与交易之地点,必须设置在越南领土上,并于乡镇、市镇、县、郡、省市以及中央直辖市等地有确切

---

⑦ 参见孙晓洁:《公司法基本原理》(第2版),中国检察出版社2006年版,第128~129页。

⑧ 所谓主要办事机构所在地,是指负责决定和处理公司事务的中心机构的所在地,而区分公司的"主要办事机构"与"次要办事机构"通常以公司的登记为准,即以登记时注明的主要办事机构为准。

地址，如街巷名称以及门牌号码、电话号码、传真号码以及电子信件地址（如果有）。企业必须于取得营业注册认证文件 15 日内通知营业注册主管机关其总办公处所地址及开张日期。

在东盟的英美法系国家中，其注册办事处在法律性质上与大陆法系国家公司法中的住所相近。公司必须有一个注册办事处（或注册办公场所），以便所有的通知以及官方文件可以送达，同时用于公司保存法律要求保留的各种登记簿或者存放公司的一些文件。例如，《马来西亚公司法》第 119 条（公司注册办事处）规定，一家公司必须从其开业之日起或从其注册之日起 14 天后（视何者为早）在马来西亚境内设立一个注册办事处供寄发所有信件及通知，并在经常营业时间内最少对公众开放 3 小时，星期六、周假及公共假期除外。《新加坡公司法》第 142 条（公司的注册营业所）规定，从公司成立之日起，公司在新加坡应当有一个注册营业所，该注册营业所可以使所有的通信或通知得以传达，除周六和公共假日外，在每天的正常营业时间，该营业所应当对公众开放并允许进入，并且不得少于 3 个小时。《泰国民商法典》第 1148 条规定，有限公司必须有一处联系一切事务和通知可送达公司的登记住所。⑨

三、公司的章程

（一）公司章程的含义和特征

1. 公司章程的含义。公司章程是公司设立的最基本的条件和最重要的法律文件。形式意义上的章程是指记载公司组织及行动的基本自治规则的书面文件；实质意义上的章程是指规范公司内部组织关系及经营行为的基本自治规则。在大陆法系国家，公司章程是由一份单一的文件构成的。在英美法系国家，公司章程由两个文件组成：（1）章程大纲。章程大纲是规定公司对外关系的法律文件，目的在于使公司的投资者以及与公司进行交易的第三人能够了解公司的基本情况，如公司名称、资本、股东的责任、公司的营业期限、公

⑨ 虽然泰国不属于英美法系国家，但是它的一些商事法律制度，包括公司、合伙、票据、保险等，都直接或者间接地受到了英国法律的影响。其中一个重要的原因是：在泰国的民商事法律制度法典化之前，其已经先行颁布了一些商事法律制度，而这些法律制度基本借鉴了英国的法律。

司的目的等。章程大纲被称为公司的外部组织宪章。章程大纲是公司申请注册的必要文件之一,内容都是法定的,与公司章程细则相比,修改相对困难,章程大纲一般只能经股东大会决议才能修改或废除。(2)章程细则。章程细则是在章程大纲的基础上制定的、用来调整公司内部关系的文件,主要规定公司组织机构的设置及相互关系,各自的权限和职责及业务的执行等内部事务的文件,它属于公司的内部宪章。章程细则的内容不得与公司法及章程大纲的规定相抵触。一般在公司内部有效,不得对抗第三人,章程细则一般由董事会制定、修改或废除,在特殊情况下也可以由股东大会制定、修改或废除。[10] 英美法系的公司法章程大纲和章程细则这两个文件结合起来,就相当于大陆法系公司法上的公司章程。

2. 公司章程的特征。(1)法定性。法定性是指公司章程的制定、内容、效力和修改均由公司法明确规定。《新加坡公司法》第35(2)条规定,组织章程应当遵守法定的要求。具体来讲,公司章程的法定性表现在以下几个方面:第一,制定的法定性。公司章程是公司必须具备的法律文件之一。中国《公司法》第11条规定,设立公司必须依法制定公司章程。公司章程制定于公司设立阶段,是中国与东盟各国法律强制要求的公司设立依据。第二,内容的法定性。中国与东盟各国公司法对公司章程的内容设置十分规范和严格,特别是对公司章程应当记载的事项有明确规定,而且绝对必要记载事项的欠缺会导致章程的无效。不同的是有的散见于公司法有关条文中,有的是集中作出规定。后者如《新加坡公司法》第22条、《菲律宾公司法》第五章、中国《公司法》第25条和第81条规定了有限责任公司和股份有限公司章程应当载明的事项。第三,效力的法定性。公司章程的效力是由公司法赋予的。公司章程一经制定便发生相应的法律效力,对公司及其成员具有绝对的约束力,公司及其成员的行为不得违反公司章程的规定,否则该行为无效。中国《公司法》第11条规定,公司章程对公司、股东、董事、监事、高级管理人员具有约束力。《缅甸公司法》第21条(契约书或章程的效力)规定,契约书或章程的效

[10] 参见汪振江:《比较公司法学》,中国社会科学出版社2012年版,第38~39页。

力将在相同的程度范围内约束公司及其成员的行为，这些规定都奠定了公司章程的法律地位。第四，修改权限和程序的法定性。即公司章程具有固定性或不可变更性，公司章程的修改必须依照公司法的相关规定进行，否则不会发生法律效力。中国与东盟各国公司法都对公司章程的修改、变更做了宽严不一的限制。例如，根据中国《公司法》的规定，公司章程的修改必须经股东会或股东大会以特别决议的形式为之；《新加坡公司法》第 29 条对具有公益性质公司的章程修改作了较为严格的规定；《柬埔寨商业企业法》第 235 条至第 240 条分别对公司章程修订的权利、投票、会议通知、修订章程的性质、修订备案、修订证书等问题进行了明确的规范，这些都体现了国家对维护交易秩序、保障公司股东和债权人利益的考量。(2)公开性。公开性是指为保障社会交易安全的需要，公司章程不仅对投资人和债权人公开，还要向一般社会公众公开。在中国与东盟各国，公司章程的公开性特征制度化表现在以下两个方面：一是在公司日常经营活动中，股东有权查阅公司章程，公司应将公司章程置备于本公司。如中国《公司法》第 33 条“股东查阅、复制权”和第 96 条“重要资料的置备”、第 97 条“股东的查阅、建议和质询权”，2005 年《越南企业法》第 79 条“普通股股东之权益”，《柬埔寨商业企业法》第 109 条“公司记录”、第 110 条“私人获取公司记录”和《菲律宾公司法》第 46 条等，均作了相应的规定。公司在经营过程中，也应尽量满足交易对方查阅公司章程的要求。而且，对公司章程的知悉程度会影响债权人的决定，从而也影响公司的经营活动。二是公司章程是公司公开发行股票或者公司债券时必须披露的文件之一。如公司发行股票，根据中国《公司法》第 85 条、第 86 条的规定，发起人向社会公开募集股份，必须公告招股说明书，并制作认股书，招股说明书应当附有发起人制订的公司章程。(3)自治性。公司章程的自治性特征表现为每个公司在制定章程时，都可以在公司法允许的范围内，针对本公司的成立目的、经营行业、股东构成、资本规模、股权结构等不同特点，确定本公司组织及活动的具体规则。例如，在股份的购买方面，2005 年《越南企业法》第 89 条(购买股份、债券)规定，可用越南货币、自由兑换的外币、黄金、土地使用权、智慧财产权、技术营业秘密及公司章程规定之其他资产，购买股份公司之股份及债券。《菲律宾公司法》第 62 条规定,无面值股票的发行价格由公司章程规定,或由公司章程细则授权的董事会决定。这些规定体现了公司章程的自治性特征和公司经营自由的精神。

(二)公司章程的内容

公司章程内容即公司章程条款,公司章程条款根据是否由法律明文规定,可以分为任意记载事项和必要记载事项。根据必要记载事项对公司章程效力的影响,又可分为绝对必要记载事项和相对必要记载事项。[11] 对于公司章程的绝对必要记载事项,中国与东盟各国公司法都作了明文规定。例如,2005 年《越南企业法》第 22 条、《柬埔寨商业企业法》第 93 条、《老挝企业法》第 27 条、《菲律宾公司法》第 14 条、《缅甸公司法》第 6 条至第 8 条、《文莱公司法》第 5 条、《新加坡公司法》第 22 条等,均规定了公司章程性质所要求的必备条款,包括公司的名称、住所地、宗旨、注册资本、财产责任等。

第三节　公司权利能力和行为能力比较研究

一、公司权利能力

公司的权利能力是指公司享有权利和承担义务的资格。公司的权利能力由法律赋予,始于公司成立之时。例如,《新加坡公司法》第 19(5)条规定了公司成立的一般效力,即公司作为一个法人组织,拥有此类实体的全部权利能力。包括公司可以自己的名义起诉或应诉,并且可以存续至公司解散;可以拥有土地;在公司解散时,其成员承担的是有限责任,等等。《文莱公司法》第 36 条也有类似的规定。

中国与东盟各国公司法在赋予公司权利能力的同时,也限定了它的范

---

⑪　绝对必要记载事项是指章程中记载的、不可或缺的事项,公司章程中缺少任何一项或任何一项记载不合法,就会导致整个章程的无效。

围。即公司只在法律限制的范围内享有权利能力,这些限制主要表现在公司法对公司对外行为权的限制:

(一)对公司转投资的限制

为了保证公司的正常运作,维护公司债权人利益,中国与东盟部分国家的公司法对公司的转投资行为作出了限制。中国《公司法》第 15 条规定,公司可以向其他企业投资;但是,除法律另有规定外,不得成为对所投资企业的债务承担连带责任的出资人。这是对投资对象的限制。《菲律宾公司法》第 42 条规定,依该法条款,当一个私人公司董事会或理事会过半数的成员通过,并由在专门为此召开的会议上,代表 2/3 以上的发行在外的股份的股东或2/3 以上的成员签署,该私人公司有权根据其组织成立基本目的以外的任何目的,向其他公司或其他生意投资。提议上述行为的书面通知应当直接或邮寄送达每一个股东或成员,以确保不同意的股东可以依法行使其评估权。通知应写明会议的时间和地点。这是对投资主体的限制,即该条将投资的主体限定为私人公司,同时还对超出设立公司基本目的投资行为规定了召开会议、成员签署、通知等程序。

(二)公司对外担保的限制

为避免公司财产遭受难以预料的损失,危及公司自身的经营以及公司股东、债权人的权益,限制公司为他人债务提供担保是各国和地区公司法较为普遍的规定。中国《公司法》第 16 条规定,公司向其他企业投资或者为他人提供担保,依照公司章程的规定,由董事会或者股东会、股东大会决议;公司章程对投资或者担保的总额及单项投资或者担保的数额有限额规定的,不得超过规定的限额。公司为公司股东或者实际控制人提供担保的,必须经股东会或者股东大会决议。前款规定的股东或者受前款规定的实际控制人支配的股东,不得参加前款规定事项的表决。该项表决由出席会议的其他股东所持表决权的过半数通过。这一规定表明,其对公司对外担保的行为作了一定的限制,但非绝对限制,只要公司提供担保的行为符合公司章程的约定,经过董事会、股东(大)会决议即可。《老挝企业法》第 70 条明确规定,经董事会授权,董事长可以名义批准对外担保。《新加坡公司法》第76(1)(c)条规定,除非该法另有规定,否则公司不得直接或间接地以任何方式,提供以下列股份或股票作为担保的借贷:公司的股份或股票;该公司的控股公司的股份或股票。在东盟国家中,《文莱公司法》是对公司担保事项规范得最为详细的,其第80条至第91条明确了公司担保的范围、适用条件,担保的登记,违反相关规定的处罚等问题,体现了其立法者在平衡公司人格制度的效率与公平价值方面的审慎态度。

(三)对公司收购自身股份及对自身股份收质的限制

公司股份的不可返还性及股东平等原则决定了通常情况下公司不得收购自身的股份。随着社会经济的发展,为适应复杂多样的公司现实经营需要,各国立法、判例及学说都对公司取得自己股份朝着放宽限制的方向发展。与放宽限制的趋势相适应,中国与东盟各国公司法在放松管制的同时,更加注重从其他方面完善对公司债权人和股东的保护措施。例如,中国《公司法》第142条规定:"公司不得收购本公司股份。但是,有下列情形之一的除外:(一)减少公司注册资本;(二)与持有本公司股份的其他公司合并;(三)将股份用于员工持股计划或者股权激励;(四)股东因对股东大会作出的公司合并、分立决议持异议,要求公司收购其股份……公司因前款第(一)项、第(二)项规定的情形收购本公司股份的,应当经股东大会决议……公司依照本条第一款规定收购本公司股份后,属于第(一)项情形的,应当自收购之日起十日内注销;属于第(二)项、第(四)项情形的,应当在六个月内转让或者注销;属于第(三)项、第(五)项、第(六)项情形的,公司合计持有的本公司股份数不得超过本公司已发行股份总额的百分之十,并应当在三年内转让或者注销……公司不得接受本公司的股票作为质押权的标的。"禁止公司以自身股份收质,其目的在于限制公司拥有自己股份,这是与国际惯例相一致的做法。[12] 根据《新加坡公司法》第76(1)(b)条的规定,公司不得购买其自身或其母公司的股份。其允许的例外之一是,在某些情况下,公司可以购买其自身

⑫ 参见汪振江:《比较公司法学》,中国社会科学出版社2012年版,第42~43页。

的股份,但必须得到股东大会的同意。《新加坡公司法》第 76B(1)条、第 76F(1)条规定,股份回购必须得到公司组织规章的明确许可,回购的资金必须来自公司的可分配利润。如此规定的前提是不会损害公司债权人的利益,因为这些利润也可能以红利的形式分配给股东。如果公司董事和经理知道公司已经无力偿债,或一旦回购股份便会无力偿债,则不得同意公司回购股份。《菲律宾公司法》第 41 条规定,出于合法的目的,一个股份公司应有权购买或获得其自己公司的股票,包括但不限于下列情况:(1)为消灭零股;(2)为减少公司负债,购买本公司发行的未付钱的股票;(3)依该法规定,为赔付撤回股份或不同意公司已决事项而要求退股的股票。

(四)对经营范围的限制

公司的经营范围实质上是公司权利能力和行为能力的范围,即公司权利能力和行为能力的大小取决于公司经营范围的大小。假如公司的经营范围设定明确,则不仅有利于股东了解其投资目的、掌握投资信息,也有利于维护与公司交易第三人的权益。因此,公司的经营范围属于公司章程的必要记载事项,通常表现为章程中的经营范围条款或目的条款。

在公司经营范围的规定方面,总体而言,中国与东盟国家中的大陆法系国家的公司法律制度是比较宽松的。中国《公司法》第 12 条规定,公司的经营范围由公司章程规定,并依法登记。公司可以修改公司章程,改变经营范围,但是应当办理变更登记。《老挝企业法》第 28 条规定,公司在经营过程中,可以为了适应经济形势及市场的变化而进行调整变更。例如,修改公司章程、增资或减资、合并或分立、变更公司形式或经营范围。

在东盟国家中,部分英美法系国家有关公司行为能力的规定折射出其秉承越权理论[13]的影响。例如,《菲律宾公司法》第 45 条规定,依该法设立的公司除行使公司经营必要的权利外,不得行使该法和公司章程中未规定的权利。单从条文表述来分析,菲律宾公司法将公司能力严格限定在其目的范围

[13] 在英国,早期的法律与判例认为:公司的活动不能超越其目的范围,否则无效。这就是著名的越权理论。

内,但是该条并未明确公司实施经营范围以外的行为是否归于无效。相比之下,《新加坡公司法》的"越权交易"条款则体现了其修正越权理论的鲜明态度。根据《新加坡公司法》第25(1)条的规定,只要公司没有能力或权利做出或实施某行为或进行财产转让,那么公司的作为或不作为(包括公司达成的协议和由公司明示或默示的授权而由公司的管理人员或公司的代理人代表公司所做的任何行为)以及公司不动产或动产的转让或不转让,都是无效的。同时,为了避免公司的交易行为被随意地认定为无效而影响交易安全和损害第三人利益,《新加坡公司法》第25(2)条将公司没有实施该交易的行为能力或权利限定在以下三种情况:一是公司成员对公司提起诉讼,或由于公司通过超过其财产的浮动抵押担保发行的债券,该债券的持有人或被委托人为阻止这种行为或公司转让公司财产而提起的诉讼。二是公司或公司的成员对公司的现任或前任管理人员提起诉讼。三是部长提出公司结业结算的请求。根据《新加坡公司法》第25(3)条的规定,在涉及越权交易的诉讼中,假如越权交易的合同被法院制止履行,法院还可以按照公平和正义的原则判令公司或合同一方对受损一方给予赔偿。这充分体现了新加坡对英美法系衡平法理念的贯彻。

二、公司行为能力

公司行为能力,是指公司能够通过自身的行为取得权利、承担义务的资格,即公司可以凭借自己的意思和名义独立进行民事活动、构建民事法律关系的资格。公司具有独立的意思是公司人格的重要体现。当然,由于公司不同于自然人,其作为法人,本身并不能实施民事行为,而需要通过其机关中的自然人来实现其行为能力。例如,《老挝企业法》第70条明确规定,董事长代表公司对外开展的一切活动的后果,由公司承担。综观中国与东盟各国的公司法,其公司机关一般都由股东会、董事会和监事会构成。股东会是决策机关,董事会是执行机关,监事会是监督机关。这三个机关分别表示的是决策意思、执行意思和监督意思。

值得一提的是,研究公司的行为能力必须考察公司的资本状况、组织机构设置以及公司的践约能力。这也是中国与东盟一些国家公司法对处于清算或者歇业状态公司的行为予以明确规范的原因,其法理依据就在于当一个公司缺乏自己的独立意志、无法自主决策时,其行为能力是残缺和不健全的,无法也不应开展正常的经营活动,否则还有可能引发法律责任的承担问题。例如,2005年《越南企业法》第159条规定,自解散决定文件日起被禁止从事之各项活动项目。自企业有解散决定文件日起,严禁企业及企业管理人从事下列活动项目:(1)藏匿及分散财产。(2)放弃或缩减讨债权。(3)将各项非保证的债务转变为以企业财产作保的债务。(4)签订非属企业解散执行之新合约。(5)典押、抵押、赠与及出租财产。(6)终止履行已生效的合约。(7)以一切其他形式进行资金募款。《缅甸公司法》第205条规定,自公司自行破产程序开始之时起,公司除因破产需要外,经营活动即行停止。中国《公司法》第205条规定,公司在清算期间开展与清算无关的经营活动的,由公司登记机关予以警告,没收违法所得。

第十五章　公司股权、股份和公司债券比较研究

第一节　概　　述

公司股权、股份和公司债券代表的是以公司投资人与公司法人之间因前者的出资行为而引起的一种以权利义务为核心的法律关系，是民商法学界一直在进行探讨和剖析的重要概念。在中国，公司股权是针对有限责任公司而存在的概念，而公司股份的发行主体是股份有限公司，二者同属于广义上的公司股份范畴。与二者不同的是公司债券是属于公司债的范畴，其发行主体可以是有限责任公司、股份有限公司或其他种类公司。公司股权、股份和债券都是股东因资本投资行为而产生的权利和利益。

一、公司股权

（一）公司股权的概念

长久以来，法学界对“股权”的性质和界定问题一直争论不休。其中，以对抽象概念进行抽丝剥茧见长的大陆法系民商法学界对股权的法律性质认识最为深刻，其百余年的理论成果大体上可归纳为社员权说、股东地位说、债权说等。在法学理论研究日益精深的今天，有学者认为：“我们可将股权

界定为：股权是股东因出资而取得的、依法定或公司章程规定的规则和程序参与公司事务，并在公司中享受财产利益的、具有转让性的权利。”[①]在对“股权”性质认识的基础上，公司股权可被定义为：公司的投资人基于其对公司法人的投资行为而享有的权利。

（二）东盟国家关于公司股权的规定

2005年《越南企业法》第13条、第22条、第41条、第43条、第44条和第45条都对股权问题作了规定，分别关于：股权承购权、公司章程条款、公司成员的权利、股权收购权、股权转让权以及其他股权处理办法。在2005年《越南企业法》中，股权的概念同时适用于股份公司和有限责任公司。

（三）中国关于公司股权的规定

我国《公司法》对股权的规定在第71条至第75条，分别关于有限责任公司的股权转让、优先购买权、股权转让的变更登记、异议股东股权收购请求权、股东资格的继承的相应规定。根据《公司法》的规定，中国“股权”概念中的公司类型仅指有限责任公司，而不包括股份有限公司。

二、公司股份

（一）公司股份的概念

公司股份是指在公司中，将股东投资的资本按照一定比例进行等额细分得到的资本单位。股东以持有这种单位资本的数量的多少来按出资比例享有权利，并且仅以出资多少作为衡量权利大小的标准，每一单位的权利是平等的。股票是股份的外在表现形式，指由股份有限公司发行的，表示股东按其持有的股份享有权益和承担义务的一种可转让性书面凭证。[②]

（二）公司股份的特征

公司股份具有以下三点特征：第一，股份是将公司资本均等细化后的结

---

① 江平、孔祥俊：《论股权》，载《中国法学》1994年第1期。

② 参见林秀芹、夏雅丽、薛夷风：《公司法》，科学出版社2010年版，第80页。

果,每一股具有相等金额,股份总和应为公司注册资本,体现了"股权平等"原则。第二,股份是股份有限公司作为资合公司的本质体现,股东与公司的法律关系因股份持有多少而不同,有利于将股东的权利形式化和标准化,有利于进行平等的利益分配。第三,股份的外在表现形式为股票。股份的本质内涵是权利和利益,是抽象的,不利于股东权益的具体化。通过股票这种表现形式,股东可明确其对股份的持有和相应权利的行使,也可以以买卖股票的形式将这种权利进行转让,新的股票持有者与其享有同等权利。

(三)东盟国家关于公司股份的规定

1. 新加坡。新加坡将股份认定为以一定数额的金钱来衡量持股者对公司所享有的权益。《新加坡公司法》将公司股份大致划分为普通股和优先股。普通股即为享有平等权利的股份,没有任何差别待遇。优先股是能为股份持有人提供一定优先待遇的股份。如《新加坡公司法》第 75 条对在公司组织大纲或公司组织章程中所宣布的优先股持有人的权利进行了规定:这些权利包括了资本的偿付、分享剩余资产和利润、股息的取得,表决权、资本的优先支付和关于其他股份或其他等级优先股的股息。

2. 越南。2005 年《越南企业法》第 78 条、第 84 条、第 87 条、第 89 条、第 90 条、第 91 条、第 92 条和第 94 条都对股份作出了规定,分别是关于股份的种类、创始股东的普通股份、股份发售及转让、购买股份和债券、依股东要求回购股份、依公司决定回购股份、支付条件及购回股份的处理方式、购回股份的清算款额或股息。

3. 泰国。泰国的公司分为股份公司、股份有限公司和有限责任公司。三种公司中不存在"股权"的概念,都称为"股份"。关于公司股份的规定主要在《泰国民商法典》第二十二章"股份与公司"中有所体现,如第 1100 条和第 1102 条对有限责任公司股份的规定:"每个发起人须购买公司股份""禁止股东民众购买股份"。关于有限责任公司股份与股东的具体事项在《泰国民商法典》第 1117 条至第 1143 条有所规定,如第 1118 条规定,若两人或两人以上持有相同股份,则须任命其中一人为持股人;另外,若多人同时持有相同股份,须共同对公司负责。

（四）中国关于股份的规定

中国关于股份的规定集中于《公司法》第125条至第145条——股份有限公司的股份发行和转让部分。中国《公司法》中规定的"股份"概念，是股份有限公司这种类型的公司特有的，而不用于有限责任公司。

三、公司债券

（一）公司债券的概念

公司债券指公司依照法定程序向社会公众发行的、约定在一定期限（1年以上）还本付息的有价证券。[③] 公司债券是公司债的表现形式，是公司投资者投资权利的凭证。公司债券是公司为募集资金而向社会公众，即不特定人而发行的一种约定在规定期间内还本付息的有价证券。购买公司债券是投资人的投资行为，其本质是一种借贷行为，债权债务关系基于此种行为而产生。

（二）公司债券的种类

根据不同标准，公司债券可被分为不同种类：根据债券是否可转换为股份，债券可被分为可转换公司债券与非转换公司债券；根据债券是否记载持有人姓名或名称，公司债券可以被分为记名公司债券和无记名公司债券；以是否有担保公司担保，债券可被分为担保公司债券与无担保公司债券；以债券持有人是否参加公司利润分配，债券可分为参加公司债券和非参加公司债券；以发行公司是否上市，债券可分为上市公司债券与非上市公司债券；以公司债券发行地的不同，可分为国内公司债券与境外公司债券等。其中，在中国《公司法》中有明文规定的公司债券的种类为记名公司债券和无记名公司债券以及可转换公司债券与非转换公司债券。

1. 记名公司债券与无记名公司债券。这种分类的依据是公司债券是否在公司债券存根簿上记载债权人姓名或名称。中国《公司法》第156条规定："公司债券，可以为记名债券，也可以为无记名债券。"记名公司债券是在公司

---

③ 参见王欣新：《公司法》（第2版），中国人民大学出版社2012年版，第214页。

债券和债券存根簿上记载了债权人姓名或名称的公司债券;无记名公司债券指在公司债券和债券存根簿上无需记载债权人姓名或名称的公司债券。将二者进行划分的法律意义在于区别转让公司债券时的不同要求和方式。转让记名公司债券,必须由债券持有人以背书方式或法律、行政法规规定的其他方式转让;转让无记名公司债券,以交付为生效要件,即债券持有人将债券交付给受让人即完成公司债券的转让。记名公司债券的转让较无记名公司债券的转让要求更高、程序更严格,故记名公司债券的流动性更差,但安全性更高。中国《公司法》第 157 条就记名公司债券和无记名公司债券的存根簿记载事项作了规定:"……发行记名公司债券的,应当在公司债券存根簿上载明下列事项:(一)债券持有人的姓名或者名称及住所;(二)债券持有人取得债券的日期及债券的编号;(三)债券总额,债券的票面金额、利率、还本付息的期限和方式;(四)债券的发行日期。发行无记名公司债券的,应当在公司债券存根簿上载明债券总额、利率、偿还期限和方式、发行日期及债券的编号。"

2. 可转换公司债券与非转换公司债券。可转换公司债券是指可以转换为股票的公司债券,是一种特殊的公司债券。此类债券在发行时即规定了可转换为公司股票的方式和条件,若条件具备,债券持有人可自由选择是否将公司债券转换为公司股份。反之,非转换公司债券指不可以转换为股票的公司债券,发行时未做明确约定的公司债券都被视为非转换公司债券。中国《公司法》第 161 条和第 162 条对可转换公司债券的发行和转换作出了规定:"上市公司经股东大会决议可以发行可转换为股票的公司债券,并在公司债券募集办法中规定具体的转换办法。上市公司发行可转换为股票的公司债券,应当报国务院证券监督管理机构核准。发行可转换为股票的公司债券,应当在债券上标明可转换公司债券字样,并在公司债券存根簿上载明可转换公司债券的数额。""发行可转换为股票的公司债券的,公司应当按照其转换办法向债券持有人换发股票,但债券持有人对转换股票或者不转换股票有选择权。"

(三)东盟国家关于公司债券的规定

1. 越南。2005 年《越南企业法》第 88 条、第 89 条都对公司债券问题作出了规定,分别是关于债券的发行和购买股票、债券,规定了公司债券的发行条件和购买公司债券的合法方式。2005 年《越南企业法》中规定的公司债券是公司之债的表现形式,是企业获得合法融资的有效途径。

2. 新加坡。《新加坡公司法》第 93 条至第 100 条规定了公司债券的内容,分别关于债券持有人的登记簿和信托契约的副本、合同的强制履行、永久债券、可赎回债券的重新发行和法院关于某些不可赎回债券的权力。

(四) 中国关于公司债券的规定

中国《公司法》第七章第 153 条至第 162 条,对于公司债券的概念和发行条件、募集办法、票面的记载事项、分类、存根簿,记名公司债券的登记结算、转让、转让方式,可转换公司债券的发行、转换方面内容作出了明确规定。还有更多关于公司债券的具体问题,在《证券法》中有更细化的规定。

第二节 公司股权转让比较研究

一、公司股权转让的基本原则

公司股权是公司投资人因出资而享有的权利,具有资本和权利双重属性。不能够流转的资本,并非法律意义上完全的财产。既然是资本,就应当遵循资本的特性,通过资本流通保障资源的优化配置,保证公司发展运作并使投资人收益最大化。所以,股东股权的转让既是股权资本属性的体现,也是权利属性的要求。

目前,国际上通行的股权转让原则是以自由转让原则为主,限制转让原则为辅。有限责任公司是人合兼资合的公司,其成员具有一定的封闭性;为了保障其人合性的稳定和股东间的互相信任,其股东可以向他人转让公司股权,但是就受让方的不同会有不同规定。当受让方为公司其他股东时,股东可奉行自由转让原则。因为公司股东之间股权的转让并不会造成新股东的产生,即股东间的信任关系没有发生变化,有限责任公司的人合性不受影响。

相对地,当受让方为非公司股东时,股权的转让则会受到限制。为了维持有限责任公司的人合性因素,各国公司法通常会对这种转让作限制性规定,引入公司其他股东的优先购买权的概念。

二、公司股权转让的分类

根据不同的标准,股权转让可以分为不同种类。将股权转让进行分类,可以更加明晰地认识到股权转让的本质——资本的流转以及通过不同分类下股权转让成立的不同要件如是否需要签署股权转让协议等来进一步对股权转让行为作出分析。公司股权转让大致可作如下几种分类:

(一)内部转让与外部转让

根据股权受让方是否为有限责任公司原有股东,股权转让可分为内部转让和外部转让。内部转让指股权的转让仅限于公司股东之间的转让。股权的内部转让不会让公司出现新的股东,不影响有限责任公司的人合性,只让股东持股比例发生变化。因此,各国公司法一般对股权的内部转让限制较少,相对自由。外部转让指向公司股东之外的人进行的股权的转让。外部转让会使公司出现新的股东、改变股东构成。鉴于有限责任公司是一种建立在股东间的信任之上的公司,新股东的出现有可能引发股东间的信任危机,从而危及公司,所以各国公司法均对股权的外部转让进行了较为严格的限制,如规定股东间投票决定是否将股权转让给新股东等。

(二)协议转让与非协议转让

根据股权的转让是否必须签订股权转让协议,股权转让可分为协议转让与非协议转让。协议转让指因签订股权转让协议而发生的股权转让。非协议转让指因发生法律规定的特定事由而发生的转让。这些法律规定的特定事由一般指因司法强制发生的股权转让,因实现质押权而发生的股权转让,因企业合并、分立而发生的股权转让,因继承而发生的股权转让,因离婚、合伙关系解散等原因而分割作为共有财产的股权而发生的转让等。[④]

---

④　参见王欣新:《公司法》(第2版),中国人民大学出版社2012年版,第187页。

三、东盟国家公司股权转让的规定

东盟部分国家在公司法的条文中，涉及有限责任公司股东转让公司股权的行为，使用的是“股份转让”的概念，与中国《公司法》所指“股权转让”的概念类似。本部分选定的关于股权转让规定最为细致和具有代表性的两个国家是越南和菲律宾，研究文本是2005年《越南企业法》和《菲律宾公司法》。

(一)越南

2005年《越南企业法》第44条作出了关于公司股权转让的规定，除该法第45条第6款规定外，两名成员以上有限责任公司成员可按以下规定将股权全部或部分转让给他人：(1)须以同等条件向公司其他成员按所占股份比例出售股权。(2)仅在公司其他成员未在相关提议作出后30个工作日内全部或部分收购，才可转让给公司成员以外人士。其中的例外规定即2005年《越南企业法》第45条第6款规定，公司成员以其股权结付债款时，债权人有权按照下列方式运用该笔股权：(1)于公司成员董事会接纳后能成为公司成员。(2)依照该法第44条规定出售或转让该笔股权。

(二)菲律宾

菲律宾公司股权转让事项主要在《菲律宾公司法》第七章“股票和股东”中作出规定。菲律宾公司股权的发行和转让需要通过股权证明的发行和转让来实现，并且股票的转让与动产转让方式一致，即交付生效。如《菲律宾公司法》第63条和第64条分别就股权证明和股票转让、股权证明的发行作出规定，股权证明应由公司董事长或副董事长签名，并由公司秘书或助理秘书签字，还需根据该法规定加盖公章。“发行的股票是私人财产，并由其所有人或所有人的委托人或其他有权人员通过交付股权证明的方式转让股票。”“当认购人交付所需认购金额、利息和费用后，可领取股权证明”。

四、中国公司股权转让的规定

(一)股权转让的基本规则

中国《公司法》规定，有限责任公司股东的股权可以进行转让。当有限责任公司股东向本公司其他股东转让股权时，不会有新股东的产生，这种转让不做过多限制；当有限责任公司股东向非本公司股东转让股权时，会发生新股东进入公司的情况，可能影响股东之间的信任关系，进而影响有限责任公司的“人合性”，故应超过一半的股东同意，才可实现这种股权转让。

中国《公司法》第 71 条对股权转让的行为作出了如下规定：“有限责任公司的股东之间可以相互转让其全部或者部分股权。股东向股东以外的人转让股权，应当经其他股东过半数同意。股东应就其股权转让事项书面通知其他股东征求同意，其他股东自接到书面通知之日起满三十日未答复的，视为同意转让。其他股东半数以上不同意转让的，不同意的股东应当购买该转让的股权；不购买的，视为同意转让。经股东同意转让的股权，在同等条件下，其他股东有优先购买权。两个以上股东主张行使优先购买权的，协商确定各自的购买比例；协商不成的，按照转让时各自的出资比例行使优先购买权。公司章程对股权转让另有规定的，从其规定。”

（二）股权的优先购买权

中国《公司法》规定，当股东的股权因人民法院执行强制程序而被迫转让时，有限责任公司全体股东享有优先购买权。中国《公司法》第 72 条具体规定如下：“人民法院依照法律规定的强制执行程序转让股东的股权时，应当通知公司及全体股东，其他股东在同等条件下有优先购买权。其他股东自人民法院通知之日起满二十日不行使优先购买权的，视为放弃优先购买权。”

（三）股权转让的变更登记

股权转让后，公司应即刻注销原股东的出资证明书并修改公司章程和股东名册，防止其将仍登记于名下的股权转让、质押或以其他方式处分，令受让人权益受损。中国《公司法》第 73 条具体规定如下：“依照本法第七十一条、第七十二条转让股权后，公司应当注销原股东的出资证明书，向新股东签发出资证明书，并相应修改公司章程和股东名册中有关股东及其出资额的记载。对公司章程的该项修改不需再由股东会表决。”

（四）异议股东股权收购请求权

有限责任公司是具有“人合性”和“资合性”双重属性的公司，为保障公司正常运营,原则上公司股东一旦加入,不能轻易退出。但是,根据法定事由,股东可以请求公司按照合理价格收购其股权,退出公司。中国《公司法》第74条规定:“有下列情形之一的,对股东会该项决议投反对票的股东可以请求公司按照合理的价格收购其股权:(一)公司连续五年不向股东分配利润,而公司该五年连续盈利,并且符合本法规定的分配利润条件的;(二)公司合并、分立、转让主要财产的;(三)公司章程规定的营业期限届满或者章程规定的其他解散事由出现,股东会会议通过决议修改章程使公司存续的。自股东会会议决议通过之日起六十日内,股东与公司不能达成股权收购协议的,股东可以自股东会会议决议通过之日起九十日内向人民法院提起诉讼。”

五、中国-东盟国家公司股权转让比较研究

中国《公司法》与东盟各国的公司法(企业法)在公司股权转让制度的规定上,主要存在以下两个方面的差异:

(一)关于优先购买权

中国《公司法》在第72条明确规定了公司其他股东在同等条件下的优先购买权,即其他股东在收到人民法院通知之日起20日内具有优先购买权,超过20日不行使的,视为放弃优先购买权。东盟有些国家在优先购买权的问题上和中国的规定相异。如在2005年《越南企业法》中规定的其他股东的优先购买权为30日,比中国规定的20日多出10日,这体现了2005年《越南企业法》对公司股东的优先购买权保护力度更大,也更加鼓励公司股东将股权转让给本公司股东,保障公司的“人合性”。除此之外,2005年《越南企业法》并未对公司股权转让的其他诸如变更登记、异议股东股权收购请求权等方面作出细致规定。而东盟的其他国家多数未对公司股权的转让在公司法中有明确规定,或归于公司股份的规定当中。

(二)关于股东资格的继承

中国《公司法》第75条明确规定了股东资格的继承情况:“自然人股东死亡后,其合法继承人可以继承股东资格;但是,公司章程另有规定的除外。”此

条规定还需参照《继承法》的相关规定，即在自然人股东死亡后，其个人合法财产依法由他人继承。股东的股权属于其个人合法财产，按理应由其继承人继承。但是，有限责任公司具有人合性，股东的股权不应只考虑其财产性而忽略其他特性，不能单纯作为财产由继承人继承。因此，中国《公司法》在此作出了例外规定，即公司章程规定优先；若公司章程排除了股权的继承，则应按公司章程规定执行，根据《公司法》第 71 条进行股权转让或另作协商。而 2005 年《越南企业法》第 45 条第 1 款至第 3 款规定了股权的继承：(1)公司个人成员死亡或被法院宣告死亡时，其遗产继承人或法律规定的继承人应被视为公司成员。(2)公司个人成员为无民事行为能力人或限制民事行为能力人时，其在公司的权利义务由其监护人或继承人履行。(3)公司于下列情况下，依照该法第 43 条和第 44 条规定，收购或转让公司股权：a. 其继承人不愿成为公司成员时。b. 该条第 5 款规定的股权赠与人不被公司成员董事会接受为公司成员者。c. 股权继承方为已破产或已解散的团体组织。2005 年《越南企业法》在此处并未规定公司章程规定的优先性，而将股权继承的例外情况限定在继承人不愿意、无血缘关系的股权受赠人不被公司成员接受和继承人为已解散公司或已破产组织三种情况。相较之下，中国《公司法》更注重保护有限责任公司的“人合性”，而 2005 年《越南企业法》更看中公司股东间的亲缘性，会默认有血缘关系的股权受赠人与公司其他股东具有信任关系，不会破坏公司的“人合性”。

第三节　公司股份发行与转让比较研究

一、东盟国家公司股份发行与转让的规定

在东盟各国的公司法律制度框架内，关于公司股份发行和转让的规定具有最鲜明特色的三个国家是新加坡、缅甸和文莱，因此，本书所选定的研究文本分别为《新加坡公司法》、《缅甸公司法》和《文莱公司法》。

（一）新加坡

《新加坡公司法》第 121 条规定了股份的性质，即股份本身是动产，应当执行一般动产通行的转让原则，但其具体转让形式可由公司章程规定。公司任何成员的股份或其他权益是动产的，以公司章程规定的形式进行转让，且不具有不动产性质。另外，《新加坡公司法》第 122 条至第 130 条都是对股份所有权转让进行的具体规定，分别关于股份的编号、证明书是所有权的证据、公司可以有公司公章的复制品、证明书的灭失或损毁、过户文件、依出让人要求进行过户登记、拒绝过户登记的通知、股份转让通知、让与证明书和公司发出证明书的责任。其中，《新加坡公司法》第 123 条规定，加盖了股份有限公司公章的证明书是股份持有人所有权的初步证明。股份的转让应依出让人要求进行过户登记并向登记官呈送股份转让通知。《新加坡公司法》第 127(1)条和第 127(2)条规定：(1)根据公司中任何股份、债券或其他权益的出让得到书面申请，公司应当以同样的方式并按照同样的条件对受让人的姓名进行登记，就如登记申请是由受让人提出。(2)根据股份、债券出让人的书面申请，公司应当以书面通知要求股份证明书或债券及过户文件的持有人、保管人或控制人，在规定期限内，即 7 日至 28 日之间，将证明书或文件送交公司办事处，以注销、纠正这些股份证明书或债券，并进行过户登记或其他处理。第 128A(1)条规定，当股份被转让时，公司可以以法定形式向登记官呈送股份转让通知。

（二）缅甸

《缅甸公司法》深受英国法律——特别是英国在印度殖民时期所制定的法律的影响，其中关于股份发行与转让的部分具有浓厚的英美法系公司法律制度的色彩。其中，将股份本身视为动产，具有动产性质。《缅甸公司法》第 28 条规定，公司成员的股份或股息为动产，转移财产的方式应规定在公司章程里；拥有股份资本的公司，其每一股份都应通过适当的数量加以区分。关于股份的转让规则，《缅甸公司法》第 34 条第 1 款作出如下规定："(1)公司股份转移的申请书应当由让与人或受让人制作，如果是由让与人制作的，那么在部分支出股份的情形下，注册将不受影响，除非公司通过受让人的申请。因为受本条第4款相应规定的约束，除非受让人于接受通告两周内提出异议，否则公司将在同等条件下以同样的方式把受让人的名字登记在成员登记簿上，就如注册申请是由受让人制作的一般。"并且，在股份资本合并、股份转换为股票时，应通知注册登记机关，具体规则在《缅甸公司法》第51条进行了详细规定。

（三）文莱

《文莱公司法》将股份本身划分为动产，具有动产性质，其转让的具体规定未在《文莱公司法》中详细作出，而是由各个公司的章程来规定，但是须按照规定提交股份转让文件。《文莱公司法》第65条第1款规定，公司股东的股份和其他利益属于动产，不具有不动产的性质，可以按照公司章程的规定进行转让。第66条规定，尽管公司章程有所规定，但若没有适当的转让文件提交给公司，则公司会认定对股份和债券转让进行的登记违法，但该条规定不应当损害公司对依法受让公司股份和债券权利的股份或债券持有人的登记。第70条是关于提交股份分配或者转让证书的规定，该条也规定了对违反规定者的罚金数额：(1)每个公司应当在公司股份、债券或借款股份分配的2个月内或在这些股份、债券和存放于公司借款股份转让的2个月内制作并提交所有股份、债券证书和所有借款股份分配、转让证书，除非股份、债券和借款股份的发行条件另有规定。该条规定的"转让"是指适当地加盖印花税已缴标记且符合其他生效要件，且不包括公司由于任何原因被拒绝登记而缺少登记的情形。(2)如若违反该条规定，公司和公司中明知违反规定的全体人员将缴纳在违反规定期间内每天25文莱元的罚金。第74条规定了虚假、欺诈、伪装公司股份、利益或股份保证书等文件的行为的刑事处罚为监禁15年。

二、中国公司股份发行与转让的规定

（一）股份发行

1. 股份发行的概念。股份发行是指股份有限公司向投资者招募股款的法律行为。[5] 股份是发行公司募集资本的方式,也是认购者取得股东地位、实现投资的途径。中国《公司法》第125条第1款规定:“股份有限公司的资本划分为股份,每一股的金额相等。”

2. 股份发行的原则。股份发行要遵循公平、公正的原则,即发行公司和投资者之间的权利义务大致对等,且同种类的每一股认购者之间具有同等权利。《公司法》第126条规定:“股份的发行,实行公平、公正的原则,同种类的每一股份应当具有同等权利。同次发行的同种类股票,每股的发行条件和价格应当相同;任何单位或者个人所认购的股份,每股应当支付相同价额。”

3. 股票的发行价格、载明事项及种类。股票发行价格是指股票发行时所规定的价格,即投资人在股票最初发行时的认购价格。股票发行价格可以高于股票票面金额,即为溢价发行;也可以等于票面金额,可称为平价发行、等价发行或券面发行。《公司法》第127条作出了具体规定:“股票发行价格可以按票面金额,也可以超过票面金额,但不得低于票面金额。”

股票的形式可以采用纸面形式或由国务院证券监督管理机构规定的其他形式。其具体载明形式由《公司法》第128条规定为如下四种:公司名称;公司成立日期;股票种类、票面金额及代表的股份数;股票的编号。股票还需法定代表人签名并加盖公章。

股票的种类由《公司法》第129条规定为两种:记名股票和无记名股票。《公司法》第129条第2款规定:“公司向发起人、法人发行的股票,应当为记名股票,并应当记载该发起人、法人的名称或者姓名,不得另立户名或者以代表人姓名记名。”与之相对,无记名股票指不在股票上记载发起人、法人的名称或姓名,可任意转让的股票。

另外,《公司法》第131条规定了“其他种类的股份”:“国务院可以对公司发行本法规定以外的其他种类的股份,另行作出规定。”

4. 公司发行新股的条件、程序和变更登记。公司公开发行新股,应符合下列四点:(1)公司组织机构完整、运行良好。(2)公司本身持续盈利、财务状况

---

⑤ 参见刘俊海:《公司法学》,武汉大学出版社2010年版,第81页。

良好。(3)最近三年无虚假财务会计文件,无其他重大违法行为。(4)满足国务院证券监督管理机构规定的其他条件。具体条件在《证券法》第13条有所规定。《公司法》和《证券法》之所以对可公开发行新股的公司作出以上规定,是为了确保股票发行方业务、财务状况稳健良好,保障投资人的利益和证券市场的平稳有序。

公司经国务院证券监督管理机构核准公开发行新股,也需要遵循严格程序,如公告新股招股说明书和财务会计报告,并制作认股书。

(二)股份转让

股份转让是指股东将所持股份转让给受让人的行为。中国关于股份转让规则具体规定在《公司法》第137条至第145条,分别是关于股份转让的一般规则、股份转让的场所、记名股票和无记名股票的转让、特定持有人的股份转让、本公司股份的收购及质押、记名股票丢失的救济、上市公司的股票交易和上市公司的信息公开。

股票的转让须在依法设立的证券交易场所或以国务院规定的其他方式进行,不同种类股票的转让方式也不尽相同。《公司法》第139条和第140条分别规定了股份有限公司记名股票和无记名股票的转让规则。无记名股票的转让规则较为宽松,由股东将该股票交付给受让人即可生效。记名股票可以由股东以背书方式或法律、法规规定的其他方式进行转让,之后由公司将受让人的姓名或者名称和住所载入股东名册,新股东可以依法行使股东权利、获得股东权益。

三、中国－东盟国家公司股份发行与转让比较研究

中国《公司法》与东盟各国的公司法(企业法)在公司股份发行和转让规定上,主要存在以下三个方面的差异:

(一)股票(股份)种类

中国《公司法》第129条规定了股票的种类为记名股票和无记名股票,这种划分的依据为是否在股票上记载持有人姓名、名称。东盟国家的股票划分

种类与中国规定不同：如2005年《越南企业法》第78条第1款和第2款规定了股份的种类划分为普通股和优先股。优先股是较普通股而言，具有表决、股息、赎回以及公司章程规定的其他优先权的股份，2005年《越南企业法》第81条至第83条对这些优先权的权益内容进行了详细规定。

（二）股票发行价格

中国《公司法》第127条规定股票的发行价格可以等于或高于票面金额，但不得低于票面金额。即中国允许股票的平价发行和溢价发行，但不得折价发行。但有些国家允许折价发行股票，如《新加坡公司法》第68(1)条规定了允许折价发行股票的条件："(1)根据本条，满足下列条件的公司可折价发行股票：a. 折价发行股票的行为得到了公司大会通过的决议的授权，并经法院确认。b. 决议中确定了股票发行的最高折扣率。c. 发行日期自公司开始营业起不少于一年。d. 股票应在得到法院确认之日起一个月内或在法院允许延长的时间内发行。……"

（三）股票的转让方式

股票的转让方式在中国和东盟各国的公司法中有不同规定。中国《公司法》第139条和第140条规定了记名股票和无记名股票的转让，分别以背书方式，法律、行政法规规定的其他方式转让以及以交付股票的方式转让。这两种不同的转让方式是因股票性质不同而相异的。而东盟有些国家的股票转让制度未做如此细致的规定，如《菲律宾公司法》仅规定了由股票所有人或所有人的委托人或其他有权限的人通过缴付股权证明的方式转让股票。这种转让方式的规定不同是由对股票自身性质的不同认定而造成的。而像文莱的公司法并未对股份转让的条件做过多限制性规定，而只是在《文莱公司法》第65条至第70条规定了转让的程序性要求。

第四节　公司债券发行与转让比较研究

一、东盟国家公司债券发行与转让的规定

在东盟各国公司法律制度框架内，作出关于公司债券发行和转让的规定最有代表性也最有分析价值的三个国家是新加坡、越南和文莱，因此，本书所选定的研究文本分别为《新加坡公司法》、2005 年《越南企业法》和《文莱公司法》。

（一）新加坡

《新加坡公司法》对公司债券的规定主要是在第 93 条至第 100 条，分别是关于债券持有人的登记簿和信托契约的副本、合同的强制履行、永久债券、可赎回债券的重新发行和法院关于某些不可赎回债券的权力。其中将债券分为两种：永久债券与可赎回债券。（永久债券指《新加坡公司法》第 95 条所规定，不管任何债券或担保证券的任何契约在 1967 年 12 月 29 日之前还是之后发行或作出，根据法律的规则或公正性，仅因该债券是不可赎回的，或仅因偶然性的发生或期间届满，该债券可赎回的，那么债券或任何作为债券担保的契约的条件有效。）可赎回债券是指公司债券发行后，根据公司章程规定或公司缔结合同中规定的可再次赎回的债券。可赎回债券的重新发行事项在《新加坡公司法》第 96 条有详细规定。

（二）越南

2005 年《越南企业法》第 88 条和第 89 条对债券的发行和购买股份债券作了规定。第 88 条规定如下：（1）股份公司依越南相关法律及公司章程有权发行债券、可转换债券及其他债券。（2）除证券法规另有规定者，在下列情况下公司不得发行债券：a. 无法付清已发行债券原有款额及其利息，连续 3 年无法结算或无法付清到期债务。b. 连续 3 年税后所得的平均值低于预计发行债

券的利息。发行债券者为金融机构时,将不受该款第 a 项和第 b 项规定限制。(3)公司章程未有其他规定的,董事会有权决定债券种类、总价值及发行时间,但须在最近期间召开会议报告股东大会。报告须附带董事会有关债券发行决定说明书及相关资料。第 89 条规定了关于购买股份债券的方法:可用越南货币、自由兑换的外币、黄金、土地使用权、知识产权、技术营业秘密及公司章程规定的其他资产,购买股份公司的股份及债券。

(三)文莱

在《文莱公司法》中,关于公司债券发行与转让的许多规定都是与公司股份共同作出规定的,主要集中在第 66 条至第 79 条。如《文莱公司法》第 66 条至第 70 条规定了公司债券的转让需要通过包括提交适当的转让文件以完成合法登记在内的由法律规定或公司章程规定的程序而实现合法化;若公司拒绝对债券的转让进行登记,应在对公司提出转让之日起的 2 个月内将拒绝通知送达申请人。若违反上述规定,按公司法相应规定接受惩罚。第 75 条具体规定了债券持有人登记册和其他文本的具体开放、审查和封闭等规程以及违反规程的相应处罚。第 77 条则是对赎回债券和重新发行债券的具体规定,即除非有相反规定被包含在公司章程中或公司已经通过决议或其他行为表明公司意图是注销债券,否则公司应被认定为有权重新发行债券。

二、中国公司债券发行与转让的规定

中国公司债券发行与转让的相关规定除了在《公司法》中有所涉及,在《证券法》中也有详细规定。所以,关于中国公司债券的发行和转让需要符合《公司法》和《证券法》两部法律的规定。

(一)公司债券的发行

中国《公司法》第 153 条第 2 款规定:“公司发行公司债券应当符合《中华人民共和国证券法》规定的发行条件。”而《证券法》第 15 条规定发行公司债券条件为:(1)具备健全且运行良好的组织机构。(2)最近 3 年平均可分配利润足以支付公司债券 1 年的利息。(3)国务院规定的其他条件。公开发行公司债券筹集的资金,必须按照公司债券募集办法所列资金用途使用;改变资金用途,必须经债券持有人会议作出决议。公开发行公司债券筹集的资金,不得用于弥补亏损和非生产性支出。上市公司发行可转换为股票的公司债券,除应当符合《证券法》第15条第1款规定的条件外,还应当遵守该法第12条第2款的规定。但是,按照公司债券募集办法,上市公司通过收购本公司股份的方式进行公司债券转换的除外。为防止公司随意发行过多公司债券,有损公司债权人权益,对于公司再次公开发行债券的禁止条件,《证券法》第17条予以规定:"有下列情形之一的,不得再次公开发行公司债券:(一)对已公开发行的公司债券或者其他债务有违约或者延迟支付本息的事实,仍处于继续状态;(二)违反本法规定,改变公开发行公司债券所募资金的用途。"

公司发行公司债券须准备公司债券存根簿,并在公司债券存根簿上载明发行相关的事项。根据公司债券的种类不同,即记名公司债券和不记名公司债券两类,须记载事项应有区别。《公司法》第157条第2款、第3款,对公司存根簿的事项区分如下:"发行记名公司债券的,应当在公司债券存根簿上载明下列事项:(一)债券持有人的姓名或者名称及住所;(二)债券持有人取得债券的日期及债券的编号;(三)债券总额,债券的票面金额、利率、还本付息的期限和方式;(四)债券的发行日期。发行无记名公司债券的,应当在公司债券存根簿上载明债券总额、利率、偿还期限和方式、发行日期及债券的编号。"

(二)公司债券的转让

公司债券作为一种承载财产权利的有价证券,中国《公司法》规定其可以进行转让,转让价格由转让人与受让人约定;在证券交易所上市交易的,可按照证券交易所的交易规则转让。其中在证券交易所上市的公司债券还应满足《证券法》第47条规定的条件。

公司债券的转让方式也因债券种类的不同而有所差异。《公司法》第160条规定如下:"记名公司债券,由债券持有人以背书方式或者法律、行政法规规定的其他方式转让;转让后由公司将受让人的姓名或者名称及住所记载于公司债券存根簿。无记名公司债券的转让,由债券持有人将该债券交付给受让人后即发生转让的效力。”

三、中国与东盟国家公司债券发行与转让比较研究

中国《公司法》与东盟各国的公司法(企业法)法律制度在公司债券的规定上,主要存在以下两个方面的差异:

(一)发行主体

中国《公司法》第153条和《证券法》第15条规定了公司债券的发行条件,发行主体是股份有限公司和有限责任公司两种,并对这两种发行主体各自作出净资产、累计债券余额与公司净资产比例、可分配利润等方面的要求;只有满足条件的股份有限公司和有限责任公司才可按照法律规定发行公司债券。而东盟各国家公司债券的发行主体与中国不尽相同:如2005年《越南企业法》第88条规定公司债券的发行主体仅为股份公司,其可依照相关法律和公司章程发行债券;而《越南证券法》第12条第2款具体规定了可公开发行债券的企业需满足的条件。还有一些国家,未在公司法中明确规定公司债券的发行主体,而是在其他法律法规中另行规定:如文莱、马来西亚、柬埔寨等。

(二)债券种类

依据不同标准,债券的种类划分不尽相同。中国《公司法》第156条根据公司债券是否在公司债券存根簿上记载债权人姓名或名称,将公司债券划分为记名债券和无记名债券。中国《公司法》第161条和第162条又以公司债券能否转换为股票,将公司债券划分为可转换公司债券和不可转换公司债券。而东盟各国家对公司债券的分类与中国相异:有些国家将公司债券划分为永久债券和可赎回债券,如《新加坡公司法》第95条至第100条规定了永久债券和可赎回债券相关事宜;还有《马来西亚公司法》第72条至第77条也规定了永久债券和可赎回债券的事项。

第十六章　外国公司分支机构比较研究

第一节　东盟国家对外国公司的认定

外国公司一般与本国公司相对应,两者最大的区别在于国籍的不同。有学者将国籍的认定分为四种类型,分别是设立行为地主义、设立准据法主义、股东国籍主义、住所地主义。[①] 东盟各国因自身经济发展的不同,对于公司国籍的认定也规定了不同的标准,涉及外国公司的认定也并不是都放置在本国的公司法中。

一、东盟国家对于外国公司的认定规定

(一)柬埔寨

柬埔寨《关于执行〈柬埔寨王国投资法〉的法令》第1条

---

① 设立行为地主义:以公司的注册登记地所在的国家来确定公司的国籍。该学说认为,公司只有经过登记地国家的批准,予以核准登记,才能取得法律地位,公司才具有登记地国家的国籍。设立准据法主义:公司是依据何国法律成立的,就认定其属于何国的公司,对于该公司事实上的经营场所或者主要办事机构是否设在该国在所不问。股东国籍主义:以能够控制该公司的股东的国籍来确定公司的国籍,凡能够控制该公司的股东国籍是外国人的即为外国公司,反之则为本国公司。这一学说认为,公司是由股东建立起来的组织,因而公司不能离开其股东而独立,只能与其设立人股东同一国籍。住所地主义:以公司住所所在的国家来确定公司的国籍,凡法定住所设在国外的公司是外国公司;反之则为本国公司。参见赵旭东:《商法学》,高等教育出版社2007年版,第372~373页。

规定,“外籍法人”指非柬籍并且不是在柬埔寨王国法律范围内成立的法人。

(二)新加坡

新加坡外国公司是指在新加坡以外依照他国的法律或者法规成立的公司法人。

(三)菲律宾

《菲律宾公司法》第十五章第123条规定,外国公司是指依外国法成立、组织或者存在的公司,并且该外国法允许菲律宾公民在其境内经营公司。外国公司有权依菲律宾法律取得政府机构的许可后获得营业执照,在菲律宾经营公司。

(四)文莱

外国公司指所有在《文莱公司法》实施之后在文莱境外组成的,且在文莱有确定的经营场所并且在《文莱公司法》实施之后在文莱继续具有确定的经营场所的公司。

(五)马来西亚

1965年的《马来西亚公司法》中规定外国公司指在马来西亚拥有一个业务处或者在马来西亚境内营业的一家外国公司,其有权在马来西亚持有不动产。

(六)泰国

《泰国外商经营企业法》规定外国法人是指在泰国境外按照国外法律登记设立的法人。

二、中国与东盟国家对于外国公司国籍的认定比较

中国《公司法》第191条规定:“本法所称外国公司是指依照外国法律在中国境外设立的公司。”由此表明,外国公司不是中国企业法人,是外国法人。中国确认公司的国籍,不以公司控股股东、雇员的国籍,营业场所地等为标准,而是看其成立依据的是何国法律,在何国注册登记成立。也就是说,中国

的公司法对外国公司的确认采取设立准据法主义兼设立行为地主义的双重标准。

综上所述,与中国采用一样认定标准的国家为柬埔寨。新加坡、菲律宾、泰国对于外国公司的国籍认定采用的是设立准据法主义;马来西亚外国公司国籍认定的标准采用住所地主义;文莱对于外国公司国籍认定标准采用的是设立行为地主义。

第二节　东盟国家外国公司分支机构

一、外国公司分支机构认定

(一)概述

外国公司的分支机构,一般指外国公司依东道国法律在东道国境内设立的从事生产经营活动的场所或者办事机构。概括地说,公司的分支机构会被认为是分公司,是由总公司依法定程序设立并隶属于总公司的,具有营业资格的不能独立承担民事责任的非法人经济组织。分公司整体上可以被看作总公司法人的必要组成部分,其经合法设立,能领取营业执照,以自己的名义在总公司的业务范围之内开展商业活动,以自己的名义参与诉讼活动,从一定意义上来讲,分公司为总公司的不独立的当然代理人。[②] 这种代理权来自公司法律制度的规定,非总公司的授权,因此,分公司的经营后果需要总公司来承担。

东盟各国因其法律发展程度,经济发展水平和开放程度,政治状况等不同,导致对于外国公司分支机构的相关规定并不集中于一部法律中,或者特别对某些特定行业的分支机构进行规定,比如,柬埔寨对于外国公司分支机构的相关规定在《商业管理与商业登记法》、《柬埔寨商业企业法》以及《关于

② 参见甘培忠:《企业与公司法学》(第7版),北京大学出版社2014年版,第315页。

在商务部进行商业登记的指导性通知》等文件之中；泰国将外国分支机构存档、登记、执照问题规定在《泰国外商经营企业法》或者税收法案之中；越南对于旅游公司及其分支机构就专门出台了的《越南政府关于外商和外国旅游公司在越南设立代表处及分公司的规定》；印度尼西亚针对外国银行设立分支机构出台了《印度尼西亚共和国 1992 年银行法》等法律法规。

中国针对外国公司及其分支机构的规定集中在《公司法》第十一章第 192 条至第 197 条，包括外国公司的设立、外国分支机构的设立和相关审批手续、资金要求、章程要求、名称要求、性质、权利义务、撤销等。③

通过分析上述法条发现，中国和东盟各国针对外国公司分支机构的规制，目的是规范外国公司分支机构在本国的活动，而并不是对其外国总公司本身进行规范。

（二）特征

通说认为，外国公司设立分支机构必须先保证其本身是合法有效的，当其想在东道国设立一个分支机构时，必须要通过东道国相关部门对其身份给予一定的确认，并基于这个被确定的身份在外国公司原来所经营的范围内从事相关的经营活动，其民事后果由外国公司承担。基于此，外国公司的分支

---

③ 《公司法》第 192 条　外国公司在中国境内设立分支机构，必须向中国主管机关提出申请，并提交其公司章程、所属国的公司登记证书等有关文件，经批准后，向公司登记机关依法办理登记，领取营业执照。

外国公司分支机构的审批办法由国务院另行规定。

第 193 条　外国公司在中国境内设立分支机构，必须在中国境内指定负责该分支机构的代表人或者代理人，并向该分支机构拨付与其所从事的经营活动相适应的资金。

对外国公司分支机构的经营资金需要规定最低限额的，由国务院另行规定。

第 194 条　外国公司的分支机构应当在其名称中标明该外国公司的国籍及责任形式。

外国公司的分支机构应当在本机构中置备该外国公司章程。

第 195 条　外国公司在中国境内设立的分支机构不具有中国法人资格。

外国公司对其分支机构在中国境内进行经营活动承担民事责任。

第 196 条　经批准设立的外国公司分支机构，在中国境内从事业务活动，必须遵守中国的法律，不得损害中国的社会公共利益，其合法权益受中国法律保护。

第 197 条　外国公司撤销其在中国境内的分支机构时，必须依法清偿债务，依照本法有关公司清算程序的规定进行清算。未清偿债务之前，不得将其分支机构的财产移至中国境外。

机构的法律特征[④]可以概括为:(1)外国公司的分支机构必须以外国公司的存在为前提。即设立分支机构的外国公司是符合其本国相关公司法律规定的已经成立的合法公司。(2)外国公司的分支机构必须经过东道国政府或者相关部门的批准而设立。目的是对其在东道国境内所从事的活动进行规制时,能够有法可依,有据可循。(3)外国公司的分支机构在东道国境内的业务活动必须以营利为目的,并在东道国境内营业。即可以理解为外国公司分支机构在东道国境内需要运用外国公司划拨给其的资金进行人力的招聘、场地设备购买等,进行市场的运作,并以营利为目的从事相关的生产经营活动。

二、东盟国家外国分支机构的设立比较

外国公司分支机构基本上是外国公司依照东道国相关法律规定的条件和程序设立的,目的是使分支机构能够在东道国取得生产经营的资格。外国公司在东道国设立分支机构,一般都要办理申请许可手续,各东道国根据自己的国情,参照国际惯例,制定有关外国公司在本国设立分支机构的法律。

(一)东盟国家有关外国公司分支机构设立的规定

1. 马来西亚。在马来西亚设立业务处并进行经营的外国公司必须向注册官呈报以下文件进行注册:(1)在公司注册地或者公司的发源地注册证书的副本。(2)公司注册地或者公司发源地颁发给公司的相关特许证明和有关法规。(3)公司的章程及规章或者公司构成的相关文件。(4)公司的董事、经理或者秘书的名册。(5)如果董事成员包括有马来西亚公民时,应该说明该董事的权限。(6)公司正式委托的马来西亚代表的有关情况。(7)公司法定代理人以规定形式作出的法定宣誓书。当外国公司被认定之后,注册官会颁发一个证明其已经按照规定注册的证书。如果呈报给注册官的事项有所变更,外国公司须在变更后1个月内向注册官提交新的文件,注册官在审查认定符合相关标准之后,向外国公司颁发一个新的证书。

外国公司每年都需要向注册官呈报当年的公司状况报告,并在召开公司

④ 参见赵旭东:《商法学》,高等教育出版社2007年版,第374页。

年会后2个月之内提交财务年度资产负债表、公司注册地或者公司住所地对有关资产负债表规定的文件、法定宣誓书、经过审计师审计的公司资产以及债务说明书、公司业务盈利或者亏损状况的解释说明书。

外国公司必须在马来西亚境内设立一个业务处和注册的办事处,办事处用于收发函件或者通知,每天至少要对外营业5小时(除节假日外)。外国公司对其业务处在马来西亚境内的所有活动、事项负责,除法院确认其不用负责的除外。

2. 新加坡。《新加坡公司法》规定,无意成立新加坡公司的外国公司可按照公司法令注册一个分公司。分公司需要2名新加坡居民为代理,分公司需要支付与公司相同的注册费,但注册费是以外国公司的授权资本为基础,如外国公司无授权资本,则须要支付1200新加坡元的统一费用,作为注册公司的注册费用。

外国公司设立分公司须向公司登记官申请,并提供相应的文件。

3. 缅甸。外国公司要在缅甸设立分公司必须取得贸易部的贸易许可证,向公司登记处登记,按照有关法律的规定申请注册,某些文件经过公证后还要经各国驻缅甸使馆认证,并向公司登记处和税务局报送本公司在其他国家分支机构的名单。依据缅甸相关法律,公司需要注册才能从事对外经营业务,公司注册时需要提交:机构备忘录和机构章程(英、缅两种文字)、关于已经履行的建立公司已经遵守的条件和声明、证明翻译者有翻译资质并在所译译文签名的文件、董事名单、正文文本的声明。

4. 柬埔寨。外国公司分支机构一般是某一外国企业在柬埔寨境内开展商业业务的办公室。其由母公司任免的董事进行管理和控制,能在柬埔寨境内开展从事购买、出卖或者提供日常业务或者开展任何和生产、建设有关的业务。其亏损和债务由分支机构和母公司连带承担。《关于在商务部进行商业登记的指导性通知》规定,外国企业驻柬机构是代表某一外国企业在柬埔寨境内开展有限性商业业务的机构。其由母公司任免董事管理,在柬埔寨境内租用办公室,雇用当地职员推广其产品,组织商品交易会,并与客户建立联系。在母公司的授权之下,其可以与柬埔寨当地企业签订合同,但不能以购买、出卖或者提供服务作为经常性业务进行或者开展任何与生产、建设有关的业务。外国企业驻柬机构应该在商务部进行登记,“外国企业驻柬机构”字样应该体现在其名称之中,其解散由母公司决定。

在柬埔寨进行经济贸易活动环境比较宽松,经商标准比较低,但是任何在柬埔寨从事商业活动的企业都必须进行注册,否则将被以非法从事商业活动罪论处。柬埔寨商务部负责管理“工商登记簿”,企业应在设立之前向商务部商业注册局或者商务部指定的工商登记处进行注册。在柬埔寨设立分支机构或者代表处的企业也应到商务部商业注册局注册。

根据《柬埔寨商业企业法》第274条的规定,代表处只能进行诸如市场调研、参加展览、接洽客户等工作,但不能销售货物或者提供服务,也不能参加制造、加工、建筑活动。第278条规定,办事处可以从事代表处从事业务范围之外的业务,还可以进行销售货物或者提供服务,并进行制造、加工、建筑活动。除此之外,办事处和代表处从事业务活动所产生的税负和法律风险也不同。与公司不同,办事处和代表处不是独立的法律主体,其法律责任最终由总公司负责。其仅能从事他们投资、生产经营所必须的进出口业务;不得在其规定的经营范围以外拥有、销售、购买土地或者从事房地产业务。

《商业管理与商业登记法》第2章第4部分第19条规定,所有在柬埔寨境内拥有分支机构或办事处的外国公司应在商业登记处进行注册。注册手续与本法第17~18条列明的一致。第20条规定分支机构和办事处发生的任何变动和更改应根据本法第18条的规定通知商业登记处。

5. 老挝。《老挝人民民主共和国投资指南》显示:外国投资者可以在老挝设立办事处或者成立分公司,分公司仅限于银行或者金融机构、保险公司、国际咨询公司以及国外航空公司。经投资促进与管理委员会批准,可以申请在老挝境内设立投资企业的分支机构。根据《外国投资在老挝审批程序》第5条的规定,拟在老挝设立代表处的外国投资者须向“投资局”呈递代表处设立申请文件卷宗,按程序审议后,在15个工作日内答复投资者。《老挝鼓励外国投资法》第10条规定,依照其他国家法律设立的外国法人可在老挝设立自己的代表处,以便收集资料,论证投资可行性,准备各类投资申请文件。

6. 文莱。《文莱投资指南》显示，无论其合作伙伴是本地的还是外国的，只要其业务的控制和管理发生地在文莱，就可视为本地企业，即只要业务的控制范围和管理地不在文莱，就视为外国公司。文莱境内可以设立外国公司的分支机构。

在文莱境外组成但在文莱境内有确定的经营场所的公司应当在确定的经营场所建立之日起3个月内提交以下登记文件给登记官进行登记：一份被认证过的公司规章、条例、备忘录和章程或者其他包含对公司组成进行规定和界定的文件（英文）或者被认证过的翻译件；一份公司董事名单，包括《文莱公司法》在公司董事登记时所要求的有关情况；被授权能够代表境外公司解散程序方面送达和需要送达给境外公司通知的居住在文莱境内的人的姓名和地址。通过登记之后，公司便取得与文莱本国公司同样的权利，并有权在文莱处置不动产。外国公司设立分支机构需按照规定制作资产负债表，该资产负债表需要提交给登记官进行登记。除此之外，还需要陈述或者展示公司的有关情况。

7. 泰国。外国公司在泰国设立的分支机构与其海外总部被视为相同的法律实体，可以在总部经营范围内开展任何或者部分的经营行为。对于外国公司在泰国建立分支机构目前没有相关法律规范予以规范，也没有分支机构登记处，仅在其他法律中有规定分支机构存档、登记、执照问题，比如《泰国外商经营企业法》或者税收法案。

《泰国外商经营企业法》规定，外国公司需在泰设立分公司者须提供下列文件：总公司的授权委托书，委托某人代表总公司在泰负责办理登记和处理设立分公司的一系列事项；事项受委托人的护照；公司组织大纲和公司章程；公司的法人登记证书和商业执照。上述各项文件，须由总公司所在国的公证处和由泰国驻该国大使馆或领事馆验证有效。但受委托人的护照不必经公证处验证。经公证处验证的文件使用期限自公证书发给日起至公证书随申请书上交日止6个月内有效。

外国公司的分支机构与其总部性质相同，即都属于“外国人”。外国企业可以在泰国设立代表处，主要功能为向其外国总部提供信息以及协助。

8. 越南。越南对于专门外商和外国旅游公司在越南设立代表处和分公司作出了明确的规定,《越南政府关于外商和外国旅游公司在越南设立代表处及分公司的规定》第 2 条规定,代表处是外国商人和外国旅游公司为寻找促进贸易、旅游机会,根据越南法律的规定而成立的附属机构,不得直接进行营利性经营。一个外商或一家旅游公司可在越南成立一个或多个代表处;但不能在越南成立代表处分支机构。这里的分公司是指外国商人、外国旅游公司根据越南法律规定成立的,在越南进行贸易、旅游活动的,并以直接获利为目的的附属单位。一个外国商人、一家旅游公司可在越南成立一个分公司,经营该规定附件——"外国商人、外国旅游公司允许在越南经营的商品和劳务目录"中所列的商品和劳务;不能在越南成立分公司的代表处。代表处首席代表、分公司经理可以是外国人或越南人。越南政府保护代表处、分公司及在代表处、分公司中工作的人员的各项合法权益,同时他们有义务遵守越南的法律;这些工作人员不能享有在越南的外交代表机构、领事代表机构以及政府间国际组织代表机构的外交豁免权。

代表处企业只要根据东道国法律规定已登记,进行合法经营,即可获得在越南成立代表处的许可证。注意,外国公司在越南成立分公司后不能进一步设立代表处。成立分公司,要把材料寄到越南贸易部,企业申请获得分公司许可证所需要的文件包括:企业申请分公司的申请表;营业执照副本;越南国内公证机关或越南驻中国大使馆、领事馆证明的营业执照的越南文译本,并经中国权威公证办事处签字盖章。

9. 印度尼西亚。《印度尼西亚共和国 1992 年银行法》第四章第 19 条规定,外国银行在印度尼西亚设立分支机构的、代表办事处的,应当向印度尼西亚中央银行提出申请,经中央银行行长签发经营许可证。前款规定的分支机构下设分支机构的,应当向中央银行报告。

(二)中国与东盟国家外国公司分支机构设立的比较

中国《公司法》第 192 条规定,在中国设立外国公司的分支机构,必须先向中国的相关主管机关提出申请,并提交公司章程、所属国的公司登记证书等有关文件,经过批准之后,才可以向有关的公司登记机关依法办理登记,领取营业执照，即中国对于分支机构的设立采取的是核准登记方式，即核准主义。

东盟国家对于外国分支机构的设立基本上都要求进行注册申请，马来西亚、老挝、缅甸是采取核准主义来规制外国公司设立分支机构的。与中国相比，马来西亚所采取的核准主义要松一些，其需要先审核外国公司本身的资质，当外国公司被认定之后，注册官会发一个证书，以证明其已经按照规定进行注册，并且外国公司需要每年都向注册官呈报当年的公司状况报告以及在相应的时间内提交财务年度资产负债表、公司注册地或者公司住所地对有关资产负债表规定的文件、法定宣誓书、经过审计师审计的公司资产以及债务说明书、公司业务盈利或者亏损状况的解释说明书等。⑤ 老挝也是采取核准主义来规定外国公司设立分支机构的，外国公司要在老挝设立分支机构需要经老挝投资促进与管理委员会批准，根据《外国投资在老挝审批程序》第 5 条的规定，拟在老挝设立代表处的外国投资者须向“投资局”呈递代表处设立申请文件卷宗，按程序审议后，在 15 个工作日内答复投资者。缅甸外国公司要在缅甸设立分公司必须取得贸易部的贸易许可证，向公司登记处登记，按照有关法律的规定申请注册。

新加坡、柬埔寨、文莱、越南对于外国公司成立分支机构要求向本国有关机关进行申请或者登记。外国公司要在新加坡设立分公司需向公司登记官申请，并提供相应的文件。外国公司驻柬机构应该在商务部进行登记。在文莱境外组成但在文莱境内有确定的经营场所的公司应当在确定的经营场所建立之日起 3 个月内提交以下登记文件给登记官进行登记。在越南成立分公司，要把材料寄到越南贸易部，并附上申请获得分公司许可证所需要的文件。⑥

中国《公司法》第 193 条规定，外国公司在中国境内设立分支机构必须在中国境内指定代表人或者代理人，代表人为外国公司指定的、代表其分支机

---

⑤ 参见祁希元主编：《马来西亚经济贸易法律指南》，中国法制出版社 2006 年版，第 86 页。

⑥ 该申请文件包括：企业申请分公司的申请表；营业执照副本；越南国内公证机关或越南驻中国大使馆、领事馆证明的营业执照的越南文译本，并经中国权威公证办事处签字盖章。

构行使职权的负责人;代理人为外国公司授权其负责该分支机构的人。代表人或者代理人可以是中国公民也可以是非中国公民。此外,外国公司应当向其分支机构拨付一定的资金用于分支机构从事的生产经营活动。同时,第194条规定,外国公司分支机构应当在其名称中标明外国公司的国籍以及责任形式。在分公司代理人方面,《新加坡公司法》则规定代理人必须为2名新加坡公民。

三、东盟国家外国分支机构权利与义务

《越南政府关于外商和外国旅游公司在越南设立代表处及分公司的规定》第3条规定了相关责任:外国商人和外国旅游公司对其设在越南的代表处、分公司的各项活动负法律责任。代表处、分公司在各项活动中必须遵守越南法律并享有越南法律规定的各项权利。该法条表明外国公司分支机构需要遵守越南的相关法律,即有守法的义务,同时享有越南法律规定的各项权利,即也享有越南法律规定的相应权利。

中国《公司法》第196条规定了外国分支机构的合法经营义务及合法权益的保护,一方面,外国公司分支机构在中国依法从事生产经营活动,合法权益受中国法律保护;另一方面,遵守中国法律,不损害中国的公共利益。

四、东盟国家外国分支机构的撤销与清算

(一)东盟国家外国分支机构的撤销与清算

1. 马来西亚。外国公司要停止其在马来西亚的业务,应在7日之内向注册官递交相关文件;如果外国公司依据注册地或者公司住所地进行清算或者解散,应在该清算或者解散开始后1个月向注册官递交相关文件。注册官在收到外国公司递交的停止业务或者解散的文件时,将该公司从注册的名册中除名。

2. 越南。《越南政府关于外商和外国旅游公司在越南设立代表处及分公司的规定》第11条规定相关营业的终止:第1款规定代表处、分公司在下列情况下终止经营:a. 根据外国商人、外国旅游公司的申请。b. 外国商人、外国旅

游公司终止经营时。c. 根据越南政府法律的规定国家授权机关收回、取消许可证。第 2 款规定代表处、分公司根据该条第 1 款第 a 项、第 b 项的规定终止经营的,外国商人、外国旅游公司必须在代表处、分公司终止经营前 30 日内以公文形式通知发证机关并交回经营许可证。在 7 日之内,发证机关负责将代表处、分公司终止经营的事情通知根据本决定第 7 条第 2 款规定的寄送许可证副本的机关。第 3 款规定根据本条第 1 款第 c 项规定终止活动的情况下,代表处、分公司被强行关闭前至少 30 日,发证机关负责通知外国商人、外国旅游公司寄送收回、取消许可证的决定,并将该决定的副本寄送给根据本决定第 7 条第 2 款规定的寄送许可证副本的机关。第 12 条规定代表处、分公司在越南终止经营活动前,外国商人、外国旅游公司及其代表处、分公司有义务与越南相关的国家、组织和个人之间清理债务以及履行其他义务。省级人民委员会负责追踪、检查和监督代表处、分公司在地方执行该项规定的情况。

3. 文莱。外国公司撤销在文莱境内的营业场所,须立即将这一事实通知登记官,从通知交给登记官之日起,被视为公司提交任何文件给登记官的义务即停止。

4. 柬埔寨。《关于在商务部进行商业登记的指导性通知》中表示,分支机构的解散由母公司决定。

(二) 中国与东盟国家外国分支机构撤销与清算的比较

中国《公司法》第 197 条规定,外国公司撤销在中国境内的分支机构时,必须依法清偿债务,依照本法有关清算程序进行清算……对于撤销的原因,中国《公司法》没有进行详细的列举,但根据其他法律,可以将外国公司分支机构的撤销概括为被动撤销[⑦]和主动撤销两类。马来西亚、越南、柬埔寨、文莱都对公司的主要解散进行了规定,对于被动的解散,每个国家有不同的具体措施以限制外国公司分支机构的资金流向。

为了保护债权人的利益,中国《公司法》还规定了对于外国公司在其分支

---

⑦ 被动撤销包括外国公司被依法撤销或者被解散从而撤销;外国分支机构因违法经营而被撤销;外国公司分支机构因无故歇业而被撤销;外国公司分支机构因营业期限届满而被撤销;其他被撤销原因,如不可抗力等。

机构未清偿债务之前不允许将其分支机构移转出中国境内,以表明外国公司分支机构未清偿的债务需要由外国公司来负责。与中国公司法相关规定类似,《越南政府关于外商和外国旅游公司在越南设立代表处及分公司的规定》第12条对于外国公司分支机构的未清债务也是规定由其外国公司承担,除此之外,还规定了负责追查的机构用来监督债务清算工作。

第十七章　公司法律责任比较研究

第一节　概　　述

一、公司法律责任的概念和特征

公司法律责任的概念可分为广义和狭义两种。狭义的公司法律责任是指公司等有关主体实施了违反公司法的行为而应承担的法律后果。广义的公司法律责任是指公司等有关主体违反公司法以及其他相关法律(如合同法、反不正当竞争法等)的行为而应承担的法律后果。[①]

公司法律责任是法律责任的一种,它具有和一般法律责任相同的特征,如法定性、强制性、专门性以及惩罚性,等等。除了具有与一般法律责任相同的特点外,公司法律责任还具有其自身的特点:

1. 承担法律责任主体的特定性。公司法律责任主体一般具有某种特定的身份,只有少数主体是一般行为主体。综观中国与东盟各国公司法规定的法律责任主体,主要有公司设立发起人,公司,公司登记机关,公司主管机关,资产评估、验资和验证机关,公司董事,监事,经理,审计员,公司清算组

---

① 参见刘克祥:《略论公司法律责任》,载《中南财经大学学报》1995 年第 3 期。

成员,外国公司等。

2. 法律责任形式的多样性和制裁手段的综合性。民事责任在早期的公司法占据主要地位。随着经济的日益发展以及政府干预公司的需要,行政责任在公司法中逐渐体现。时至今日,公司犯罪问题的突出使越来越多的国家在对违反公司法的行为人实施制裁中相应地增加了刑事制裁。最终,公司法规定的法律责任制度集民事、行政、刑事为一体,与此配套的制裁方式也具有综合性的特点。这几种责任形式既可以分别运用,也可以结合起来一并适用。

3. 惩罚措施的严厉性。由于有关公司的违法犯罪活动往往会对社会经济和安全带来很大的危害,因此,中国与东盟各国一般都对公司违法犯罪行为制定了较为严厉的惩罚措施。例如,《文莱公司法》第 74 条规定,如果任何人虚假而欺诈性地伪装成根据本法发行公司的任何股份、利益、股份保证书或息票的所有人,并且据此获得或努力获得上述的股票、利益、股份保证书、息票,或得到或努力得到作为所有人而应得到的利益,他将受到可扣押的刑罚:监禁 15 年。

4. 公司法律责任的相关性。公司法律责任除了公司法规定的以外,还包括在其他相关法律规范中。公司法所规定的法律责任并不能涵括所有的公司法律责任,还应由其他法律法规,包括民法、刑法、合同法、税法等予以补充。例如,《老挝人民民主共和国税法》第 83 条“处罚措施”规定,在收到纳税通知单时,如果出现迟交税款,将按以下处罚措施进行处罚:(1)第一次发出催缴单时处以应缴税额的 5% 罚款;第二次发出催缴单时,处以应缴税额的 10% 罚款;第三次催缴时,处以应缴税额的 15% 罚款。每次被有关部门催缴税款时,缴税限期为 10 日。(2)第三次催缴后,经营者仍然不缴纳税款,有关部门将对企业处以责令停业一个月,并收回营业执照和税务执照交由有关部门保管一个月等处罚。当一个月的停业期满后,如纳税人仍然不按规定缴税,将被责令永久停业,并吊销营业执照和税务执照。同时交由法院依法审理。如纳税人对执行公务的税务工作人员采取谩骂、挑衅、威胁、阻挠或其他构成犯罪的行为,当事人将被依法追究刑事责任……《柬埔寨王国税法》第 135 条规定,企业董事或经理、所有人、受托责任人，如该法第127条所述偷逃税款的，应处以1000万瑞尔以上，2000万瑞尔以下罚款，或处1年以上5年以下监禁，或并处。该处罚不免除对其进行其他处罚。②《越南社会主义共和国环境保护法》第52条规定，组织、个人有违反环境保护法行为，给国家造成损失的，除依照本法第50条和第51条对其进行处理外，还必须要求其依法赔偿损失，并追究后果。

二、公司法律责任制度的意义

公司法律责任的制裁性和强制性是各国公司法设立宗旨能够被顺利实现的保证。因此，中国与东盟各国都十分重视对公司法律责任的立法，公司法律责任制度成为其公司法的重要组成部分。中国公司法还设专章规定了公司法律责任制度。

确立公司法律责任制度主要有以下几方面的意义：第一，预防和减少违反公司法的行为和可能出现的公司滥用职权的现象，督促公司自觉地依法经营，保障以公司化改革为核心内容的现代企业制度的建立。第二，保护公司股东、债权人的合法权益，保护交易安全，稳定社会经济秩序。第三，有利于国家对公司的监督管理，使公司制度沿着安全健康的轨道发展。防止公司制度的滥用，使其适应社会主义市场经济秩序的发展。③ 其中一个相关的立法趋势就是国家对违反公司章程的责任作出规定。公司章程既是公司内部的契约，是公司与其股东、董事、监事等之间建立法律关系和纠纷解决的依据，又是公司法规定的设立公司的必备要件，是各个国家实现管理公司的途径、公司对外的公示和证明。国家通过制定公司法并对违反公司章程的责任作出规定，既是为了确保公司章程能够有效地得到贯彻执行，同时也是为了充分发挥“国家管制之手”在公司法领域的正面干预作用。例如，中国《公司法》第149条规定：“董事、监事、高级管理人员执行公司职务时违反法律、行政法

② 《柬埔寨王国税法修正法(摘译)》，载中华人民共和国柬埔寨大使馆网2021年11月10日，http://kh.china-embassy.org/chn/ljjpz/tzjpz/t401632.htm。

③ 参见汪振江：《比较公司法学》，中国社会科学出版社2012年版，第393～394页。

规或者公司章程的规定,给公司造成损失的,应当承担赔偿责任。"《老挝企业法》第41条规定,在管理中,(股份公司)经理因自己的过错,如超越权限、违反公司章程,致使公司遭受损失,必须承担责任。第51条规定,当(有限公司)经理违反本法、违反公司章程、因过失给公司造成损失时,必须依法承担责任。股东大会上,代表公司全部股份一半以上份额的股东同意时,经理即被免职。

第二节　公司法律责任比较研究

由于中国与东盟各国情况不一,其公司法所规定的公司法律责任制度在立法体例、责任主体、责任形式等方面亦存在差异。

一、立法体例之比较

目前中国与东盟各国关于公司法律责任制度的立法体例主要有两种设置模式:

1. 法律责任分散地规定于具体的法律规范中。采用这一设置立法模式的东盟国家主要是英美法系国家,如新加坡、缅甸、文莱、菲律宾。

2. 设置专章集中规定法律责任。采用这一模式的主要为大陆法系国家,如中国和柬埔寨。

中国《公司法》第十二章即第198条至第215条集中规定了各种当事人违反公司法规定的法律责任,如虚报注册资本、虚假出资、抽逃出资等法律责任。

《柬埔寨商业企业法》第六章"违法行为、处罚与补救措施"较为集中地针对当事人违反公司法规定的某些行为设置了法律责任,如编制或协助编制送交商务部或其他任何人的错误或误导性报告、回执、通知或其他文件,公司董事或管理人员蓄意批准、允许或默许公司的违法行为,公司无故不按照规定向股东发送财务报告等行为。

对于以上两种不同立法模式，笔者认为，一个国家的公司法在设置法律责任时采用何种立法体例，只是形式上的问题。此种模式或体例的选择通常与这个国家的历史传统、法律文化等因素有关。无论采用何种立法体例，不存在孰优孰劣的问题；只要做到违法行为都有相应的处罚措施，确保有法可依，违法可究，就应该承认此种立法模式的科学性与可行性。分散规定的模式主要是着眼于保证法律规范模式的完善，便于人们一目了然地区分什么行为可做，什么行为不可做以及实施违法行为所应承担的责任。集中规定法律责任的模式则可以相对地保证法律内部体系的完整，还能够避免条文文字的重复。

二、责任主体之比较

公司法上的责任主体通常都是公司法明文规定的，大部分是要求具备特定身份的特殊主体，只有少数责任主体是一般主体，只要是行为人即可。此外，中国与东盟各国的公司法均规定了政府有关管理部门的法律责任，以达到约束政府有关职能部门依法管理公司的目的。根据中国与东盟各国的公司法，承担法律责任的主体主要有以下几种：

（一）中国公司法规定的责任主体

1. 公司，包括中国公司和外国公司。

2. 发起人和股东。

3. 公司管理人员，包括董事、监事和经理。

4. 国务院授权的有关主管部门及其人员。

5. 公司登记机关及其人员。

6. 清算组及其成员。

7. 有关机构，包括资产评估机构、验资机构和验证机构。

8. 其他。

（二）东盟各国公司法的责任主体

1. 新加坡。《新加坡公司法》规定，下列主体违反了公司法的义务，须承担相应的法律责任：公司，包括本国公司和外国公司；发起人或股东；公司管理人员，如董事和经理；秘书、审计人员；清算人和特定行为人等。

2. 马来西亚。根据《马来西亚公司法》的规定，公司法律责任的主体主要包括：公司，包括本国公司和外国公司；股东；董事及高级职员；清算师等。

3. 文莱。根据《文莱公司法》的规定，下列主体违反了公司法的义务，须承担相应的法律责任：公司，包括本国公司和外国公司；发起人或股东；董事、经理或代表公司的其他人；审计师等。

4. 菲律宾。根据《菲律宾公司法》的规定，公司法律责任的主体主要包括：公司，包括本国公司和外国公司；发起人或股东；董事或理事和公司的高级管理者等。

5. 缅甸。根据《缅甸联邦公司法》的规定，下列主体违反了公司法的义务，须承担相应的法律责任：公司，包括本国公司和外国公司；发起人或股东；董事、经理或代理人；委任接管人；清算人等。

6. 越南。根据 2005 年《越南企业法》的规定，公司法律责任的主体主要包括：公司；股东；董事、经理（总经理）、监事等。

7. 老挝。根据《老挝企业法》的规定，公司法律责任的主体主要包括：公司；股东；董事、经理（总经理）、监事等。

8. 柬埔寨。根据《柬埔寨商业企业法》的规定，下列主体违反了公司法的义务，须承担相应的法律责任：公司，包括本国公司和外国公司；股东；监督人；证券发行人；董事、管理人员或代理人；审计员；清算人等。

9. 印度尼西亚。根据其 2007 年颁布的《有限责任公司法规定》，公司法律责任的主体主要包括：公司；股东；董事、监事；清算人等。

10. 泰国。根据《泰国公司法》的规定，公司法律责任的主体主要包括：公司；股东或发起人；董事、经理；清算员等。

三、责任形式之比较

中国与东盟各国公司法律责任的形式主要有三种，即民事责任、行政责任和刑事责任。[④]

（一）民事责任

公司法上的民事责任是指参与公司活动的民事主体违反公司法律、法规有关规定而应承担的民事法律后果。与其他形式的法律责任相比，民事责任有其自身的特点：一是责任形式的多样性和单一性相结合。多样性是指公司民事责任既有违约责任形式，也有侵权责任形式，还涉及缔约过失责任和其他责任形式。单一性是指公司法中的民事责任主要是财产责任，往往给予一方当事人一定的财产制裁，使其承受财产上的损失，基本不涉及其他诸如消除影响、恢复名誉等民事责任形式。二是等价性和补偿性。民事责任主要是使受损害者得到与其所损失的财产相等的补偿，其功能主要在于救济当事人的权利，赔偿或补偿当事人的损失。三是民事责任是相对义务，是向特定相对人承担的责任。例如，根据《新加坡公司法》的规定，股东不但可以提起普通法和成文法上的衍生诉讼，以保护公司的合法权益，对那些认为自身权益受到损害的股东还有另外两种重要的救济。第一种规定在其《公司法》第216条中。《新加坡公司法》第216(1)条规定，任何公司成员、债据(debenture)持有者以及财政部(在某些情况下)都可以申请法院令，认定公司事务的处理不当，将对一个或更多公司成员或者公司债据持有者造成损害；或者认定公司事务的处理没有考虑公司股东、成员或者债据持有者的权益。如果公司的行为对一个或更多的公司成员或者公司债券持有者构成不公平的歧视，或者构成其他形式的损害，类似的申请也可能被提出。因此，第216条通常被称为“损害救济”条款。如果上述申请被提出，且法院在听取证据后认为诉请是合法的，为了终止被指控的行为或进行相应的救济，法院可以作出其认为适当的命令。此类命令包括：责令进行或者责令停止某种行为，取消或变更某项交易或决议；对公司今后的行为予以规范；许可以公司的名义提起民事诉讼；裁定由其他公司成员、债据持有者或公司自身购买公司的股份或债据；以及解散公司等。在这里，民事责任的形式主要是侵权责任的形式，其等价性、补

---

④ 参见汪振江：《比较公司法学》，中国社会科学出版社2012年版，第396～398页。

偿性和相对性体现在:处理事务不当的公司要向公司成员或者公司债据持有者(如公司债券持有人、股票持有人)承担赔偿或者补偿的责任。

此外,为了保护债权人、股东和社会公众的利益,中国公司法在民事责任方面还强调"民事赔偿优先"的原则。其《公司法》第214条规定:"公司违反本法规定,应当承担民事赔偿责任和缴纳罚款、罚金的,其财产不足以支付的,先承担民事赔偿责任。"

在民事责任的种类方面,公司法律责任主要有:(1)损害赔偿责任。损害赔偿是指违法行为人对自己的违法行为所致对方损失进行赔偿的一种民事责任形式。一般来说,民事赔偿的范围与违法行为所致损失的范围相同。(2)返还股款并附加利息。这种民事责任的出现原因是公司不能成立时,发起人对认股人已缴纳股款的,负返还股款并加算银行同期存款利息的连带责任。例如,中国《公司法》第94条规定:"股份有限公司的发起人应当承担下列责任……(二)公司不能成立时,对认股人已缴纳的股款,负返还股款并加算银行同期存款利息的连带责任……"(3)出资违约责任和出资填补责任。前者如中国《公司法》第28条规定:"股东应当按期足额缴纳公司章程中规定的各自所认缴的出资额。股东以货币出资的,应当将货币出资足额存入有限责任公司在银行开设的账户;以非货币财产出资的,应当依法办理其财产权的转移手续。股东不按照前款规定缴纳出资的,除应当向公司足额缴纳外,还应当向已按期足额缴纳出资的股东承担违约责任。"第83条规定:"以发起设立方式设立股份有限公司的,发起人应当书面认足公司章程规定其认购的股份,并按照公司章程规定缴纳出资。以非货币财产出资的,应当依法办理其财产权的转移手续。发起人不依照前款规定缴纳出资的,应当按照发起人协议承担违约责任。"后者如中国《公司法》第30条规定:"有限责任公司成立后,发现作为设立公司出资的非货币财产的实际价额显著低于公司章程所定价额的,应当由交付该出资的股东补足其差额;公司设立时的其他股东承担连带责任。"第93条规定:"股份有限公司成立后,发起人未按照公司章程的规定缴足出资的,应当补缴;其他发起人承担连带责任。股份有限公司成立后,发现作为设立公司出资的非货币财产的实际价额显著低于公司章程所定价额的,应当由交付该出资的发起人补足其差额;其他发起人承担连带责任。”

在立法体例的设计上,中国与东盟各国的公司法一般将民事责任分散地规定于有关法律条文中或依照民事法律的规定予以执行,不作专章规定。

（二）行政责任

公司法中规定的行政责任,一般是对有违反公司法的行为,但尚不构成犯罪的组织和个人进行的制裁。行政责任具有以下特点:(1)追究当事人的行政责任必须以当事人违反有关公司法行政义务为前提。行政义务是行政法律关系的主要内容,当行政义务主体不履行公司法的法定行政义务时,必然会损害一个国家有关公司管制的行政活动,破坏国家的行政管理秩序。(2)由国家行政机关实施行政处罚。(3)公司法的行政责任既有对直接负责的主管人员和其他责任人员的行政处罚,又包括对公司的行政处罚。

中国与东盟各国公司法中的行政责任形式主要有:(1)行政处分。行政处分是指国家主管机关和公司,依据有关行政法规或公司章程或内部规章,对其所属人员所做的一种惩戒。行政处分的形式有:警告、记过、记大过、降级、降职、撤职、开除等。中国《公司法》第205条规定:“公司在清算期间开展与清算无关的经营活动的,由公司登记机关予以警告,没收违法所得。”(2)行政处罚。行政处罚是国家行政机关对具有轻微违法行为,但尚不构成犯罪的公民或法人给予的一种法律制裁。中国与东盟各国公司法对行政责任的规定,主要是行政处罚。公司法规定的行政处罚种类很多,有责令改正、撤销公司登记、罚款、责令停止发行、没收违法所得、责令如数补足、责令停业、吊销资格证书、责令取缔或关闭吊销公司营业执照等。处罚的对象包括股东、公司及董事、监事、经理、资产评估、验资验证人员、清算组成员等。例如,中国《公司法》第212条规定:“外国公司违反本法规定,擅自在中国境内设立分支机构的,由公司登记机关责令改正或者关闭,可以并处五万元以上二十万元以下的罚款。”2005年《越南企业法》第165条“对违法、违规行为的处理”第2款规定,企业在下列情况下被撤销营业登记认证书及删除其在营业登记簿上之名字:a. 营业登记文件上申报内容不实者;本法第13条第2项规定禁止成立企业人所成立的企业；自取得营业登记认证书日起1年期内不登记税号。b. 自取得营业登记认证书或公司办公处所变更认可之日起的连续6个月期内，不在登记的办公处所活动者。c. 连续12个月内不向营业登记机关提报企业经营活动报告者。d. 连续1年期内中止经营活动而不向营业登记机关报备者。e. 企业自接获书面要求日起，不依本法第163条第1款第c项规定向营业登记机关寄送报告者。f. 从事被禁止产业项目之经营。

(三)刑事责任

刑事责任是国家对严重违反《公司法》并构成犯罪的组织和个人进行的制裁，是违反《公司法》法律责任中最严重的一种。在中国与东盟各国的公司法中，英美法系国家的刑事责任所呈现的特点就是直接在《公司法》中规定涉及公司的犯罪及处罚。例如，在涉及公司的营业场所方面，《马来西亚公司法》第119条“公司注册办事处”规定：(1)一家公司必须从其开业之日起或从注册之日起14日后——视何者为早——在马来西亚境内设立一个注册办事处供寄发所有信件及通知，并在经常营业时间内最少对公众开放3小时，星期六、周假及公共假期除外。(2)如果不遵照第(1)分条，公司及每一名不遵照的高级职员必须为触犯本法令的一项犯罪。处罚：1000林吉特；违规处罚。《新加坡公司法》第142条“公司的注册营业所”规定：(1)从公司成立之日起，公司在新加坡应当有一个注册营业所，该注册营业所可以使所有的通信或通知得以传达，除周六和公共假日外，在每天的正常营业时间，该营业所应当对公众开放并允许进入，并且不得少于3个小时。(2)如果不遵守第(1)款的规定，公司和该公司不履行责任的官员将被判有罪并被处以5000元以下的罚款和不履行责任的处罚。

菲律宾是一个混合法系的国家，其公司法所规定的刑事责任形式最为独特，仅在《菲律宾公司法》第144条概括性地规定，违反本法规定，可由法院判处1000比索以上10,000比索以下的罚金，或者30日以上5年以下监禁，或两者并用。这在实质上给法院运用自由裁量权留下了很大的空间范围。

中国《公司法》中关于刑事责任的规定，只是原则性地在其第215条规定：“违反本法规定，构成犯罪的，依法追究刑事责任。”可见，中国主要是通过

《刑法》来追究严重违反《公司法》的人或单位的刑事责任。在中国《刑法》中,刑罚的种类有主刑和附加刑,主刑包括管制、拘役、有期徒刑、无期徒刑、死刑;附加刑包括罚金、没收财产、剥夺政治权利、驱逐出境。